OSÉE JOSÉPHINE

OSÉE JOSÉPHINE

DENIS GRANJOU

City
Biographie

Photo de couverture : © Keystone-France/Gamma-Keystone/Gettyimages

ISBN : 978-2-8246-1977-4
Code Hachette : 18 0853 1
Catalogues et manuscrits : city-editions.com

Dépôt légal : Janvier 2022

Sommaire

1

Joséphine de Saint Louis (Missouri)

Métisse. Freda Josephine McDonald naît le 3 juin 1906. C'était un dimanche. 11 heures du matin. Les premiers cris d'un bébé s'envolent d'une masure du ghetto noir dans le ciel de Saint Louis, Missouri. La ville compte cette année-là près de 500 000 habitants, dont 35 000 Afro-Américains – même si, à l'époque, le terme n'existait pas encore.

Cette population était composée en majorité de descendants d'esclaves dans une ville qui a longtemps prôné la ségrégation raciale.

C'est ici, au bord du fleuve Mississippi, en avril 1846, qu'un esclave noir et son épouse qui ne savaient ni lire ni écrire se sont levés pacifiquement contre la Constitution qui n'accordait aucun droit de citoyen aux hommes et femmes de couleur considérés comme des « objets » sur le plan légal.

Dred et Harriet Scott ont engagé un long combat judiciaire en demandant solennellement à la barre du tribunal de Saint Louis que la justice américaine considère qu'ils n'étaient pas la propriété d'un couple de riches blancs au même titre qu'un meuble ou une calèche. Car la réalité de l'époque était ainsi. Onze ans plus tard, les juges de la Cour suprême déboutent la demande du couple d'esclaves en affirmant qu'ils n'avaient pas le droit d'intenter une action en justice. L'argument est d'un cynisme absolu : un esclave ne peut pas demander une aide de la justice ! Cette décision judiciaire provoque l'indignation dans tout le pays et elle fait sans doute partie des éléments déclencheurs de la Guerre de Sécession entre le Sud et le Nord qui ont ensuite endeuillé l'Amérique, causant la mort de 620 000 personnes entre 1861 et 1865.

Durant ce terrible conflit qui reste, à ce jour, le plus meurtrier dans l'histoire des États-Unis, la ville de Saint Louis a pris position pour les nordistes qui luttaient contre l'esclavagisme. Le sort de ses concitoyens noirs n'était pas enviable pour autant.

Un demi-siècle plus tard, quand Joséphine vient au monde, l'esclavage a été aboli mais la vie quotidienne de la population noire reste compliquée et incertaine. Ses parents n'échappent pas à cette triste réalité.

Deux ans avant la naissance de Joséphine, ils assistent à deux événements organisés simultanément dans leur ville. Il y a d'abord les Jeux olympiques conçus par un Français, un certain baron du nom de Pierre de Coubertin, qui offre à Saint Louis la troisième édition de cette compétition sportive internationale. Il ne viendra d'ailleurs pas y assister. Dans le même temps, le centre-ville se transforme en grande mosaïque mondiale avec les différents pays qui installent leurs pavillons pour l'Exposition universelle, le deuxième événement de renommée mondiale qui se déroule lui aussi au bord du Mississippi.

Au milieu du mois d'août 1904, les deux événements se croisent à l'occasion de l'organisation d'un terrifiant week-end baptisé « Anthropology Day », expression à connotation scientifique qui en dit long sur les mentalités en ce début de siècle. Durant deux jours, des professeurs de médecine testent « les qualités athlétiques des races inférieures » pour reprendre une expression du programme officiel. De nombreux ouvriers travaillant sur les deux événements, dont des Indiens, des Philippins et des Pygmées, seront « enrôlés » de force pour subir ces tests physiques.

Le but de ces « grands professeurs émérites » est de prouver que leurs capacités sont moindres par rapport à celles des Blancs. Un membre du Comité international olympique tente sans succès de s'interposer et d'interdire cet événement en brandissant la charte olympique proscrivant toute discrimination, mais sans succès. Il faut rappeler que le président américain Theodore Roosevelt avait insisté pour que ces événements soient organisés à Saint Louis afin de donner à la ville un « nouveau souffle après des années de corruption politique et de tensions raciales ».

Malgré ce climat nauséabond qualifié par certains chroniqueurs de « Jeux olympiques de la honte », pour Carrie

McDonald et Eddie Carson, futurs parents de Joséphine, c'est tout de même l'occasion de croiser plus de monde que d'habitude et donc de récolter quelques dollars supplémentaires en chantant et en dansant dans les rues. Ils forment un duo qui se fait une petite réputation au fil du temps jusqu'à la naissance d'une petite fille dans leur maison de Papin Street. Cette longue rue est située à deux pas du Lafayette Park qui deviendra quelques années plus tard un des terrains de jeu favoris de la petite Joséphine.

Joséphine Baker a toujours entretenu un certain flou autour de ses véritables origines familiales, proposant à ses interlocuteurs qui l'interrogeaient à ce sujet des réponses souvent différentes suivant son humeur, comme pour entretenir un certain mystère. Ce sempiternel mystère dont aimaient se nimber les grandes stars du cinéma ou de la chanson à cette époque. Elle affirmait ainsi un jour qu'ils étaient tous les deux originaires de Martinique mais aucun document ne peut l'attester. Elle évoquait aussi un autre jour que son père était originaire d'Espagne. Elle mentionnait enfin des racines amérindiennes mélangées à celle d'esclaves venus du Sénégal.

Une chose est sûre : Joséphine n'aura de cesse, une fois adulte, de revendiquer son africanité en voyageant le plus souvent possible dans de nombreux pays où elle sera reçue à chaque fois par les plus hauts responsables politiques.

Personne ne sait qui de sa mère ou de son père donne à la petite fille le sobriquet de « Tumpie ». C'est une référence à une chanson traditionnelle, *Humpty Dumpty*, créée à la fin du XVIIIe siècle qui raconte l'histoire d'un œuf avec de grands yeux surnommé Tumpie. C'est visiblement ainsi que la petite Joséphine est apparue aux yeux de ses parents lorsqu'elle était bébé. Ce surnom la suivra une grande partie de sa vie et il faut noter que c'est aussi le titre d'une comédie musicale interprétée près de 500 fois à Broadway peu avant sa naissance. Un surnom qui lui était prédestiné même si, durant cette toute petite enfance, elle ne sait pas encore qu'elle brûlera les planches quelques années plus tard, loin du Missouri, de l'autre côté d'un océan dont elle ne soupçonne même pas encore l'existence.

Son père, qui a rencontré une autre femme, décide de quitter le domicile conjugal du jour au lendemain. Il laisse seule sa femme qui doit s'occuper de sa fille Joséphine et de son petit frère Richard né un peu plus d'un an après elle.

Dans la petite maison vétuste, la vie est de plus en plus précaire alors, pour trouver une solution au manque d'argent qui se fait chaque jour plus pressant, Carrie, qui passe la plupart de ses journées à ne rien faire et à boire du whisky, décide d'envoyer sa petite fille Joséphine vivre quelque temps chez sa grand-mère maternelle à moins de deux kilomètres de là. Sa grand-mère héberge une autre femme d'origine indienne de la tribu Cherokee, « tante Elvara » qu'elle présente comme sa sœur même si elles n'ont pas du tout le même sang. Dans son livre autobiographique *Une vie de toutes les couleurs*, voici comment Joséphine la décrit : « Tante Elvara était l'ancêtre. Une vieille dame à profil d'aigle avec des petits yeux bridés aussi petits que des graines. Sa peau était cuivrée et ses cheveux noirs sans un fil d'argent. Des nattes pendaient de chaque côté de sa tête. Tous les jours elle fumait le calumet de la paix et elle confectionnait des amulettes et des colliers. Elle rêvait des années heureuses oubliées depuis longtemps. »

C'est donc auprès d'elle et de sa grand-mère que Joséphine va remplir ses poumons d'un air de tolérance et d'humanisme qui va la guider durant toute sa vie. Elle découvre avec ces deux femmes les univers africains et indiens qui se mélangent joyeusement. Joséphine s'émerveille des légendes des tribus amérindiennes et des contes de fées occidentaux. Mais elle s'aperçoit aussi très vite qu'Elvara peut se mettre dans une rage folle, surtout après avoir un peu trop bu de whisky ou quand la petite fille commet une bêtise.

À 5 ans, Joséphine marche accidentellement sur un clou. Elle hurle de douleur en sautillant sur le parquet. Dans un premier temps, sa grand-mère et Elvara tentent de la soulager avec des onguents mais la blessure semble s'aggraver et le pied de Joséphine enfle et change carrément de couleur. Elle est conduite en urgence à l'hôpital où les médecins hésitent à lui couper la jambe avant finalement de changer d'idée et de lui administrer un traitement qui heureusement pour elle sera efficace.

Sa mère s'est remariée avec un autre homme mais les soucis financiers demeurent et s'aggravent. Cette fois, Joséphine, alors âgée de 8 ans, est envoyée dans la maison de M. et Mme Mason, de riches « Blancs » des beaux quartiers de Saint Louis pour faire le ménage. Les premières semaines se passent plutôt bien pour Joséphine qui dispose d'un lit confortable et douillet. La maîtresse de maison lui offre aussi le couvert et une nourriture soignée. Le soir, Mme Mason, âgée de 45 ans et sans enfant, dispense à Joséphine des cours d'écriture et de lecture.

Elle la laisse aussi jouer dans la cave avec d'autres petites filles du voisinage. Comme elle lui prête des vieilles robes et des chaussures qu'elle ne porte plus, Joséphine les utilise pour imaginer ses premiers spectacles. Elle s'occupe de tout : de la création artistique jusqu'à la fabrication d'une scène. Elle a trouvé des rideaux qu'elle cloue au mur et posé des planches sur le sol. Tous les jours, les enfants viennent rire et s'amuser avec elle sous le regard bienveillant de Mme Mason.

Mais ce tableau idyllique se noircit au bout de quelque temps. Un changement radical dans l'attitude de Mme Mason à son égard a lieu juste après une discussion avec Joséphine à la suite d'un « spectacle » :

Mme Mason : « On dirait que tu adores jouer la comédie avec des petites filles Joséphine !

— Oh oui, madame, et votre mari aussi ! Il me l'a dit quand il est venu dans ma chambre.

— Tu veux dire qu'il vient te voir quand je ne suis pas là ? Et est ce qu'il te fait autre chose ?

— Non il dit simplement qu'il aime les petites filles, c'est tout, pourquoi ?

— Non non pour rien Tumpie, pour rien, monte te coucher il est tard. »

Joséphine raconte dans ses mémoires qu'elle n'a pas osé lui dire ce soir-là qu'il la prenait sur ses genoux en respirant très fort. Elle était effrayée à chacune de ses visites et s'était promis d'appeler à l'aide s'il lui venait à l'idée de recommencer, comme cette nuit où il s'était glissé dans sa chambre avec une lampe dans la main avant de déguerpir en entendant les pas de sa femme dans l'escalier. Mme Mason devient de plus en plus dure dans sa façon de lui parler. Joséphine commence alors à vivre l'enfer, maltraitée par une femme qui lui fait subir des brimades après lui avoir pourtant si souvent dit qu'elle l'aimait.

Un jour, Joséphine oublie de sortir des assiettes d'un chaudron d'eau bouillante, la vaisselle est abîmée et quand « madame » s'en aperçoit, elle entre dans une rage folle : « Mademoiselle, avec votre paresse, vous avez encore fait une bêtise ! Pour vous punir, pour que vous fassiez attention, enlevez le chaudron du feu mais pas avec un torchon, avec votre main ! »

Joséphine se met à pleurer et à trembler. Mme Mason lui assène une gifle. Joséphine prend alors le chaudron et le sort du feu. La douleur est vive mais n'a rien à voir avec ce qu'elle va subir quelques secondes plus tard. Alors que Joséphine se met à genoux et implore Mme Mason, cette dernière lui ordonne de plonger ses deux mains dans le chaudron. Joséphine raconte la douleur immense qu'elle a alors ressentie : « Le savon bouillant qui était dans l'eau m'avait cuit les doigts. Je criais, je criais... *Maman ! Au secours !* » Après cette véritable scène de torture, Joséphine s'enfuit à toutes jambes et vient frapper à la porte d'une maison voisine pour demander de l'aide. Elle perd connaissance et quand elle se réveille, elle est allongée sur un lit d'hôpital, les mains bandées. Malgré son jeune âge, la petite fille ne garde pas de séquelles et se rétablit vite.

Peu après, Carrie, la mère de Joséphine, tente d'alerter la police sur cet acte inadmissible mais aucune poursuite n'est engagée à l'encontre de Mme Mason. Que valent les larmes d'une petite fille noire dans une ville où seuls les Blancs détiennent le pouvoir ?

Joséphine traverse un autre cauchemar trois ans plus tard. Elle a juste 11 ans quand elle assiste, impuissante et terrorisée, aux émeutes raciales qui ensanglantent Saint Louis durant le mois de juillet 1917. Tout est parti d'une plainte déposée quelques semaines auparavant par des ouvriers blancs qui estimaient que les Noirs « volaient » leurs postes de travail dans les usines et les manufactures de Saint Louis. La violence n'a cessé de s'accentuer au fil des jours jusqu'à conduire à une folie meurtrière. Scènes de pillage, destruction de commerces tenus par des Noirs, la police semble fermer systématiquement les yeux devant toutes ces exactions racistes. Plusieurs immeubles sont incendiés dans le quartier de Walnut Street à trois kilomètres de la petite maison de la famille de Joséphine. Un quartier qu'elle connaît bien car elle y passe chaque fois qu'elle traverse le fleuve. Joséphine gardera enfouies en elle ces images terrifiantes de gravats et de maisons calcinées comme une cicatrice indélébile. Une centaine d'hommes et de femmes noirs trouvèrent la mort durant ces trois jours. Un bilan terrible qui reste aujourd'hui parmi les plus lourds de l'histoire des États-Unis.

Le calme revient dans les rues de Saint Louis et la vie normale reprend ses droits. La population noire reste sur ses gardes mais le climat social s'apaise au fil des jours. Joséphine découvre les nouvelles musiques qui parviennent jusqu'à ses oreilles quand elle passe près des clubs de la ville et des musiciens de rue. Elles ont pour nom *blue's*, *jazz*, *ragtime*, *shake*, *shimmy*, *mess around* et surtout un nouveau rythme inventé quasiment l'année de ses 13 ans : le *charleston.* Pour Joséphine, adolescente énergique et survoltée, cette danse est faite pour elle. Elle peut bouger les bras, les jambes, la tête, faire des grimaces. Bref, c'est la liberté totale, avec une règle intangible toutefois : danser en rythme. Elle assimile tous les pas avec une facilité déconcertante et n'hésite pas à s'entraîner chaque jour en gardant le sourire. Cette danse a aussi une vertu inattendue : elle permet à Joséphine de se réchauffer du froid mordant durant les longs mois d'hiver qui sévissent à Saint Louis.

Très vite, la danse occupe tout son esprit. Elle rêve de gloire et de succès. Les gens viendraient l'acclamer dans les cabarets. Elle ferait l'objet de toutes les attentions. Mais en attendant, elle s'exerce avec ses frères et ses amis dans les rues de la ville où elle improvise sans cesse des chorégraphies en faisant le clown. C'est le temps des premières grimaces qui déclenchent les rires des spectateurs mais aussi des quêtes quotidiennes pour trouver de quoi manger, même dans les poubelles devant les maisons des quartiers chics de Saint Louis. C'est aussi le temps des petits boulots pour gagner quelques cents précieux. Joséphine emmène dans ses expéditions sa sœur Margaret et son frère Richard pour récupérer quelques morceaux de charbon subtilisés dans les wagons qui stationnent en gare de Saint Louis. L'hiver, elle propose aux habitants de déneiger l'accès à leurs maisons contre quelques pièces.

Joséphine quitte l'école peu après et devient serveuse dans un bar. Elle vient de fêter ses 13 ans quand elle décide de se marier avec un jeune garçon à peine plus âgé qu'elle avec qui elle était en classe au collège. Il s'appelle Willie Wells.

Très vite, elle est confrontée à la violence quotidienne de son mari. Il lui fait des scènes de jalousie et n'hésite pas à lever la main sur elle. Après quelques semaines, excédée, elle lui signifie que tout est fini et qu'elle veut le quitter. Il essaie de la retenir en la menaçant, mais sa décision est prise et, pour se dégager de son étreinte, elle lui jette une bouteille au visage avant de claquer définitivement la porte de leur petit appartement.

À nouveau seule, elle croise sur son chemin un trio d'artistes baptisé The Jones Family Band avec qui elle apprend les rudiments du vaudeville. Pour elle, c'est le moyen idéal d'aller à la rencontre du public même s'il ne s'agit que de passants pressés qui se rendent à leur travail dans les rues de Saint Louis. Quelques jours plus tard, elle part en tournée avec le trio qui s'est associé à une autre troupe, les Dixies Steppers. Ils ont décroché des contrats pour se produire dans différentes villes des États-Unis. C'est son premier grand voyage. Elle parcourt avec eux plus de 1 500 kilomètres jusqu'à Philadelphie. C'est dans cette ville qu'elle rencontre celui qui devient son deuxième mari, le deuxième coup de foudre de sa jeune existence. Là encore, elle accepte de l'épouser dans un temps record. C'est un musicien. Il s'appelle Willie Baker.

En 1921, Joséphine McDonald devient officiellement Joséphine Baker. Elle ne changera plus jamais de nom malgré son divorce prononcé en 1925. Elle découvre une nouvelle ville à 1 000 kilomètres de Saint Louis. Philadelphie comptait déjà à cette époque près de 2 millions d'habitants et une communauté afro-américaine forte de 150 000 personnes. Quelques mois avant l'arrivée de Joséphine, c'est ici, dans la capitale de la Pennsylvanie, qu'a été inauguré le tout premier théâtre construit par des Afro-Américains : le Dunbar (qui deviendra plus tard le Lincoln Theater). Joséphine, qui joue avec sa troupe sur la scène du Standard Theater situé deux rues plus loin, entend parler d'une audition pour une comédie musicale entièrement jouée par des Afro-Américains qui a pour titre *Shuffle Along*.

Destinée à être jouée à New York sur une scène de Broadway, elle a été créée par deux musiciens noirs de grand talent, le violoniste Noble Sissle et le pianiste Eubie Blake. Joséphine n'hésite pas une seconde et décide de passer l'audition. Le duo est assis dans la salle tout comme le producteur du spectacle. Pour elle, c'est sûr, ce jour d'avril 1921 va changer sa vie. Elle s'avance sur la scène et commence à danser et à chanter dans son style si particulier qu'elle a rodé au fil des représentations avec sa petite troupe. Dans la salle, les deux hommes sont impressionnés par l'énergie qu'elle dégage. Ils posent quelques questions pour mieux la connaître et terminent par cette simple interrogation en regardant la jeune fille qui reprend son souffle après sa performance : « Quel âge avez-vous, mademoiselle ? » lance l'un d'eux. « 15 ans », répond-elle. Les deux hommes lui expliquent que malheureusement ils ne peuvent pas l'engager car la loi interdit d'embaucher un artiste de moins de 16 ans dans les théâtres. Joséphine sent les larmes monter à ses yeux. Elle comprend qu'elle n'aura pas le moindre rôle dans la comédie musicale.

Loin de se décourager, elle reprend de plus belle ses représentations avec sa troupe. Un critique d'un journal de Philadelphie remarque son « talent incroyable pour faire rire le public et sa présence étonnante sur la scène ». Quelques mois plus tard, la chance se présente à nouveau. La production de Shuffle Along cherche à engager des nouvelles choristes. Cette fois, les créateurs du spectacle ne sont pas présents. C'est le producteur qui supervise les auditions. Comme à son habitude, Joséphine donne tout ce qu'elle a dans les tripes. Après son audition, le producteur ne semble pas convaincu, essentiellement pour des critères physiques : il la trouve trop petite et trop maigre pour figurer dans une formation de choristes sur scène. Mais Joséphine s'accroche et réussit par ses paroles à le faire hésiter sur sa décision. « Quel âge avez-vous, mademoiselle ? » Joséphine, qui a retenu la leçon de sa précédente audition, lui répond du tac au tac : « 17 ans, monsieur. » Al Meyer réfléchit quelques secondes. Certes, il ne peut l'engager comme chanteuse mais devant la motivation de la jeune fille et son air décidé il lui propose un travail de costumière pour le spectacle. Le cœur battant, Joséphine accepte tout de suite et se retient sans doute de ne pas lui sauter au cou tant la joie la submerge.

Bien sûr, elle aurait préféré être sous les lumières de la scène mais après tout, costumière, c'est un premier pas.

Elle part donc en tournée avec toute la troupe de la comédie musicale. Chaque soir elle reste en coulisse, prête à intervenir pour les changements de costumes suivant les tableaux. Elle observe tout ce qui se passe presque seconde par seconde dans le spectacle qu'elle finit par connaître par cœur. Dans ses mémoires, elle raconte que certains soirs, les danseurs semblaient découragés. Elle se demandait ce qu'elle pouvait faire pour les aider à retrouver leur énergie : « J'allais jusqu'à souhaiter d'inventer une potion qui aurait pu les aider dans ces moments difficiles ! »

Mais quelques mois plus tard, la chance frappe une troisième fois à sa porte. Une des choristes, enceinte, ne se sent pas bien. Impossible pour elle de venir sur la scène. Joséphine se porte immédiatement volontaire pour la remplacer. Ce qui se passe ensuite tient de la magie, pour reprendre une expression du producteur qui se souviendra toute sa vie de ce moment. Dès que Joséphine apparaît, le public rit à gorge déployée. Spectateurs et spectatrices n'ont d'yeux que pour elle. Ils sont littéralement envoûtés par sa façon de bouger son corps dans tous les sens, de chanter, de danser, de faire des grimaces. Un tonnerre d'applaudissements salue sa prestation. La production du spectacle n'a d'autre choix que de lui proposer de rejoindre les choristes.

La petite costumière, trop maigre et trop petite, se transforme en véritable artiste. Certains membres de la troupe sont agacés et jaloux de ce succès immédiat mais Joséphine tient son rêve : elle est enfin sous la lumière. Désormais,

Joséphine apparaît chaque soir sur la scène et ses prestations sont de plus en plus remarquées dans la presse. Sa réputation ne fait que croître et très vite les spectateurs qui ont entendu parler d'elle dans les journaux demandent si elle sera bien sur la scène au moment d'acheter les tickets pour le spectacle au guichet des théâtres.

Au mois de juillet 1921, elle découvre enfin la ville dont elle n'a cessé de rêver depuis qu'elle était enfant : New York.

La ville est en pleine effervescence. Quand elle lève les yeux, elle peut découvrir les innombrables chantiers de gratte-ciel qui jalonnent la cité. Chrysler Building, Rockefeller Center, Empire State Building... New York est une fourmilière géante qui vit déjà avec autant d'intensité la nuit que le jour. Joséphine découvre aussi la vie artistique new-yorkaise elle aussi en pleine effervescence. La comédie musicale dont elle fait partie s'arrête pour quelques mois dans un théâtre de Broadway. Lors de la première mise en place, elle tombe nez à nez avec les deux créateurs du spectacle qui la reconnaissent au premier coup d'œil. Elle raconte dans ses mémoires ce moment où ils lui ont à nouveau demandé son âge et où elle a répondu avec un aplomb ne laissant aucune place au doute ou à une remarque suspicieuse : « Moi ? Messieurs ! Eh bien, j'ai 16 ans ! » Le toupet de Tumpie !

Le spectacle triomphe à Broadway et Joséphine tient le haut de l'affiche. Eubie Blake et Noble Sissle deviennent ses véritables mentors durant la tournée qui conduit la troupe à Boston pendant quatre mois puis à Chicago où la comédie musicale est jouée sans interruption durant un trimestre. Ils essaient de lui inculquer une certaine discipline et la conseillent pour améliorer encore et toujours sa présence sur la scène. Mais quand le rideau se lève pour de vrai, Joséphine n'en fait qu'à sa tête et improvise presque systématiquement avec toujours le même enthousiasme du public en guise de réponse à ses pitreries.

Au-delà de l'aspect purement artistique, avec pour la toute première fois l'introduction du jazz dans un spectacle de music-hall, Joséphine et l'ensemble des artistes se rendent bien compte que le spectacle a aussi une véritable dimension sociale. Alors que jusqu'ici les spectateurs afro-américains devaient se contenter des places au balcon, les propriétaires des théâtres qui programment le spectacle leur ouvrent désormais les sièges de l'orchestre. C'est aussi la première fois que le public est aussi mélangé entre les Blancs et les Noirs. Bien sûr, de graves problèmes de ségrégation persistent dans le pays mais ici, la culture fait tomber les interdits et les tabous que l'on pensait pourtant figés à tout jamais dans les mentalités.

Joséphine Baker est un témoin privilégié de ces changements qui s'amorcent lentement. Elle joue le spectacle durant deux ans avant de s'engager pour une autre comédie musicale composée une nouvelle fois par le duo prolifique Blake et Sissle. Le spectacle s'intitule *Chocolate Dandies* et doit se jouer à New York sur la scène du Plantation Club dans le quartier d'Harlem. Blake et Sissle imaginent un spectacle en deux actes et douze tableaux. Joséphine apparaît dans l'un d'eux habillée d'une magnifique robe à corset d'un blanc éclatant, un immense chapeau sur la tête. Elle est entourée par huit soupirants en canotiers et costumes aux fines rayures. Elle ne fait que danser pendant qu'une chanteuse virtuose de jazz, Valaida Snow, surnommée Little Louie, interprète le morceau *Manda* qui raconte ce qui se passe sur la scène en même temps. L'ancêtre du clip vidéo est peut-être né ce jour-là ! Ensuite, Joséphine revient devant le public à plusieurs reprises et, comme d'habitude, elle laisse libre cours à ses numéros fantaisistes, louchant, faisant rouler ses yeux et se lançant dans des danses où tout son corps se déchaîne.

C'est durant une de ces représentations que Joséphine fait une rencontre capitale avec une femme venue spécialement pour la voir. Elle s'appelle Caroline Dudley Reagan. Brune et élégante américaine âgée de 33 ans, elle vit à Paris où son mari Donald est attaché commercial à l'ambassade des États-Unis. Issue d'une riche famille de Chicago, passionnée de musique et de théâtre, elle caresse depuis longtemps un projet un peu fou. Avant que son mari ne soit muté en France, elle a arpenté un grand nombre de cabarets et de théâtres aux États-Unis, rêvant de faire venir une revue afro-américaine en France.

Maîtrisant parfaitement le français, avec un léger accent de l'Illinois, elle demande un rendez-vous avec André Daven, le directeur du théâtre des Champs-Élysées. Elle lui détaille son projet et André Daven est enthousiaste. Il lui explique à son tour que c'est aussi l'idée que lui a soumise son ami Fernand Léger, grande figure du mouvement cubiste. Durant cette période, les artistes et les intellectuels français commencent à se passionner pour « l'art nègre » et la perspective de faire venir en France une revue 100 % afro-américaine à Paris excite au plus haut point André Daven. À cela s'ajoute un objectif financier de premier plan. Le directeur des Champs-Élysées n'hésite donc pas une seconde pour financer le voyage de Caroline Dudley. Cette dernière, bien que financièrement à l'abri, se fait tout de même payer pour son rôle de productrice et découvreuse de talents.

Et voici comment les deux Américaines se retrouvent à Harlem face à face en train d'évoquer un voyage vers la France. Joséphine a reçu une proposition pour s'engager dans une nouvelle comédie musicale avec ses deux mentors mais elle devine à cet instant précis que son avenir doit se jouer de l'autre côté de l'océan. Elle accepte le marché que lui propose Caroline Dudley et la promesse de recevoir 250 dollars par semaine.

Le 15 septembre 1925, William Irvine, le commandant de bord du luxueux paquebot *Berengaria*, donne l'ordre de larguer les amarres du port de New York. Il est à la barre de ce gigantesque navire de 276 mètres de long. C'est à l'époque le plus grand paquebot du monde. Joséphine doit écarquiller les yeux à la vue de ce mastodonte d'acier d'où se dressent trois énormes cheminées noires. Quand elle était petite, elle voyait passer les bateaux sur le Mississippi avec leurs roues à aubes mais cette vision dépasse tout ce qu'elle avait imaginé. Elle se souvient que quand le bateau est parti après que les cornes de brume ont retenti dans le port de New York, quatre remorqueurs tiraient le paquebot vers le large. « La mer est calme et le ciel rouge », elle veut tout voir alors elle court dans les coursives en reprenant son souffle contre le bastingage. Peu à peu, la statue de la Liberté s'éloigne de son regard jusqu'à disparaître dans la nuit.

« J'avais peur. Il fallait tout recommencer, ou commencer. Aurai-je assez de force, d'ambition ? Peu à peu, en regardant la mer, je sentais la peur me quitter, que j'étais libre, que je n'étais non plus méchamment solitaire mais joliment solitaire. » Dans ses mémoires, elle confie aussi avoir eu envie à cet instant précis de chanter. « C'était une chanson douce qui raconte l'histoire d'une jeune fille à Hawaï. Elle regarde le clair de lune dans la baie de Honolulu. » Mais Joséphine ne va pas seulement chanter au-dessus des vagues de l'océan car le lendemain la troupe est invitée à se produire sur la scène du cabaret du bateau. Ils sont une vingtaine, danseurs, chanteurs, musiciens, tous noirs, recrutés par Caroline. Joséphine s'exécute avec plaisir et offre deux chansons aux passagers en guise de préparation à sa future arrivée à Paris. Après une journée de repos le 17 septembre, Joséphine sent son cœur battre plus fort quand la sirène retentit et que l'équipage hurle : « Tout le monde sur le pont ! » Sur les différents ponts du bateau, les matelots dégagent les barques de secours et tous les passagers s'équipent en toute hâte de gilets de sauvetage. Les sonars du paquebot ont repéré le signal de ce qui ressemble fort à une mine flottante, vestige de la guerre navale de 1914-1918. Après quelques longues minutes d'attente, l'alerte est levée et le paquebot reprend son rythme de croisière pendant que Joséphine et les quelque 2 000 passagers regagnent leurs cabines.

Le 22 septembre, le majestueux transatlantique *Berengaria* entre sous la pluie dans le port de Cherbourg. Le premier constat que dresse Joséphine, c'est qu'il fait beaucoup plus froid en Normandie qu'à New York ! Elle ne porte qu'un manteau léger, mais pas de quoi refroidir son enthousiasme. Avec les autres membres de la troupe, elle court vers les services de la douane française au milieu des malles de voyage et des valises qui s'amoncellent sur le quai de débarquement. Elle se souvient avoir proposé 20 dollars à un homme pour qu'il porte ses bagages mais il refuse net. Elle lui tend alors 30 dollars et cette fois, il accepte ! Après un court trajet en tramway, la troupe monte dans un train à vapeur dont la fumée de la locomotive s'élève dans la gare. Les vingt-cinq danseurs et musiciens noirs s'installent dans les wagons. Joséphine ressent un choc quand elle rentre dans le wagon-restaurant. Personne ne lui dit qu'il est réservé aux Blancs et, mieux encore, personne ne la dévisage. Elle est même dirigée avec gentillesse jusqu'à une table par un garçon du restaurant. Quatre heures plus tard, le train s'arrête en gare de Paris Saint-Lazare. Il pleut encore.

2

Joséphine la Parisienne

« Quelle chance ! La pluie quand on débarque dans une nouvelle ville porte chance », écrit-elle dans ses souvenirs à propos de ce jour si particulier. Elle s'étonne de la petite taille des maisons et cherche en vain les immenses avenues comme à New York. Quant à sa tenue vestimentaire, elle doit certainement détonner en ce jour de septembre 1925 : des talons plats et des chaussettes. Une robe à carreaux. Des bretelles à carreaux. Son manteau léger à carreaux. Pour compléter son allure qui ne doit pas laisser les passants parisiens indifférents, il faut ajouter un appareil photo en bandoulière et une paire de jumelles. Enfin, elle porte un petit chapeau à plume sur la tête. Joséphine meurt d'impatience de découvrir la scène de son nouveau théâtre au nom si parisien située sur l'avenue Montaigne, « le théâtre des Champs-Élysées ».

André Daven est le directeur artistique de cette véritable institution au style Art déco construite en 1913. La maison connaît pourtant une forte baisse de sa fréquentation. André Daven décide donc de tenter un coup de poker en programmant pour la première fois à Paris un spectacle uniquement joué par des artistes noirs. Le nom de Joséphine Baker ne figure pas sur le programme, car elle est engagée initialement pour être une des huit choristes sur scène. Joséphine doit également danser dans un duo. La revue a été imaginée par Louis Douglas, danseur et chorégraphe afro-américain de Philadelphie. Il est déjà venu en France régulièrement pour danser et a connu un joli succès en créant la chorégraphie d'une revue pour un spectacle sur la scène du théâtre Mayol à Paris quelques années auparavant. La direction musicale est assurée par Claude Hopkins, pianiste virtuose âgé de 22 ans seulement et surnommé « Crazy Fingers » (doigts fous) pour sa dextérité sur les touches noires et blanches de son piano. Il faut ajouter à ce duo la présence d'un saxophoniste et clarinettiste hors pair qui lui aussi deviendra une légende du jazz : Sidney Bechet.

On comprend mieux pourquoi le directeur du théâtre des Champs-Élysées s'est laissé convaincre de monter ce spectacle par le peintre Fernand Léger. Ce dernier a conçu en 1924 les décors et les costumes d'un ballet intitulé *La Création du monde* qui évoque largement l'Afrique avec ses légendes et ses rythmes. La « Revue nègre » ambitionne de faire voyager les spectateurs en « Amérique noire » à travers sept tableaux qui vont d'une plantation de coton à un village de Louisiane, un cabaret jusqu'aux grandioses gratte-ciel de New York.

Joséphine s'est installée dans une grande suite de l'hôtel Fournet au 16 rue de Montreuil dans le 11e arrondissement. C'est un appartement qui comprend deux chambres et un salon. Pour se rendre au théâtre, elle prend un bus qui la conduit jusqu'au 15 avenue Montaigne. Impossible pour elle de passer inaperçue au milieu des Parisiennes et Parisiens qui se rendent au travail. Elle se souvient un jour avoir fait sensation avec son fameux pantalon à carreaux. Les passagers l'avaient regardée avec un rire complice, pour son plus grand plaisir. Partout où elle passe, elle suscite étonnement et curiosité mais elle éprouve elle aussi ces deux sentiments quand elle découvre la vie de la capitale. Ce qui la surprend le plus lors des premiers jours de balades dans les rues de Paris, ce sont tous ces couples qui s'embrassent devant tout le monde sans se cacher sur les trottoirs ou sous les réverbères. Jamais elle n'a vu cela dans sa très prude Amérique qu'elle vient de quitter : « Chez moi, les gens allaient en prison pour ça », écrit-elle. Elle tombe aussi sous le charme des lumières de Paris. Avant de venir, elle avait lu dans un journal américain que Paris n'était fait que de petites rues obscures. Enfin, elle attend avec impatience chaque jour d'entendre les trompes des taxis parisiens qui résonnent dans ses oreilles comme une joyeuse symphonie.

Les répétitions doivent durer une dizaine de jours. Mais la direction artistique du théâtre des Champs-Élysées n'est pas vraiment convaincue par la mise en scène initiale. André Daven et ses conseillers considèrent d'abord que le spectacle est trop long et que sa durée doit être réduite à 45 minutes. Puis, selon eux, la revue accorde beaucoup trop d'importance au vaudeville mais pas assez à la danse. Enfin, le dernier problème est posé par le rôle interprété par la vedette du spectacle, Maud de Forest. C'est une chanteuse de blues. Or, cette musique n'est pas vraiment en phase avec le music-hall parisien qui lui préfère largement des rythmes endiablés. André Daven demande donc en urgence l'intervention du metteur en scène Jacques Charles qui est selon lui le seul capable de remanier le spectacle qu'il juge bancal et inadapté au public de la capitale. Cet auteur parisien déborde d'audace dans ses créations. C'est lui qui, le premier, a eu l'idée géniale en 1911 d'imaginer un immense escalier qu'allaient descendre une vingtaine de danseuses sur la scène du Casino de Paris. À leur tête, dans une robe en plumes, la meneuse de revue Gaby Deslys, la star incontestée de l'époque, morte en 1920 et qui a sans doute été une source d'inspiration pour les futures stars du music-hall, dont Joséphine Baker va devenir la figure de proue.

Jacques Charles ne met pas longtemps à repérer cette jeune fille au corps parfait qui se distingue par une façon de bouger singulière et un don pour les grimaces pour le moins étonnant. L'idée de Jacques Charles est de mettre en valeur Joséphine dès l'ouverture du spectacle par une danse qu'elle ponctue de grimaces dont elle a le secret. Ensuite, il propose qu'elle revienne pour la clôture avec cette fois une danse suggestive et érotique avec un autre danseur. La direction du théâtre valide ces deux changements même si aujourd'hui un mystère persiste : qui a demandé à Joséphine de danser seins nus avec un cache-sexe ? Pour certains biographes, il s'agirait de Jacques Charles. Pour d'autres, de Rolf de

Maré, un aristocrate suédois qui a fondé les Ballets suédois de Paris en 1920. Il est aussi actionnaire du théâtre dont il a acheté des parts. Alors, serait-ce lui, l'instigateur d'une approche érotique de la danse par Joséphine ? Peut-être. Conseiller précieux pour la suite de sa carrière à coup sûr, il restera un ami proche de Joséphine Baker jusqu'à sa mort en 1964. Joséphine saluera souvent sa mémoire en évoquant le rôle essentiel dans sa carrière de « monsieur Rolf » comme elle l'appelait affectueusement chaque fois qu'elle le croisait.

Une deuxième rencontre capitale pour Joséphine se déroule dans cette même période de répétitions. Elle est de ces rencontres qui changent une vie. En cet automne 1925, du haut de ses 19 ans, elle croise le chemin d'un jeune homme de 33 ans. Il s'appelle Paul Colin. C'est le décorateur et le responsable des affiches du théâtre. Il tombe immédiatement sous le charme de l'artiste américaine en qui il devine l'immense potentiel. Il compose une affiche en triangle. Au premier plan, deux personnages aux lèvres rouges que l'on imagine être des musiciens noirs qui jouent de la musique, au-dessus d'eux, en plein centre de l'affiche, une jeune femme en robe blanche avec des cheveux courts, les deux mains sur les hanches qui donne l'impression de s'adresser au public. Cette affiche, qui reste aujourd'hui un modèle du genre, va contribuer largement à attirer le public vers ce spectacle dont la première se rapproche inexorablement au fil des répétitions. Un rapprochement a également lieu entre le modèle et le peintre. Tous deux tissent une relation intime qui va durer plusieurs mois. Ce sera la toute première histoire d'amour en France de Joséphine Baker.

Le 2 octobre 1925, tout est enfin prêt pour que la « Revue nègre » ait lieu. Pour revivre exactement ce qui s'est passé ce jour-là, il faut se replonger dans les mémoires de Joséphine Baker illustrées par Paul Colin, son ex-amant devenu un ami proche en 1930. Dans cet ouvrage, elle reprend *in extenso* un article de Pierre de Régnier, chroniqueur de la revue *Candide*. Il détaille presque minute par minute tout ce qui va se passer ce soir-là dans les différents tableaux du spectacle :

« La revue commence à dix heures et quart. Tout Paris est dans la salle éteinte. Les musiciens de l'orchestre nègre portant leurs instruments défilent un à un dans l'obscurité devant le rideau gris perle.

Après quelques minutes, le rideau se lève.

Un port, une nuit, très loin là-bas, des cargos illuminés, la lune, des marchandises sur le quai et des femmes en chemises ou en robe, coiffées de madras entrent les unes derrière les autres pour chanter une petite chanson. Ce sont les Girls, qui à la scène ont toutes l'air sauf une d'être blanches.

Charleston.

C'est alors qu'entre en scène, très vite un personnage étrange qui marche les genoux pliés vêtu d'un caleçon en guenilles et qui tient du kangourou boxeur, du coureur cycliste et du sen-sen-gum (la marque d'un bonbon à la réglisse très en vogue dans l'entre-deux-guerres) : Joséphine Baker.

Est-ce un homme ? Est-ce une femme ? Ses lèvres sont peintes en noir, sa peau est couleur de banane, ses cheveux déjà courts sont collés sur la tête comme si elle était coiffée de caviar, sa voix est suraiguë, elle est agitée d'un perpétuel tremblement, son corps se tortille comme celui d'un serpent ou plus exactement il semble être un saxophone en mouvement et les sons de l'orchestre ont l'air de sortir d'elle-même. Elle grimace, elle louche, elle gonfle ses joues, se désarticule, fait le grand écart et finalement part à quatre pattes avec les jambes raides et le derrière plus haut que la tête comme une girafe en bas âge.

Est-elle horrible ? Est-elle ravissante ? Est-elle nègre ? Est-elle blanche ? Personne ne le sait. On n'a pas le temps de savoir. Elle revient comme elle s'en va, vite, comme un air de one-step. Ce n'est pas une danseuse, c'est quelque chose d'extravagant et de fugitif. »

Le chroniqueur, visiblement fasciné par ce qu'il découvre, termine son article par l'ultime tableau de la Revue nègre. Une scène qui va révolutionner le music-hall pour le faire entrer dans une nouvelle ère dont la star incontestée sera Joséphine Baker.

« Et voici le final.

Une boîte de nuit.

Une danse barbare dansée par les Girls et par Joséphine Baker. Cette danse d'une rare inconvenance est le triomphe de la lubricité, le retour aux mœurs des premiers âges [...].

La déclaration d'amour faite en silence et les bras au-dessus de la tête avec un simple geste en avant avec le ventre et un frémissement de tout l'arrière-train. Joséphine est entièrement nue avec un petit collier en plumes bleues et rouges autour des reins et un autre autour du cou. Ces plumes frétillent en mesure et leur frétillement est savamment gradué. Joséphine qui tourbillonne dans son plumage, les Girls qui hurlent et le rideau tombe sur un roulement faramineux de la batterie et un coup de cymbale définitif. »

On devine l'intensité du trouble de l'auteur de ces lignes quand il écrit la critique du spectacle pour sa revue de music-hall quelques heures après. Mais que dire de l'émotion suscitée par Joséphine dès que le rideau est tombé ! Bien sûr, certains spectateurs, outrés, ont quitté la salle avant la fin en sifflant et vociférant mais c'est une véritable explosion d'applaudissements enthousiastes qui donne au théâtre des Champs-Élysées un air de volcan en éruption.

Après s'être démaquillée et habillée en « civil », Joséphine est acclamée à nouveau par les invités dans le salon d'honneur du théâtre. Toutes et tous attendent cette femme qui a totalement dépoussiéré en quelques minutes des décennies de music-hall. Émue jusqu'aux larmes par cet accueil qu'elle n'imaginait pas, même si secrètement elle devait l'espérer de toute son âme, elle s'écroule dans les bras de sa productrice Caroline Dudley. Les deux femmes savent que désormais, plus rien ne sera comme avant.

Le lendemain, dans les journaux, certains chroniqueurs évoquent un spectacle scandaleux contraire aux bonnes mœurs et n'ont pas de mots assez forts pour condamner ce qu'ils ont vu : « exhibitionnisme transatlantique », « une offense au goût français ». Il faut ajouter des considérations ouvertement racistes pour les plus extrémistes, mais qui ne représentent qu'une infime minorité. Malgré ce déferlement médiatique parfois nauséabond pour condamner ce spectacle, l'immense majorité des critiques est hypnotisée par cette découverte artistique, à l'image d'un des critiques les plus réputés de la place parisienne, Yvon Novy, pour le journal *Comoedia* : « Que dire de la Revue nègre, Révélation ? Oui ! Et à plus d'un titre ! Cette débauche, cette frénésie de couleurs, l'épilepsie acrobatique de gestes, contournés en spirales hallucinantes, détendus en brusques jets désarticulés, cette fièvre trépidante, ce mouvement vertigineux scandé par un rythme obsédant, implacable, d'une sûreté prodigieuse, d'une régulation métronomique, n'avaient jamais été atteints avec une intensité égale. »

De son côté, André Levinson, un journaliste d'origine russe spécialisé dans la danse et qui méprisait jusqu'alors les nouvelles danses mettant en scène des Afro-Américains, tombe lui aussi sous le charme de Joséphine dans un article paru le 12 octobre 1925 : « C'est d'elle, de son trémoussement forcé, de ses dislocations téméraires, de ses mouvements lancés qu'émane le jet rythmique. Elle semble dicter sa loi au drummer envoûté, au saxophoniste ardemment tendu vers elle. La musique naît de la danse, et quelle danse ! Les déhanchements de la bateleuse cynique et bon enfant, le rictus qui fait grimacer la large bouche, font place subitement à des visions dont toute bonhomie est absente. Certaines poses de Miss Baker, les reins incurvés, la croupe saillante, les bras entrelacés et élevés en un simulacre phallique, évoquent tous les prestiges de la haute stature nègre. Le sens plastique d'une race de sculpteurs et les fureurs de l'Éros africain nous étreignent. Ce n'est plus la dancing-girl cocasse, c'est la Vénus noire qui hanta Baudelaire » (une référence à Jeanne Duval, une comédienne métisse haïtienne qui fut l'amour fou et la muse du poète Charles Baudelaire).

Le public, lui, comme souvent, ne se trompe pas et se déplace en masse vers les guichets de réservations. Initialement prévue pour durer deux semaines, la Revue nègre va finalement durer jusqu'au 17 décembre 1925. Le triomphe est absolu et le « tout-Paris » s'arrache Joséphine dans des cocktails et des soirées mondaines. Durant cette période de frénésie, Joséphine prépare dans le plus grand secret la suite de sa carrière : sa productrice a en effet prévu d'organiser une grande tournée de la Revue jusqu'à Moscou. Mais la rencontre avec un homme va bouleverser la donne.

Il s'appelle Paul Derval, de son vrai nom Alexis Pitron d'Obigny de Ferrière. Il a 45 ans et c'est le directeur depuis 1919 d'une salle mythique parisienne : Les Folies Bergère. Ce comédien, qui n'a pas réussi à décrocher un rôle le conduisant au succès, a vite compris qu'il était beaucoup plus à son aise dans la direction artistique et la création de spectacles à gros budget. Il sent tout de suite que cette jeune Américaine aux cheveux courts et à la présence scénique prodigieuse peut être la star de son théâtre. Il lui propose de l'engager pour le prochain spectacle et elle accepte le marché sans rien dire à personne. Elle fait donc partie du voyage de la troupe qui part pour une grande tournée européenne. Première étape : la Belgique. La troupe joue sept représentations dont une devant le roi Albert Ier puis prend la direction de l'Allemagne. Joséphine et les autres comédiens découvrent le théâtre Nelson de Berlin entre Noël et le Premier de l'an 1925.

Juste avant la toute première représentation, elle croise les regards pleins de haine de quelques membres des « Chemises brunes », le mouvement paramilitaire du parti nazi d'Adolf Hitler. Cela n'empêche pas le public allemand de réserver un accueil tout aussi enthousiaste à Joséphine que le public parisien quelques semaines auparavant. La Revue nègre est un succès absolu qui se joue à guichets fermés durant deux mois consécutifs avant de rentrer à Paris. Cette fois, Joséphine doit expliquer clairement et ouvertement qu'elle ne veut pas continuer l'aventure de la Revue nègre car elle s'est engagée pour jouer aux Folies Bergère quelques jours plus tard. Sa productrice tombe des nues et menace de lui faire un procès, mais elle laisse finalement s'envoler la jeune fille du Missouri librement vers son destin.

Paul Derval a imaginé un spectacle dont elle sera la vedette, qu'il a intitulé *La Folie du jour.* Superstitieux jusqu'au bout des doigts, le patron des Folies Bergère exige que le titre de chaque création comprenne le mot « folie » et soit composé de treize lettres. Des exigences qui seront en vigueur jusqu'à sa mort après quarante-six ans de règne absolu en mai 1966. En cette année 1926, il publie le programme de couleur bleue qui annonce son nouveau spectacle. Au centre d'un soleil, Joséphine sourit et dévoile un sein nu. Des longues boucles d'oreilles blanches accrochées à ses lobes et un collier brillant autour du cou viennent compléter la photographie. Paul Derval et les auteurs qui travaillent pour lui ont imaginé un dispositif scénique totalement nouveau dont il détaille lui-même les étapes dans ses mémoires : « Une immense boule couverte de fleurs descend lentement et vient se poser au milieu des musiciens. La boule fleurie s'ouvre en deux : Joséphine apparaît alors presque nue, sur un miroir. Elle danse, puis la boule se referme à nouveau et les câbles d'acier la remontent lentement dans la coupole du théâtre. » Si cette scène est à elle seule un moment d'anthologie, c'est pourtant un autre tableau qui va créer une véritable onde de choc et suivre Joséphine durant toute sa vie.

En arrière-plan, un décor de jungle. Un explorateur dort sous un arbre aux larges branches au bord d'une rivière. Un petit groupe d'hommes noirs joue du tam-tam. Soudain Joséphine apparaît, les seins nus. Autour de sa taille, une ceinture où sont accrochées seize bananes en caoutchouc qui s'agitent dans tous les sens durant son charleston endiablé.

À nouveau, malgré les critiques qui crient au scandale et à la pornographie, le spectacle est un triomphe et élève Joséphine Baker au rang de star incontestée des nuits parisiennes. Malgré cette ascension fulgurante, elle garde aussi les pieds sur terre et la tête bien ancrée dans les valeurs qui dictent sa vie, comme le partage et la générosité.

Joséphine participe ainsi cette année-là à une soirée de bienfaisance à l'Hôtel de Ville pour récolter des fonds pour les pompiers. Elle est aussi sur la scène du théâtre des Folies Bergère pour fêter le Noël des gardiens de la paix. Elle offre à 1 500 enfants, qui ont pris place dans les fauteuils, un spectacle qui leur est spécialement dédié avec de la magie, des animaux, de la poésie, de la danse et de la chanson. Joséphine, « gentiment vêtue », comme le précise un journaliste témoin de l'événement, distribue ensuite des cadeaux à la jeune assistance. Elle pose pour une photo entourée d'enfants et de gendarmes en portant un képi sur la tête juste à côté du Père Noël.

3

Joséphine reine de Paname

La gamine de Saint Louis s'imaginait, en cabotinant devant les singes du zoo municipal, qu'un jour, quand elle serait plus grande, une foule d'admirateurs se jetterait à ses pieds. C'est exactement ce qui se passe dans la réalité de sa vie quotidienne à Paris : pas une seule balade dans les rues de la capitale sans que quelqu'un tente de l'approcher.

Durant cette année 1926, elle tombe amoureuse de Giuseppe Abatino. C'est un tailleur de pierre sicilien de huit ans son aîné qui a quitté l'Italie pour tenter sa chance à Paris comme auteur de théâtre, même si la rumeur lui prête plutôt des talents de gigolo en quête de riches veuves éplorées. Il est surnommé « Pepito » ou encore « le comte Abatino » (même si ce titre de noblesse ne semble reposer sur aucun document officiel). Giuseppe et Joséphine tombent dans les bras l'un de l'autre sans doute dans le courant de l'été. Quelques semaines après leur première nuit d'amour, il doit partir d'urgence en Italie pour ses « affaires » et, en réponse à un courrier de Joséphine, lui écrit en français sur un papier à lettres qui porte étrangement en en-tête le sceau officiel du ministère des Finances Italien. Comment se l'est-il procuré ? Mystère… Dans cette lettre datée du 13 octobre 1926, il ne lui cache rien de ses sentiments : « J'ai reçu hier ta dernière lettre avec beaucoup de plaisir. Je suis heureux de voir que tu n'oublies pas ton petit amour Pepito. Je pense beaucoup à toi en regardant ta photo et à tous les moments gentils que nous avons passés ensemble. Tu dis que tu m'aimes un peu, c'est vrai ? Moi j'en suis sûr c'est de l'amour que j'éprouve. » Ensuite, il lui explique qu'il cherche du travail de préférence à Paris et qu'il tient plus que tout à la retrouver : « Même si Paris est grand et où on y oublie facilement, je suis certain de t'aimer à l'infini et j'espère que tes sentiments petit Joe à mon égard seront toujours les mêmes. Pourvu que tu ne m'aies pas remplacé. Tu sais quand j'aime je suis un peu jaloux, c'est pas ma faute mais c'est un joli cadeau naturel que mon pays avec ses fleurs d'orangers m'a donné. En Sicile, les sentiments sont sacrés lorsqu'on est amoureux. Je t'embrasse my love, my wonderful Baby. » Ce mot doux fait mouche dans le cœur de Joséphine qui retrouve avec joie et passion son amant de retour dans le courant de l'automne.

Il devient son imprésario et grâce à lui Joséphine va voir sa carrière prendre des directions qu'elle n'avait probablement jamais imaginées. D'abord, Pepito comprend très vite en observant les femmes de Paris que toutes ou presque veulent ressembler à Joséphine, imitant pour commencer sa coupe de cheveux garçonne, cheveux courts et noirs plaqués à la gomina sur sa tête. Il est persuadé qu'une nouvelle mode peut naître et contacte donc sans attendre une fabrique française de crème pour les cheveux. Un tube de brillantine est mis au point dans les plus brefs délais avec une marque qui figure sur l'emballage, « Bakerfix ». Le tube est rouge et blanc et représente bien sûr le visage souriant de la jeune Américaine avec des boucles d'oreilles. Deux campagnes de publicité démarrent ensuite simultanément sur des affiches. Une à destination des femmes, la première cible visée : « ILS TIENDRONT ! Ils tiendront vos cheveux durant toute la journée même si Mesdames vous sortez sans chapeau, même si vous faites du sport. Employez Bakerfix, la célèbre formule de Joséphine Baker qui fixe les cheveux sans les graisser et leur donne brillance et souplesse. » La deuxième affiche est destinée à la clientèle masculine : « Monsieur ! Votre habit est de bonne coupe, votre nœud de cravate réussi. À la soirée qu'offrent vos amis les belles invitées apprécient votre chic d'homme moderne. Grâce à Bakerfix votre coiffure gardera sa belle ordonnance. » Plusieurs milliers d'exemplaires de cette crème capillaire à l'effigie de Joséphine vont être vendus à Paris et dans toute la France. Les ventes de ce produit miracle sont à la hauteur des espérances de « Pepito » qui connaît là son premier succès commercial grâce à Joséphine. Et il est déterminé à ne pas s'arrêter en si bon chemin.

Il décide d'abord de lui faire enregistrer son premier disque. C'est un 78 tours dans lequel elle reprend des standards de jazz et des morceaux de charleston à la mode, notamment *Sleepy Time Gal.* Le morceau a été créé à Broadway sur la scène du Plantation Club. Il raconte l'histoire d'une jeune fille qui fait tourner les têtes des hommes mais Joséphine se l'approprie sans hésiter d'une voix sûre : « [...] fille endormie tu transformes la nuit en jour, fille endormie tu as dansé toute la nuit [...] Avant que chaque étoile argentée disparaisse de ma vue [...] s'il te plaît donne moi un petit bisou [...]. »

Dans ce disque enregistré dans les studios du label allemand Odeon, elle interprète aussi une chanson, *Feeling Kind of Blue*, en s'accompagnant elle-même d'un ukulélé, qu'elle avait emporté lors de la traversée de l'Atlantique en 1925. Une photo de toute la troupe à son arrivée à Cherbourg permet en effet de distinguer la petite guitare hawaïenne dans ses mains à la descente du paquebot.

Bientôt, Pepito persuade Joséphine d'ouvrir son propre cabaret. C'est chose faite en décembre 1926 où l'enseigne « Chez Joséphine » accueille ses premiers clients au cœur de Pigalle, à deux pas du Moulin-Rouge. Les femmes peuvent aussi venir pour prendre des cours de danse sur certains créneaux horaires. Là encore, c'est un succès pour l'impresario italien qui parvient juste avant la fin de cette année 1926, décidément riche en événements, à décrocher à sa « Joe » un contrat pour tourner deux films à quelques semaines d'intervalle.

Au début de l'année 1927, Joséphine est la vedette de *La Sirène des tropiques*. Si le réalisateur de ce film muet, Henri

Étiévant, tombera vite dans l'oubli, en revanche son assistant espagnol sur ce long métrage d'une heure trente connaîtra lui une carrière cinématographique de dimension mondiale quelques années plus tard. Son nom est Luis Buñuel.

Mais malgré tout le talent de Buñuel, le film est un échec. L'histoire de cet ingénieur français tombant amoureux d'une jeune fille indomptable des tropiques n'a pas attiré les foules. Certes, les regards enamourés des personnages peuvent lasser les spectateurs tant ils sont répétés en gros plans dans le film, mais la scène finale où Joséphine danse à en perdre la tête sans se départir de son sourire légendaire, est une incroyable performance.

Le deuxième film muet, *La Revue des revues*, réalisé par Joe Francis, sort sur les écrans français en novembre 1927. Joséphine joue le rôle de Gabrielle, une petite main qui travaille le jour dans les ateliers d'un grand couturier et, la nuit, brille sur les scènes des music-halls de Montmartre. Elle partage l'affiche avec le comédien André Luguet, sociétaire de la Comédie-Française.

Pour le reste, rien à signaler sur le scénario pour le moins succinct de ce film à l'exception encore de deux numéros de danse de la jeune Américaine, dont un dans un restaurant avec des nappes à carreaux sur les tables et des clients médusés par cette danseuse qui est habillée cette fois ! Il faut noter dans la distribution la présence d'Henri Varna. Le comédien ne fait qu'une courte apparition mais, quelques années plus tard, il jouera un rôle prépondérant dans la carrière de Joséphine Baker. *La Revue des revues* est à nouveau un échec commercial.

Pour tenter de se remettre sur les rails du succès, Giuseppe Abatino se tourne vers la littérature et convainc Joséphine d'écrire ses mémoires. Elle n'a que 21 ans mais elle se plie au jeu et accepte de confier toutes ses aventures à un journaliste français déjà auteur d'un roman et d'une pièce de théâtre, Marcel Sauvage. Sur la couverture du livre, un dessin représente la tête de Joséphine tournée de trois quarts, ses cheveux noirs plaqués sur son crâne comme à son habitude. Une bouclette dépasse de son oreille droite et on devine un léger battement de cils. Le livre d'une quarantaine de pages met surtout l'accent sur la Revue nègre au théâtre des Champs-Élysées mais au détour d'une page, Joséphine Baker revient sur ses jeunes années avec beaucoup d'émotion : « J'ai débuté à Philadelphie, la ville des éditeurs et des libraires dans un petit théâtre Standard Theatre dans une méchante Revue. Je gagnais 10 dollars par semaine. En réalité, je ne gagnais rien du tout car on ne me payait presque jamais et j'avais toujours faim. J'étais creuse, creuse à en tomber en deux. Les dents me sortaient de la bouche. Je pensais à New York et à l'argent énorme, à la vie facile. » Malgré sa sincérité sur les épisodes de sa jeune existence, Joséphine ne parvient pas à intéresser les lecteurs comme l'aurait souhaité Pepito et le livre est un échec en librairie. Aujourd'hui, c'est une pièce extrêmement recherchée par les collectionneurs, notamment pour les trente magnifiques dessins Art déco de Paul Colin qui illustrent le récit.

Le génial Paul Colin édite la même année *Le Tumulte noir*, son véritable chef-d'œuvre avec quarante-cinq lithographies qui racontent l'extraordinaire explosion créée par Joséphine Baker et la troupe de la Revue nègre.

Durant cette même année 1927, Joséphine lance, sur les conseils de son imprésario, un magazine qui lui est totalement consacré au titre direct et simple : *Hello !* Sur la couverture dorée on découvre sa silhouette dansante avec un pagne autour de la taille. Ensuite, la première page laisse la place à un éditorial qui mélange français et anglais avec humour et légèreté et où elle s'adresse directement à ses lecteurs : « Ladies and Gentlemen, Public Parisien, Public le plus spirituel du Monde qui a été si gentil avec moi [...] I want to take you a surprise (je voudrais vous faire une surprise) [...] Vous avez dit que j'étais jeune [...] that is real (c'est vrai) [...] que j'étais gaie. Yes. I suppose (Oui. Je suppose) que j'étais jolie [...] I can't say (je ne peux pas le dire) [...] Je vous adresse ce magazine à mon enseigne qui possède toutes ces qualités et qui sera en même temps un trait d'union [...] between the smart public and the high class business (entre le public intelligent et celui de la classe affaire). Ai-je raison ? Ai-je tort ? Vous êtes trop galants pour me donner une désillusion puisque vous êtes mes amis chers et que je suis your old young friend (votre vieille jeune amie). » Et elle signe : Joséphine Baker.

En fait, ce texte a été écrit par son secrétaire. Un secrétaire fin lettré car derrière son apparence discrète se cache un écrivain de génie qui a déjà publié près de deux cents romans et dont le nom n'apparaît pas dans la courte liste des personnes qui ont collaboré à ce numéro. Pour garder l'anonymat et ne pas éveiller les soupçons, il a préféré faire figurer sur le papier un de ses nombreux pseudonymes (il en possède dix-sept), Patrick O'Donogan. Derrière ce nom à la consonance irlandaise se cache un homme né en Belgique en 1903, futur créateur des aventures du commissaire Maigret en 1931 : Georges Simenon. Quand le magazine sort dans les kiosques à journaux parisiens, l'écrivain prolifique entretient une liaison amoureuse secrète avec Joséphine depuis deux ans. Le couple s'est connu lors d'une soirée chez Paul Colin, affichiste en chef de Joséphine et probable créateur de sa ceinture bananes quand elle est arrivée en France. Elle aimerait se marier avec lui mais Georges Simenon refuse net et retrouve sa compagne, Tigy, une artiste peintre avec qui il va partir durant un an sur un bateau à travers les canaux de France.

Quant au magazine *Hello !*, il ne survit pas à la séparation du couple illégitime et le public parisien n'aura pas droit à un numéro 2. Pepito est-il au courant de cette incartade de Joséphine ? Il ne semble pas affecté puisqu'il décide d'organiser pour sa protégée une tournée mondiale en 1928. Mais il a encore une idée étonnante qu'il entend bien concrétiser.

Avant son grand départ et malgré son jeune âge, il lui propose donc de faire ses adieux au public parisien. Des adieux à 22 ans ! Aucun artiste avant elle n'avait osé le faire en pleine force de l'âge mais Pepito est un as de la communication. Il établit là les bases du marketing sans le savoir ! L'important, c'est de faire parler de la star, et l'objectif est largement atteint cette fois encore.

Le concert à lieu à la salle Pleyel. C'est un tour de chant avec de la danse. Joséphine interprète douze morceaux accompagnée par deux pianistes solistes qui ont décidé de jouer ensemble avec leurs deux pianos, Jean Wiener et Clément Doucet. Joséphine triomphe et retrouve un moral d'enfer avant de partir pour sa grande tournée mondiale, dont la première étape doit la conduire à Vienne. Pour annoncer son arrivée, Pepito a fait coller des affiches du spectacle sur les murs de la capitale autrichienne avec pour titre *Black & White* en grandes lettres et la silhouette dénudée de la star.

Lorsque le train de Joséphine arrive en gare de Vienne, les cloches d'une église sonnent à tout rompre pour annoncer à la population l'arrivée imminente de celle que la presse autrichienne et certains mouvements intégristes religieux surnomment « le Diable noir ». Malgré cet appel au boycott, des dizaines et des dizaines d'admirateurs et d'admiratrices viennent saluer Joséphine Baker et la troupe qui l'accompagne. Face à la pression des mouvements d'extrême droite, les autorités de la ville interdisent à Joséphine de se produire comme prévu initialement par contrat dans le théâtre Ronacher depuis de longs mois. La mairie de Vienne propose même à Joséphine de lui accorder un service d'ordre pour la protéger de possibles agressions durant son séjour. Face à ce climat délétère, Pepito retrouve le sourire ! L'imprésario italien à la fine moustache sait que tout ce tapage, même négatif, est une formidable publicité pour le spectacle. Il réussit à trouver une salle qui accepte d'ouvrir sa scène à Joséphine. Le Johann Strauss-Theater et ses 1 500 places est littéralement pris d'assaut par le public durant plusieurs jours malgré les manifestations hostiles de ses opposants qui exigent que le spectacle soit immédiatement stoppé. Pourtant, Joséphine parvient à honorer toutes ses dates et repart pour sa deuxième étape en Hongrie. Juste après le départ de la troupe, un office de trois jours est décrété dans l'église voisine du théâtre pour expier les outrages à la moralité commis par le « Diable noir ».

Le train de Joséphine s'arrête ensuite à Budapest en Hongrie. Cette fois, pas d'affiche où elle apparaît dénudée mais à la place une belle composition colorée où on la découvre dans une robe à froufrous rouge et une verte. Elle salue la foule de sa main droite en souriant, les yeux grands ouverts. Cette affiche au graphisme audacieux, résolument moderne pour l'époque, a été spécialement composée par Tibor Réz-Diamant, considéré aujourd'hui comme un des plus grands affichistes mondiaux dans l'histoire de l'art. Le spectacle, sobrement intitulé *Joséphine Baker au Moulin-Rouge*, est joué à deux reprises au Royal Orphée-Theater de Budapest. Là encore, c'est un succès malgré des manifestations d'opposants demandant ici aussi son départ au plus vite afin de respecter les bonnes mœurs.

En Roumanie, Joséphine doit jouer son spectacle dans un théâtre à ciel ouvert dans le centre de Bucarest. Plus de 3 000 personnes ont pris place dans l'enceinte prévue pour 1 700. Juste au moment où elle entre sur scène, un orage d'une rare violence éclate sur la capitale roumaine. Joséphine prend alors dans la main un parapluie que lui tend un employé du théâtre depuis les coulisses et elle commence à danser.

Son récit de cette incroyable soirée est épique : « Les musiciens jouent chacun en tenant leurs parapluies. C'était faux ! C'était fou ! Et les coups de tonnerre ! Oh là là ! La moitié du public se sauve sous l'averse et du coup ceux qui n'avaient pas pu avoir de places entrent pour me voir. Je ferme mon parapluie et je danse comme dans un aquarium. Ma ceinture de bananes est pleine d'eau. Les bananes molles se détachent une à une molles par terre, floc floc ! La pommade de mes cheveux et mon maquillage me coulent dans les yeux. J'avais aussi des plumes et j'étais comme un petit poulet mouillé, trempé, asphyxié. J'ai dansé jusqu'au bout. On oubliait la pluie, on tenait, je tenais, nous tenions contre l'orage. Quel public et quel enthousiasme ! Et quel orage ! Quel bain ! »

Quelques jours plus tard, à Prague, elle doit danser et chanter sur la scène du Lucerna. C'est un théâtre souterrain creusé juste sous la Vltava, le fleuve qui traverse la capitale de la Tchécoslovaquie. Le théâtre est gigantesque. 8 000 personnes assistent au spectacle de Joséphine Baker qui là encore raconte avec émotion dans ses mémoires ce qui lui est arrivé de totalement extraordinaire ce soir-là et qui en dit long sur sa force de caractère et sa volonté :

« L'ambiance était incroyable et le bruit du public recouvrait tout. Quand j'ai commencé à danser, le chef d'orchestre n'était pas en mesure. Je lui crie “too quickly too quickly” (Trop vite ! Trop vite !) Mais mes mots se perdent dans la musique et il ne change pas le rythme. J'étais folle mais je tenais le défi. Je danse comme une folle. Brusquement, je glisse. Je tombe sur le côté mais je me relève d'un bond. Je me suis arraché tout l'extérieur du bras et le coude. Je sens le sang se mêler à ma sueur, descendre au bout de mes doigts. J'entends en même temps un tonnerre d'applaudissements. Le public a pris ma chute pour un effet volontaire.

Une dernière fois je hurle : “Trop vite ! Trop vite !” Le chef d’orchestre me regarde comme un dément et lance ses musiciens éperdus à fond de train. J’ai eu un éblouissement, je suis tombée d’un seul coup sur mes deux genoux. Je me suis dit “si tu t’arrêtes tu es perdue, il faut que tu danses, il faut que tu épuises l’orchestre et son chef monstrueux”. Mes genoux saignaient et le sang coulait le long de mes mollets. J’étais comme une danseuse écorchée, une image de sang. Je dansais comme un démon. Je dansais, je dansais, je dansais, je tournais, je sautais, je courais. Le tourbillon de la musique m’emportait, je le dépassais. Je me disais, si tu lâches tu es déshonorée. Je n’ai pas lâché. Enfin, le bras du chef d’orchestre s’est abattu d’un seul coup. J’ai regardé la salle et j’ai vu tournoyer autour de moi des milliers de têtes. Tout était rouge. J’ai entendu une rumeur profonde et je me suis écroulée. J’ai coulé à pic au fond de ma fatigue. On ne releva pas le rideau. J’étais morte sur un tapis, les bras en croix ! »

Après une bonne nuit de sommeil, Joséphine est de nouveau d’aplomb et prête à repartir pour vivre de nouvelles aventures.

Dans chaque ville de l’Europe de l’Est qu’elle traverse, elle ne sait jamais ce qui va lui arriver. Quand elle découvre La Haye aux Pays-Bas, sa voiture est totalement immobilisée au milieu d’une foule compacte qui lui exprime tout son amour alors que des policiers juchés sur des chevaux tentent de lui frayer un passage pour sortir de la gare.

Au Danemark où elle interprète sa célèbre « danse des bananes », toutes les affiches du spectacle sont arrachées des rues de Copenhague en quelques minutes. Elle est invitée dans le palais royal de Copenhague pour donner un concert privé aux princesses héritières. Dans ses mémoires, elle raconte en détail ce moment hors du temps tout en délicatesse. Une rencontre qui préfigure ce qu'elle réalisera beaucoup plus tard avec sa « tribu arc-en-ciel » en adoptant ses douze enfants : « Les petites filles roses et blondes riaient et claquaient des mains. Elles étaient assises en rond autour de moi sur des coussins sur d'épais tapis très vieux. J'étais encore plus heureuse que ces petites filles car vous savez pour moi, tous les enfants sont des rois, toutes les petites filles des princesses. Il n'est au monde rien de plus beau ni de plus royal qu'un enfant n'est ce pas ? Les caprices d'un enfant sont les caprices de Princes. Moi je ne suis qu'une artiste qui travaille, qui se doit à la scène. Je ne peux me permettre d'avoir des enfants, pas encore, c'est ça mon chagrin. »

Quelques jours plus tard, la tournée continue son périple en Scandinavie avec une étape en Suède et c'est en bateau qu'elle doit s'y rendre. Au moment d'embarquer, depuis un port Danois sur un bâtiment suédois, le capitaine explique à Joséphine qu'il a le regret de lui interdire l'accès au pays avec ses deux chiens. Joséphine regarde l'officier et, sans s'énerver, lui répond : « Je n'ai jamais abandonné personne, surtout un chien. Ou mes chiens entrent avec moi où je n'entre pas. » Pepito, son manager, sait qu'il a plus de chance de faire changer la loi suédoise que de faire changer d'avis sa protégée. Il remue alors ciel et terre pour entrer en contact avec des membres du gouvernement Suédois. Après une multitude de télégrammes échangés avec le ministre de la Santé, il finit par obtenir le feu vert. Joséphine peut entrer dans le pays avec ses deux chiens, mais avec interdiction formelle de les laisser sortir de la chambre d'hôtel. Même loin de sa maison de la banlieue parisienne qui a des airs de véritables ménagerie, tant elle aime les animaux, pour Joséphine pas question de voyager sans ses chiens. Plus tard, elle voyagera même avec des animaux plus exotiques comme des singes ou des perroquets.

Le 14 février 1929, alors qu'elle doit jouer son spectacle durant cinq soirs à Munich, les nazis lui interdisent de se rendre au Deutsches Theater. L'affaire fait grand bruit dans tout le pays et un journal berlinois qualifie sur sa une Munich de ville la plus stupide d'Allemagne. C'est la seule annulation de la tournée mondiale qui conduit ensuite Joséphine dans le royaume de Yougoslavie.

L'accueil qui lui est réservé à Belgrade est totalement à l'opposé de celui qu'elle a reçu en Bavière. Le jazz et la danse sont populaires et appréciés et même les souverains, le roi Alexandre et la reine Maija, n'hésitent pas à danser sur ces musiques noires lors de grandes réceptions.

Cette fois, Joséphine est en terrain conquis. Personne n'arrache ses affiches qui annoncent son spectacle où elle pose seins nus avec une petite jupe à plumes, les bras croisés au-dessus de sa tête dans une pose suggestive faussement ingénue. Elle joue dans le théâtre le plus prestigieux de la ville, le Luxor Balkanska. Même si la température est anormalement basse dans la grande salle de spectacle, elle réussit à enflammer le public avec son incontournable danse des bananes. Son séjour en Yougoslavie est une réussite totale, surtout après qu'elle s'est fait photographier agenouillée sur un tapis « Kilim de Pirot », du nom de la ville serbe où est fabriqué ce style très particulier de tapis qui à l'époque est un symbole national pour le royaume. Juste avant de quitter le pays, elle fait un don important destiné aux enfants pauvres de la Yougoslavie. Des scènes de liesse l'accompagnent lorsqu'elle remonte dans l'Orient-Express pour poursuivre sa tournée dans le reste de l'Europe. Roumanie, Espagne, Italie, Suède. Même si à l'époque on ne parlait évidemment pas de médiatisation et de buzz, les polémiques suscitées par cette jeune Américaine hors norme excitent la curiosité et son autobiographie, boudée en France, est traduite dans plusieurs langues et les ventes montent en flèche.

Durant ces longs voyages ferroviaires, notamment dans les luxueux wagons de l'Orient-Express, Joséphine à l'idée d'un autre livre et elle trouve même son titre : *Mon sang dans tes veines*. L'héroïne de ce roman s'appelle Joan. C'est une jeune métisse dont la mère travaille comme femme de chambre à Boston chez un richissime homme d'affaires. Le fils du milliardaire est atteint d'une maladie grave et seule une transfusion peut le sauver. C'est Joan qui va se porter volontaire et sauver le jeune homme sans demander la moindre somme d'argent. Pepito valide ce projet et, lors d'un court séjour à Paris entre deux dates de tournée, il demande à Félix Achille de la Cámara, un auteur d'origine tchèque, de construire un roman autour de l'idée de Joséphine. Le livre sera commercialisé deux ans plus tard par les éditions

Isis. Les deux noms, de la Cámara et Abatino, figurent sur le haut du livre. Le visage de Joséphine est dessiné au centre de la couverture. Pour une fois elle ne sourit pas et le titre du livre recouvre l'ovale de son visage en lettres blanches.

Mais en cette fin d'été 1929, sa grande tournée internationale se poursuit et elle décolle pour l'Amérique du Sud. Tout se déroule sans anicroche au Chili et en Uruguay mais son arrivée en Argentine devient une affaire d'État. Le président de la République Hipólito Irigoyen prend officiellement la parole en traitant Joséphine Baker de « démon d'immoralité ». Heureusement, elle termine son incroyable marathon mondial par le Brésil où personne ne la voit en démon mais plutôt en « Venus Negra » (Vénus noire), pour reprendre un des grands titres des journaux brésiliens de l'époque. Après un dernier concert, Joséphine et Pepito regardent s'éloigner les côtes brésiliennes depuis le pont du paquebot *Lutetia* qui les ramène en France. Un voyage en première classe où elle rencontre par hasard un homme svelte et élégant avec des petites lunettes rondes. Il est de nationalité suisse et s'appelle Charles-Édouard Jeanneret-Gris – plus connu sous le nom de Le Corbusier. Il rentre d'une tournée au Brésil où il a expliqué aux maires des grandes villes ses conceptions de l'urbanisme et notamment la construction de grandes routes, de gratte-ciel et de quartier d'affaires. Le courant passe tout de suite entre l'artiste et l'architecte qui ont exactement le même âge, 23 ans, sans que l'on sache si Giuseppe « Pepito » Abatino a deviné que quelque chose se tramait entre eux durant la traversée de l'océan Atlantique. Il faut bien avouer que cette romance ressemble comme deux gouttes d'eau à celle de Joséphine avec Georges Simenon, même si elle sera beaucoup plus éphémère. De nombreuses photos prises sur un des ponts du *Lutetia* permettent de les voir poser devant l'objectif tout en gardant leurs distances. Pepito figure sur chaque cliché pris sur le pont du paquebot et il est parfois au milieu du cadre, parfois sur le côté. Le rapprochement sensuel se déroule dans le secret de la cabine de l'architecte. Il réalise plusieurs croquis de Joséphine nue et habillée.

Leur idylle clandestine ne dure que le temps d'un voyage mais elle trouble le jeune architecte qui écrira plus tard à sa mère : « Joséphine a un cœur aussi tendre que celui d'un enfant d'un village créole. Pas même un soupçon de vanité. Rien. La naturalité la plus miraculeuse que vous ne pourriez jamais imaginer. Je peux la voir comme la fondation d'un nouveau sentiment. Dans la cabine du navire, Joséphine a pris une petite guitare et elle a commencé à chanter des chants noirs. Ils étaient merveilleusement beaux, émouvants, riches, inventifs, généreux et décents. » Quelques mois plus tard, « Corbu » épousera Yvonne, la femme architecte avec qui il partageait sa vie depuis sept ans. Quant à Joséphine, elle vogue vers de nouvelles et palpitantes aventures. Après tout, elle n'a que 23 ans, et toute la vie devant elle.

4

Les deux amours de Joséphine

En cette fin d'année 1929, Joséphine et Pepito s'installent au Vésinet, à l'est du département des Yvelines dans la villa Beau Chêne, au 52 rue Georges-Clemenceau. C'est une imposante bâtisse au toit d'ardoise construite à la fin du XIXe siècle au milieu d'un grand parc arboré. Une serre en fer forgé où poussent des fruits et légumes et un joli kiosque complètent le tableau idyllique de cette immense propriété qui comprend également un court de tennis. Joséphine raconte sa vie dans cette maison à un journaliste venu l'interroger dans le cadre du journal municipal du Vésinet qui publie régulièrement une chronique, « Les banlieusards chez eux ». Il se rend donc un après-midi ensoleillé chez la star qui, ce jour-là recevait des amis :

« Nous étions six à picorer à qui mieux mieux dans les fraisiers.

— Dites-moi Miss. . .

— Mangez donc des fraises !

— Oui, mais je voudrais que vous me parliez du Vésinet, de votre banlieue, des raisons qui…

— Tout à l'heure ! Ah la belle rouge ! Tenez, c'est pour vous !

Après quoi nous jouâmes au tennis, Joséphine me renvoyait la balle en dansant :

— Dites-moi Miss…

— Attrapez donc celle-là !

Après quoi nous prîmes le thé, ou plutôt le cocktail car il était déjà tard. Mais Joséphine ou plutôt José comme la nomment ses amis se reposait au rythme d'un rocking-chair.

— Chère amie, je m'excuse mais il va être l'heure pour moi de partir.

— Restez à dîner, ensuite je vous parlerai du Vésinet !

Il faisait très doux, on entendait aucun bruit si ce n'est le coup d'un sifflet étouffé d'un train derrière les derniers faubourgs. “Le Vésinet, je l'aime pour la discrétion de ses villas et pour la beauté de sa campagne si proche de Paris. Ici, j'ai toujours envie de chanter, de danser mais rien que pour moi mes amis mes lapins… Ici pas de chiqué ! Chacun dans son jardin ! Et puis je veux que les enfants du Vésinet aient un arbre de Noël Ma-gni-fique !” »

Le reporter conclut par ces mots : « elle me parlait avec un français d'une façon étonnante avec cet accent créole d'une mélancolie si tendre. Je songeais à la légende de Joséphine Baker contre qui tant de récriminations et de moqueries se sont élevées. Comme la vérité est différente. Quelle charmante sensibilité. Quelle intuition des êtres et des choses et même d'une époque. »

Quand elle ne profite pas de son havre de paix, Joséphine se plonge à nouveau dans la frénésie du music-hall. Elle retrouve Henri Varna, l'acteur qu'elle avait croisé sur le film *La Revue des revues* en 1927. Désormais il dirige avec brio le Casino de Paris, la salle mythique de la rue de Clichy fondée en 1890 où le monde entier a découvert le célèbre French cancan. L'ancien propriétaire des lieux, Léon Volterra, qui est également à la tête du Moulin-Rouge, a décidé de se retirer après avoir créé vingt-quatre revues à succès. La première décision d'Henri Varna en reprenant ce véritable navire amiral du music-hall parisien est d'engager Joséphine Baker pour la nouvelle revue de la salle de spectacle, *Paris qui remue*. Pour convaincre la jeune Américaine de tenter l'aventure à ses côtés, comme il sait que Joséphine est une amoureuse des animaux, il n'hésite pas à acheter une femelle léopard de quelques mois qu'il lui offre en guise cadeau de bienvenue. Joséphine est immédiatement conquise par le magnifique félin tacheté de noir baptisé Chiquita qui devient vite son animal de compagnie. Henri Varan peut jubiler. Non seulement il réussit à enthousiasmer Joséphine mais en plus cet animal majestueux tout droit sorti de la savane partage l'affiche promotionnelle de la revue pour lui donner un air encore plus spectaculaire et inédit.

Cette fois, ce n'est pas Paul Colin qui la réalise mais Louis Gaudin, un jeune affichiste parisien qui s'est fait connaître quelques années plus tôt en dessinant des costumes pour des spectacles de Broadway sous son nom d'artiste Zig. L'affiche représente Joséphine debout. Elle est dévêtue mais enveloppée par une sorte de châle léger et évanescent aux teintes bleutées qui cache sa nudité. Elle regarde de ses grands yeux Chiquita posée juste à côté d'elle sur son postérieur. Le léopard tient un gros bouquet de fleurs multicolores entre ses pattes tendues vers l'artiste. Au bas de l'affiche, on peut lire : « Paris Remue la plus belle revue du Monde. » Le spectacle imaginé par Henri Varna et mis en musique par Earl Leslie se déroule en deux actes et quarante-cinq tableaux.

Dans le programme officiel, vendu 3 francs par les crieurs de journaux parisiens quelques jours avant la grande première, Joséphine Baker est partout. Son visage apparaît également sur les pages de publicités. On la retrouve vantant les mérites de la Bakerfix, sa crème pour les cheveux. Il ne faut pas oublier dans ce catalogue, véritable modèle du marketing avant l'heure, la Bakerskin, « la lotion qui brunit » ou encore la crème solaire Bakersun. En quelques semaines, toutes les femmes parisiennes et même au-delà de la capitale veulent ressembler à cette chanteuse qui révolutionne les codes de la beauté avec ses cheveux courts plaqués et sa grande liberté vestimentaire. Pepito le comprend très vite et ne laisse pas passer l'occasion de signer des contrats publicitaires lucratifs. Les slogans promotionnels associés à son image et parfois à son corps fleurissent dans la presse. Impossible ou presque d'ouvrir un journal sans tomber sur Joséphine : « Joséphine Baker ne porte que les tricots Reard », « Moi Joséphine, mes fourrures sont achetées chez

André Brunswick »... On la voit aussi fumer les cigarettes Piast, « les meilleures cigarettes parisiennes ». Elle apparaît en pagne et soutien-gorge en noix de coco sur la boîte du camembert Charleston.

Quant aux différents tableaux de la revue, ils s'inspirent directement de l'exposition coloniale qui se déroule en même temps dans la capitale. Si on y retrouve les indispensables scènes de vaudeville, duo de chanteurs romantiques, numéros comiques ou encore l'inévitable French cancan, le spectacle évoque aussi les « ambiances » des colonies françaises.

Ainsi, par exemple, Joséphine interprète *La Petite Tonkinoise*. La chanson a été écrite en 1905 par Henri Christiné qui a eu l'idée d'en composer deux versions, une pour un chanteur, l'autre pour une chanteuse. Joséphine est la première à l'interpréter dans sa version féminine et elle la gardera dans son répertoire durant toute sa carrière. Pour chaque interprétation de cet air, elle prend l'habitude de remuer systématiquement le bout de ses deux index en chantant à la manière d'une artiste asiatique.

C'est moi qui suis sa petite
Son Anana, son Anana, son Annamite
Je suis vive, je suis charmante
Comme un p'tit z'oiseau qui chante
Il m'appelle sa p'tite bourgeoise
[...]
Sa Tonkiki, sa Tonkiki, sa Tonkinoise
D'autres lui font les doux yeux
Mais c'est moi qu'il aime le mieux

La musique a été composée par un musicien marseillais aux origines italiennes qui deviendra plus tard une légende de la chanson française : Vincent Scotto. Henri Varna décide d'ailleurs de faire appel en cette année 1930 à ce compositeur surdoué pour qu'il lui compose une chanson totalement dédiée à la personnalité de Joséphine. Il lui fixe un rendez-vous quelques jours plus tard au Casino de Paris pour qu'il vienne lui présenter son idée.

Le jour fatidique arrive et Vincent Scotto n'a toujours pas la moindre idée. Soudain, marchant dans la rue de la Chaussée-d'Antin avec son ami parolier Géo Koger, le « cerveau vide » comme il le racontera plus tard dans ses mémoires, l'inspiration la saisit. *J'ai deux amours, mon pays et Paris.* Il écrit tout de suite la partition de ce fox-trot sur une porte cochère pendant que Géo Koger griffonne des paroles sur cette mélodie que Scotto fredonne dans la rue. Lorsque les deux hommes arrivent au Casino de Paris, Henri Varna demande à Vincent Scotto de monter sur la scène pour chanter la chanson. Joséphine est assise au premier rang et attend les premières mesures, puis le texte débute :

On dit qu'au-delà des mers
Là-bas sous le ciel clair
Il existe une cité
Au séjour enchanté
Et sous les grands arbres noirs
Chaque soir
Vers elle s'en va tout mon espoir
J'ai deux amours

Mon pays et Paris
Par eux toujours
Mon cœur est ravi
Ma savane est belle
Mais à quoi bon le nier
Ce qui m'ensorcelle
C'est Paris, Paris tout entier
Le voir un jour
C'est mon rêve joli
J'ai deux amours
Mon pays et Paris.

Joséphine est immédiatement conquise. Elle sait que le destin d'une artiste se joue parfois lors d'un moment magique. Elle vient de vivre ce moment, assise au milieu d'une salle vide en écoutant un homme chanter. Ce qu'elle vient d'entendre n'est pas seulement une chanson qui lui ressemble, c'est un véritable document d'identité. Elle a enfin trouvé SA chanson fétiche. Elle va la chanter de sa voix douce et cristalline de soprano sur toutes les scènes du monde à tous les âges de sa vie avec mille arrangements mais toujours avec la même sincérité et le même plaisir intense qui se lisait sur son visage. Les spécialistes de la variété française s'accordent pour dire que Vincent Scotto avait un don pour que le public se souvienne systématiquement et exclusivement de ses mélodies simples et redoutablement efficaces en faisant oublier les textes des auteurs avec qui il travaillait. Ce fut le cas pour la grande majorité des 4 000 chansons qu'il a composées durant sa longue et brillante carrière, mais une chanson constitue une exception de taille : *J'ai deux amours.*

L'interprétation de Joséphine donne à cet air léger et langoureux une puissance qui en fera un classique de la chanson française. Une de ces chansons que plusieurs générations de chanteurs amateurs fredonneront dans leur salle de bains sous le jet de leur douche avant de partir travailler ! En 1930, dès la sortie du disque en 78 tours, le public ne s'y trompe pas. Il découvre une nouvelle facette de Joséphine Baker : elle sait aussi chanter !

Cette même année, Pepito qui a décidément de la suite dans les idées, demande à Joséphine de raconter à nouveau ses mémoires. Comme pour le tome I, il fait appel à Marcel Sauvage pour graver noir sur blanc le nouveau récit de sa vie. Trois ans sont passés depuis le premier livre et Joséphine accepte sans rechigner de se confier à nouveau à l'écrivain. Cette fois, elle insiste plus particulièrement sur ses débuts au cinéma qu'elle considère comme totalement ratés malgré tout l'amour qu'elle porte au septième art. Il est vrai que son tout premier film muet en 1927, *La Sirène des tropiques*, censé évoquer les Antilles, a été tourné dans la forêt de Fontainebleau et que la *Revue des revues*, son deuxième film, a été tourné en un temps record au printemps 1926. On comprend mieux pourquoi elle n'hésite pas à déclarer à Marcel Sauvage dans un monologue surréaliste fidèlement retranscrit par l'auteur de ses mémoires tout ce qu'elle pense de cette expérience : « Quelle enfant j'étais ! Pas maligne pour un sou et si confiante. (Silence.) Dites-moi monsieur Sauvage, vous savez nager ? Oui eh bien ! Si vous ne saviez pas nager et qu'on vous dise jetez-vous à l'eau ! Moi je me suis jetée à l'eau. Je ne savais rien. Je n'avais aucune éducation cinématographique. Je suis tombée dans le cinéma, on dit comme “une fleur” n’est ce pas ? On m’a poussée gentiment et maintenant débrouille-toi Mademoiselle ! Si je devais passer aujourd’hui devant un tribunal cinématographique pour ce que j’ai tourné je serai reconnue coupable mais surtout et d’abord irresponsable ! »

Ce constat d’une franchise et d’une lucidité absolues illustre parfaitement la vision de Joséphine Baker sur son métier d’artiste toujours en quête de perfection mais sans cesse exposée au risque de trébucher si elle relâche son attention. Heureusement, d’autres œuvres cinématographiques de bien meilleure tenue viendront étoffer sa filmographie personnelle dans les années qui vont suivre.

Si Joséphine regrette des débuts ratés comme actrice, en revanche, tout va bien pour elle dans le rôle de meneuse de revue qu’elle maîtrise à la perfection sur la scène du théâtre des Champs-Élysées. La fin de la saison 1930-1931 approche et le cap des trois cent cinquante représentations de *Paris qui remue* est franchi. Craignant peut-être un coup de fatigue de la star, les directeurs du théâtre ont l’idée d’embaucher une doublure pour parer à une absence de Joséphine. Peu d’informations subsistent aujourd’hui sur cette femme. Elle vient de Côte d’Ivoire et elle s’appelle Dolly Dihouri. Elle a dû apprendre par cœur le rôle de Joséphine, y compris les séquences dénudées pour son audition, mais les responsables du théâtre ne sont pas convaincus par sa prestation. L’affaire finit devant un tribunal car la doublure, accompagnée de son avocat, s’estime lésée. Là encore, aucune trace d’une éventuelle décision de justice si ce n’est que le conseil de la plaignante a demandé aux juges de la cinquième chambre du tribunal correctionnel de Paris de donner leur avis sur ses talents scéniques, ils ont décidé de renvoyer l'audience à une date ultérieure. Quant à Joséphine, pas sûr qu'elle soit informée de cette affaire, dont il ne subsiste aujourd'hui qu'un entrefilet dans un journal signé par un critique musical injustement tombé dans l'oubli sous le pseudonyme de « Pompier de Service » !

Mais Joséphine n'est pas fatiguée. Joséphine n'est jamais fatiguée. Après quatre cents représentations triomphales, elle signe un nouveau contrat pour le Casino de Paris qui prépare la saison 1931-1932 avec la revue *La Joie de Paris*. C'est encore Zig qui réalise les magnifiques affiches du spectacle qui sont placardées sur les murs de Paris. Elles représentent Joséphine sur un cocotier, une jambe enlacée autour du tronc. Elle porte une culotte colorée avec une longue traîne dorée qui chute de ses reins et ses seins sont cachés par des fleurs. Elle tient dans sa main gauche une noix de coco. Au bas de l'affiche, le texte est sobre et efficace : « La plus belle production du monde ! » Le public se presse en nombre aux guichets pour découvrir cette nouvelle revue. Le spectacle reprend toujours la même thématique mais Joséphine semble renouveler le genre à chacune de ses apparitions.

Les critiques sont unanimes sur son talent immense et ses dons d'improvisation. Pourtant, quand un journaliste vient s'entretenir avec elle à la fin de la représentation sur ses multiples talents, elle répond : « Je ne sais ni chanter, ni danser, je commence seulement à progresser, je travaille beaucoup, beaucoup, il le faut, j'ai tant et tant de choses à apprendre ! » Dans sa chronique, le journaliste explique qu'il a été aussi surpris par la réponse de la star que par sa modestie qui, affirmait-il « n'était pas feinte ».

Quelques jours plus tard, Charles-Étienne, un autre chroniqueur mondain se rend dans sa somptueuse bâtisse du Vésinet. Il publie régulièrement des entretiens qu'il a eus avec des hommes et des femmes de spectacle sous le joli nom de « Les Marionnettes du sourire ». Il est sans doute le premier à avoir vraiment compris que Joséphine Baker ne pouvait pas être réduite à une femme qui s'habillait de sa nudité. Lorsqu'il commence à prendre des notes, probablement autour d'un thé, rituel qu'adorait Joséphine, il se sent déstabilisé malgré une très longue expérience de cet exercice qui l'a conduit à rencontrer des personnalités depuis plusieurs décennies : « En allant trouver Mme Baker, je m'attendais à trouver une Américaine exubérante dans un froufrou à plumes multicolores, le tintinnabulement de verroteries, avec le ton glapissant de quelques cacatoès. De cette grande vedette internationale, je n'attendais qu'éclats de rire, bondissements, tumultes, mais c'est dans une sorte de quiétude reposante que j'ai goûté l'évangélisme d'une leçon d'intelligence et de bonté, sans harmonium ni cantique. Elle a la modestie d'une passagère de seconde classe se tenant droite dans son tailleur sport avec sur un coin du crâne un tout petit chapeau. Est-elle vraiment l'illustre Joséphine ? Oui, Mme Baker à deux visages. »

Joséphine ne cache rien de sa vie qu'elle entend bien croquer comme une pomme d'amour. Les clients des cafés sur les terrasses des Champs-Élysées peuvent souvent la voir marcher avec Chiquita, sa femelle léopard qu'elle tient au bout d'une laisse. Elle n'hésite pas à entrer dans les salles de cinéma avec son félin pour voir un film. Les deux complices posent pour des publicités de voiture ou de parfum. Le tout-Paris a forcément croisé un jour ou l'autre au hasard d'un événement mondain la chanteuse et son félin.

En 1932, plus de cent cinquante films vont sortir dans les salles parisiennes, un record. Joséphine et Chiquita ont l'embarras du choix ! Cette année-là, un des grands succès du box-office est *Fanny* d'après Marcel Pagnol. Le film est réalisé par Marc Allégret qu'elle croisera deux ans plus tard pour jouer dans un ses films. C'est durant cette période qu'elle vit une histoire d'amour éphémère avec Alberto Spadolini, un danseur de la revue *La Joie de Paris*. D'origine italienne, il est surnommé « le danseur nu » car il a l'habitude de danser dénudé sur les scènes dans des chorégraphies classiques. Il a le même âge que Joséphine et, comme elle, entretient un rapport totalement décomplexé avec son physique.

Après quelques mois passés au Casino de Paris, les deux complices n'hésitent pas à s'afficher ensemble et font ainsi le bonheur des journaux « à sensation » qui publient les détails de leur idylle. On les voit ainsi devant un aéroport affichant tous les deux un large sourire, prêts à prendre l'avion pour Copenhague. Ils passent Noël 1932 ensemble dans la maison de Joséphine au Vésinet. Même si leurs chemins se séparent assez vite sans que l'on sache exactement pourquoi, Alberto Spadolini gardera toute sa vie le souvenir ému de leur histoire d'amour. Il faut noter que, comme elle, il jouera un rôle important dans la Résistance, même s'ils ne croiseront jamais durant les années de guerre.

Dans ce contexte sentimental compliqué pour Joséphine, on comprend que des nuages noirs s'amoncellent au-dessus du couple qu'elle forme avec Giuseppe Abatino même si officiellement leurs relations se limitent à une simple collaboration professionnelle. Joséphine prend les devants et décide de se séparer de son imprésario. Comme il est parti dans les montagnes suisses pour passer les fêtes de fin d'année, elle lui envoie une lettre pour lui signifier sa décision de rompre. Il lui répond dans une missive datée du 30 décembre 1932 avec l'entête de l'hôtel Carlton de Saint-Moritz :

« Joséphine,

Je viens de recevoir ta lettre et je ne peux pas faire autre chose que de suivre ta volonté. J'espère que ta liberté que tu désires ardemment va te rendre heureuse. Bonne année et garde un bon souvenir de moi. »

Leur séparation ne dure finalement que le temps d'un aller-retour épistolaire entre les Alpes suisses et l'est du département des Yvelines : le duo se reforme pour de nouvelles aventures qui s'annoncent encore palpitantes en 1933 ! Joséphine n'attend pas longtemps pour recevoir sur son bureau le projet d'une chanson qu'elle enregistre dès le mois de février. Son titre est éloquent : *Si j'étais blanche*. C'est Henri Varna, le directeur du Casino de Paris, qui signe le texte de son vrai nom à l'état civil, Eugène Vantard. Joséphine accepte d'interpréter cet air sur un rythme de fox-trot :

Je voudrais être blanche
pour moi quel bonheur
si mes seins et mes hanches
changeaient de couleur
Les Parisiens à Juan-les-Pins
se faisaient gloire
Au soleil d'exposer leurs reins
pour être noirs
Moi pour être blanche
j'allais me roulant
parmi les avalanches
en haut du Mont Blanc
Ce stratagème
donna zéro
J'avais l'air dans la crème
d'un petit pruneau.

Pendant que Paris fredonne les airs à la mode diffusés par la toute première radio périphérique française, « Radio Luxembourg », créée au début de cette année 1933, l'Allemagne donne les pleins pouvoirs à Adolf Hitler. À Paris, Joséphine triomphe toujours au Casino de Paris dans sa revue *Paris qui remue*. La salle affiche complet chaque soir. Elle fait une incursion sur la scène de l'Opéra Garnier bénévolement à l'occasion du traditionnel « Bal des petits lits blancs. » C'est une soirée de charité dont les fonds récoltés viennent en aide aux enfants hospitalisés. L'idée est de Léon Bailby, journaliste et directeur du journal *L'Intransigeant*. C'est lui qui a lancé ce bal dès 1917 pour venir en aide aux enfants atteints de la tuberculose.

Quand il a proposé à Joséphine de participer, elle n'a pas hésité une seule seconde. Cette année-là, et c'est probablement une de ces toutes premières apparitions où on entend sa voix en direct dans un « reportage », un extrait de sa prestation est filmé par une caméra de la firme Pathé dans le cadre des actualités diffusées avant la projection des films. Elle se tient debout dans une magnifique robe brillante au milieu de ce qui ressemble à une passerelle. Elle est entourée d'hommes en tenues coloniales avec casques sur la tête et, en arrière-plan, on distingue un groupe de danseuses. Elle interprète *J'ai deux amours* et conclut la chanson par une note très haute qu'elle fait durer une éternité. Elle se penche pour saluer le public puis décroche soudainement sa robe, se retrouvant en justaucorps sous une pluie de confettis.

Adulée et comblée, Joséphine jouit d'une popularité jamais atteinte par une autre personnalité en France. Elle se partage entre le calme dans sa grande maison du Vésinet entourée d'animaux et la fièvre des nuits parisiennes. Elle est amie avec de nombreux artistes, dont de nombreux peintres et écrivains qu'elle croise et croise encore dans des soirées ou des dimanches à La Coupole, la célèbre brasserie près de la gare Montparnasse. Jean Cocteau, Picasso, Robert Desnos comptent parmi ses proches. Elle entretient aussi une vraie complicité avec la célèbre écrivaine Colette chez qui elle aime s'arrêter certaines nuits. La femme de lettres aime lui envoyer des petits mots sur des papiers qu'elle entoure de dentelles et de fleurs. Colette est sous le charme de cette artiste dont elle dit dans une interview pour un journal : « Paris ira voir, sur la scène,

Joséphine Baker, nue, enseigner aux danseuses nues la pudeur. » Les deux femmes resteront très proches jusqu'à la mort de Colette en 1954.

Paroliers et compositeurs se pressent pour obtenir le privilège d'être chantés par la star qui transforme tout ce qu'elle touche en or.

En cette année 1933, elle enregistre plusieurs succès dont *Sans amour*. La chanson est écrite par Charles Borel-Clerc, le musicien parolier originaire de Nay dans le Béarn qui a déjà composé plusieurs chansons pour des grandes vedettes, dont Édith Piaf, quand il propose à Joséphine cet air qui raconte son déracinement :

Dans ce grand Paris,
Si loin de mon pays
De longs mois
Oui j'ai vécu ainsi qu'un oiseau perdu
Je cherchais en vain à oublier mon chagrin
Maintenant je sais ce que j'étais
Sans amour,
Sans une seule caresse,
Sans amour.

Au début de l'été 1933, Joséphine fait la une d'un journal sportif ! Le 1er juillet, elle assiste en voisine au départ de la première étape de la 27e édition du Tour de France. La Grande Boucle part en effet traditionnellement depuis une quinzaine d'années du boulevard Carnot, l'avenue principale du Vésinet. Joséphine est logiquement habillée de jaune pour l'occasion. Elle pose au milieu de l'équipe de France qui s'apprête à s'élancer sur les routes. Le reporter du journal *L'Auto* écrit : « Elle arbore une jaquette d'un jonquille éclatant. Le jaune va si bien aux brunes. Elle tient dans la main un vaste panier de fleurs, il y en aura pour tout le monde ou du moins pour tous les coureurs. » Sur une photo, elle pose aux côtés de Charles Pélissier, qui gagnera d'ailleurs cette année-là la première étape !

Est-ce durant les semaines qui ont suivi que Joséphine a décidé de lancer sa carrière dans une nouvelle direction ? C'est très possible. Depuis plusieurs années, elle a pris l'habitude de passer quelques jours de vacances accompagnée de Colette dans la splendide demeure de Léon Volterra à Ramatuelle, directeur de quatre théâtres parisiens dont le Casino de Paris où ils se sont connus. Celui qui fut maire de Saint-Tropez recevait toute la jet-set parisienne dans des soirées mondaines estivales. Alors, est-ce dans le Var ou à Paris ? Une chose est sûre, Joséphine se laisse convaincre d'avoir le premier rôle dans une opérette de Jacques Offenbach, maître du genre en France. Léon Volterra a choisi *La Créole*, une œuvre créée en 1875 et qu'il a fait totalement remanier pour Joséphine par Albert Willemetz et Georges Delance. Ce dernier est un arrangeur musical et parolier qui a déjà travaillé sur plusieurs spectacles.

Quant à Albert Willemetz, il est tout simplement considéré par ses contemporains comme celui qui a créé l'image des « Années folles » et conçu les bases des premieres opérettes modernes. Homme d'esprit, on lui doit cette formule : « Si les Romains avaient dû apprendre le latin, ils n'auraient jamais eu le temps de conquérir le monde ! » Pour Joséphine, aucune hésitation. Elle accepte le projet. Le spectacle doit se jouer au théâtre Marigny au mois de décembre 1934. Elle a donc tout le temps de répéter et surtout de continuer à croquer à pleines dents toutes les occasions qui se présentent à elle.

Ainsi, durant l'automne, elle accepte de tourner dans un film dont le scénario a été imaginé par Pepito, son imprésario. Le titre : *Zouzou.* La réalisation de ce film, totalement axé sur Joséphine, est confiée à Marc Allégret qui vient de connaître un beau succès public avec *Fanny*, le second volet de la trilogie de Marcel Pagnol. Joséphine partage l'affiche avec un nouvel acteur prometteur qui a déjà tourné dans une dizaine de films : Jean Gabin. Ils ont à peu près le même âge, 28 ans pour Joséphine, 26 pour Jean Gabin. Ils jouent les rôles de deux orphelins dont le père indien d'Amérique et la mère chinoise sont morts. Ils ont été receuilli par un clown blanc également directeur de cirque au grand cœur qui leur cache qu'ils ne sont pas vraiment frère et sœur.

Une histoire d'amour impossible va naître avec une série de quiproquos parfois incompréhensibles. Joséphine peut s'essayer à un vrai jeu d'actrice avec des scènes loufoques, graves, et bien sûr en rapport direct avec ses talents d'artistes. Elle joue ainsi (pour de vrai) de l'ukulélé dans une cuisine, fait des grimaces dans une blanchisserie où elle travaille, avant un final totalement improbable où elle est prisonnière dans une cage à oiseaux à la taille démesurée.

Quant à Jean Gabin, il répète à l'envi chaque fois qu'il croise quelqu'un dans le film « alors mon petit bonhomme ! » avant d'être injustement accusé d'un crime qu'il n'a pas commis. Joséphine, qui attend désespérément un premier grand succès au cinéma, accepte de tourner le film dans les studios Pathé-Nathan de Joinville-le-Pont. Malheureusement, *Zouzou* est encore un échec malgré sa distribution prestigieuse. Joséphine peut tout de même se consoler avec la sortie réussie au mois de novembre de son nouveau 78 tours extrait du film *C'est lui* au titre évocateur : *Pour moi y'a qu'un homme dans Paris.* Sans doute un clin d'œil du parolier directement adressé à son compagnon de tournage aux yeux bleus. Joséphine Baker et Jean Gabin ne tourneront plus jamais un film tous les deux mais ils resteront des amis proches.

À l'automne 1934, Joséphine débute les répétitions de l'opérette *La Créole.* Joséphine interprète le rôle de Dora. Elle a expressément demandé aux auteurs qu'ils l'aident dans ce rôle à confirmer son attachement à la France en lui écrivant des répliques qui vont dans ce sens. Albert Willemetz modifie donc totalement la structure de la pièce créée en 1875 par Jacques Offenbach. Initialement prévue dans le deuxième acte lors de sa première version, l'arrivée de Dora (la Créole/Joséphine Baker) survient dès le début du premier tableau qui en compte trois au total. La musique originelle d'Offenbach est également modifiée pour laisser plus de place à des sonorités jazzy.

Quant à l'histoire, elle est résumée dans le programme destiné au spectateur avant qu'il prenne place sur les fauteuils du théâtre Marigny : « En 1845, autour d'une escale à la Jamaïque, l'aspirant René de Feuillemorte fait la connaissance d'une jeune et ravissante Créole, Dora Plunkett, la fille du Gouverneur de cette possession anglaise... »

Le rôle de René est interprété par Gérald Castrix, qui deviendra plus tard une star du doublage en prêtant sa voix à des stars hollywoodiennes masculines, notamment celle de Charles Bronson dans les années 1960. La qualité du jeu de Joséphine est unanimement saluée par la critique qui se régale de la touche moderne qu'apporte l'artiste dans cette œuvre qui était pourtant tombée dans l'oubli durant plusieurs décennies. Joséphine triomphe tous les soirs durant le mois de décembre 1934. Devant ce succès, les représentations sont prolongées et *La Créole* reste à l'affiche du théâtre Marigny jusqu'au mois de mai 1935.

Après les chemins enchantés de l'opérette, Joséphine retrouve celui, plus incertain en ce qui la concerne, du cinéma. Pepito a eu l'idée d'un nouveau scénario totalement adapté à son égérie : c'est l'histoire d'une jeune et jolie bergère bédouine, « Aouina », qui fascine un écrivain français venu chercher l'inspiration en Tunisie. Il porte le titre du film qui sera tourné par le réalisateur Edmond T. Gréville : *Princesse Tam-Tam*. Le casting est relevé avec la présence d'Albert Préjean dans le rôle de Max l'écrivain, de Germaine Aussey dans le rôle de Lucie la fiancée de Max et de Viviane Romance dans celui de l'amie (fourbe) de Lucie.

Pour finir de la convaincre, Pepito annonce à Joséphine que certes, les scènes en intérieur seront une nouvelle fois tournées dans les studios de Joinville-le-Pont mais que, pour les scènes en extérieur, toute l'équipe du tournage devra prendre le bateau pour la Tunisie. Heureuse de pouvoir enfin s'exprimer « sous un grand ciel », comme elle aimait à le dire, elle traverse donc la Méditerranée en mettant le cap sur Bizerte et le tournage se déroule durant la première semaine de juillet. Plusieurs scènes sont tournées dans le parc du Belvédère à Tunis, puis à Gammarth et enfin dans les ruines de Dougga, ville antique construite par les Romains. C'est là, entre deux scènes, qu'un photographe dont hélas l'histoire n'a pas retenu le nom prend une magnifique photo de Joséphine. Elle est assise au pied d'une colonne en pierre blanche d'un temple romain dans une robe noire, entourée d'enfants qui fixent l'objectif.

Elle en tient un dans ses bras et offre à l'objectif un large sourire. Elle est heureuse. Elle ne sait pas encore que, quelques années plus tard, elle aura une myriade d'enfants dans sa « tribu arc-en-ciel ».

Mais à ce moment précis, elle savoure simplement l'instant sous le soleil tunisien avant que le réalisateur ne lance un « Action ! » sur le plateau. La composition de Joséphine dans son rôle de bergère est saisissante. Comme à son habitude, que ce soit sur scène ou dans un décor de cinéma, pas question pour elle de tricher ni de s'économiser.

Dès le début du film, elle prend un jeune mouton par les pattes et le hisse dans son dos avant de se mettre à courir pieds nus dans le sable du désert. On la voit aussi escalader un arbre et jouer avec des petits singes qui la regardent, interloqués. Pour le reste, le scénario ne laisse guère place au suspens mais donne l'occasion de découvrir Joséphine dans le rôle d'une jeune femme qui délaisse les sables du désert pour découvrir Paris. Au passage on découvre aussi de façon fugace Pepito jouant de la musique dans un cabaret. Ensuite, direction Paris sur un champ de courses où on retrouve Joséphine élégamment habillée qui attire tous les regards des parieurs devant les chevaux au galop. Mais la scène culte de ce film intervient presque à la fin. Joséphine est assise au premier étage d'un cabaret et regarde en contrebas les danseuses qui offrent leur spectacle. Elle hésite avant qu'une amie qui l'accompagne lui tende un verre de champagne en lui glissant : « Allez dansez, dansez, dansez. » Aouida-Joséphine résiste d'abord à l'appel du tam-tam que l'on voit entre les mains d'un musicien noir torse nu. Finalement, elle ne tient plus en place et se jette littéralement du balcon. Elle envoie valser ses chaussures à talons et se lance dans une danse frénétique où les gros plans avec le tam-tam succèdent à ceux des yeux de Joséphine. La performance dure deux minutes, sans le moindre répit. Dans la salle, les hommes sont totalement éblouis et on imagine qu'ils n'ont pas eu à forcer leur talent d'acteurs pour signifier ce sentiment dans leurs regards face à elle, littéralement possédée par la musique et la danse.

Dès sa sortie dans les cinémas français à l'automne 1935, le film ne déchaîne toujours pas les passions auprès du public même si heureusement une nouvelle fois une chanson du film, *Ahé ! la Conga*, devient un véritable succès et passe en boucle sur les phonographes lors des soirées dansantes à Paris et ailleurs. Pour la petite histoire, les paroles de cette chanson ont été composées par André de Badet. Cet écrivain talentueux né dans un village des Pyrénées-Atlantiques, « monté » à Paris pour tenter sa chance, écrira ensuite des chansons à succès pour Tino Rossi, Jean Sablon ou encore Patachou.

Malgré l'accueil relativement tiède du public dans les salles obscures, Joséphine n'a de toute façon pas à se torturer la tête le jour de sa sortie car elle est à ce moment-là au milieu de l'océan Atlantique !

Elle a pris place à bord du magnifique paquebot *Normandie*, inauguré le 25 mai 1935. Ce jour-là, pour son premier voyage, il bat le record de vitesse de la traversée de l'Atlantique en quatre jours, trois heures et deux minutes. Une navigation à 55 km/h de moyenne durant 5 500 km. Son amie, l'écrivaine Colette, figurait parmi les tout premiers passagers privilégiés.

Cette fois, c'est elle qui regarde les côtes françaises s'éloigner peu à peu, les deux mains posées sur le bastingage du pont des premières classes. Cela fait presque dix ans jour pour jour qu'elle a fait le voyage dans le sens contraire mais cette fois, elle revient dans son pays natal. C'est (encore) une idée de son imprésario. Pepito est persuadé qu'elle va triompher sur la scène du théâtre Winter Garden, un des lieux incontournables de Broadway qui s'est spécialisé depuis sa création en 1911 dans les comédies et les spectacles musicaux de grande envergure sous la direction de son grand patron, Florenz Ziegfeld. C'est lui qui a imaginé les « Ziegfeld Follies » dès 1922, conçues sur le modèle des revues qu'il avait pu découvrir en France, aux Folies Bergère notamment. Après sa mort en 1932, c'est son épouse Billie qui prend le relais et organise à son tour les spectacles. Celui auquel doit participer Joséphine regorge de stars de la chanson de premier plan, à commencer par Fanny Brice. C'est la véritable diva du music-hall à New York et son nom est le premier sur l'affiche. Celui de Joséphine n'arrive qu'en quatrième position.

Joséphine doit interpréter une chanson et réaliser un numéro de danse inspiré de la danse sauvage où elle portait une ceinture de bananes autour de la taille, dix ans plus tôt, dans un autre cabaret de Broadway. Cette fois, les bananes ont été remplacées par des défenses d'éléphant autour de sa taille mais aussi sur son soutien-gorge, lui donnant un air étrange presque inquiétant. Sur les rares photos prises à l'époque, son visage est toujours aussi rayonnant et son corps, aussi sculptural. Pourtant, dès les premières représentations, certains critiques de journaux tentent de réduire en miettes sa prestation artistique qu'ils considèrent comme totalement ratée. Ces attaques répétées qui émanent de journaux à fort tirage, dont le *Times*, font mal à Joséphine. Pour elle, le responsable de ce fiasco ne peut être que Pepito. Le duo se déchire. Si, dans le passé, ils se sont toujours réconciliés après leurs fréquentes brouilles, ce ne sera pas le cas cette fois. Giuseppe « Pepito » Abatino rentre en France. Seul. Joséphine reste à New York pour honorer son contrat jusqu'au bout.

Elle est riche et ouvre un restaurant chic au nom prédestiné pour la suite de son séjour américain, « Le Mirage ». Sur les photos, elle sourit autour des tables de membres de la jet-set new-yorkaise qui se pressent dans son établissement où elle se rend dès son travail terminé au théâtre.

De retour à Paris, Pepito répond à une interview dans un journal dans laquelle il revient sur sa séparation avec Joséphine : « Ce n'est point médire d'une artiste que de la peindre indépendante, peu disposée à écouter les conseils d'un manager et empêcheur de danser tard, de jouer avec sa santé de vivre au gré de son plaisir. » Ce sera le tout dernier message de l'imprésario à destination (indirecte) de la star. Il tombe malade et ressent de violentes douleurs à l'estomac. Son ami Arys Nissotti, producteur des films de Joséphine, est à ses côtés lorsqu'il entre dans une clinique parisienne.

Pendant ce temps à New York, dans sa vie quotidienne, Joséphine ne supporte plus les brimades dont elle fait l'objet. La couleur de sa peau l'empêche même d'entrer par la grande porte d'un hôtel, un homme lui indiquant l'entrée de service. Joséphine découvre, horrifiée, que rien n'a vraiment changé depuis que, toute petite, elle assistait impuissante aux injustices dont étaient victimes les hommes et les femmes qui avaient eux aussi la peau noire. Elle sait qu'elle ne peut plus rester ici. Paul Derval, le patron des Folies Bergère, est venu la voir à New York et lui propose de mener une nouvelle revue l'année suivante à Paris si elle le souhaite. Elle accepte.

Au mois de mai 1936, une fois sa toute dernière prestation effectuée dans le théâtre de Broadway, Joséphine décide de rentrer à Paris comme elle était venue : en paquebot. Elle prend donc un billet retour pour voyager à nouveau sur le paquebot *Normandie*. Durant la traversée de l'Atlantique, elle sympathise avec le médecin du bord. C'est un citoyen franco-belge qui est tombé amoureux d'un petit coin de paradis dans le sud-ouest de la France où il vit dans un château.

Lors d'une discussion dans un des salons du navire, Henri Males lui décrit par le détail cette magnifique bâtisse datant du Moyen Âge dont il est le propriétaire quelque part dans le département de la Dordogne. Intriguée et secrètement séduite par ce lieu qu'elle imagine déjà magique, Joséphine écoute avec beaucoup d'attention la description de cet endroit étonnant. Quand son interlocuteur lui propose de venir se rendre compte par elle-même, elle accepte bien volontiers sans donner une date précise. Elle note le nom de ce château sur un calepin : Les Mirandes. Puis, elle termine tranquillement son voyage transatlantique pour retrouver avec soulagement la France. Une fois arrivée au Havre, Joséphine monte dans un train pour Paris. Quand elle arrive à la gare Saint-Lazare, elle est accueillie par une foule enthousiaste et une équipe de tournage des actualités. Des enfants lui offrent d'énormes bouquets de fleurs et Paul Derval s'est même déplacé avec le petit cochon préféré de Joséphine qu'il tient en laisse sur le quai ! C'est d'ailleurs le directeur des Folies Bergère qui réalise l'interview improvisée devant le wagon :

« Êtes-vous contente, Joséphine, de revoir Paris ?

— Je suis tellement, tellement contente. Vous voyez quelle joie pour moi. Vous ne pouvez pas imaginer monsieur Derval cette nuit quand j'ai vu les côtes françaises ce que j'ai ressenti, dit-elle en prenant un bouquet de fleurs.

— Que vous aviez deux amours ? Vous avez chanté en Amérique ?

— Oui j'ai chanté là-bas (*elle se met à chanter à capella "J'ai deux amours"*). »

Après ce bain de foule chaleureux et joyeux, une chose est sûre, la France ne l'a pas oubliée et Joséphine peut commencer les répétitions de son nouveau spectacle des Folies Bergère avec comme toujours un titre composé de treize lettres : *En Super Folies.*

Passionnée d'aviation et amoureuse du risque, elle fréquente assidûment l'aérodrome de Guyancourt dans les Yvelines pour passer son brevet de pilote qu'elle décroche aux commandes en binôme d'un biplan avec les félicitations du jury qui note : « cran, sang froid, application, réflexes parfaits ». Pendant ce temps, l'état de santé de Pepito se dégrade encore et il tombe dans le coma avant de décéder au mois d'octobre 1936. Son cercueil va rester durant quatorze ans dans la crypte de l'église de Neuilly avant que Joséphine ne décide de son transfert dans un petit cimetière situé non loin du château des Milandes. En ce mois d'octobre, Joséphine ne montre rien de sa tristesse mais elle est véritablement touchée par la disparition de celui qui fut son mentor et amant, comme le raconte Jo Bouillon dans son récit de souvenirs : « Dans sa revue de presse de 36, elle déchire les pages où une secrétaire colle toutes les coupures. Ce ne sont pas les mauvaises critiques qu'elle arrache mais tous les articles concernant la mort de Pepito. [...] Mais une chose est sûre, elle a toujours gardé ses photos. »

5

Joséphine en solo

Joséphine reprend sa vie parisienne et, lors d'une soirée mondaine, elle rencontre dans une fête Jean-Gabriel Domergue. C'est un peintre bordelais qui s'est installé à Paris. Il s'est spécialisé dans les représentations de femmes aristocrates qu'il peint le plus souvent nues ou largement dévêtues avec systématiquement un chapeau sur la tête. En 1936, l'artiste a le vent en poupe. Il a déjà peint toute une série de Parisiennes connues et Joséphine accepte de poser pour lui. De leur collaboration naît une toile imposante de 2 m 27 de haut sur 1 m 60 de large. On la voit assise sur ce qui ressemble à un matelas moelleux, les mains posées à plat sur des coussins blancs, derrière elle un fond bleu sur le mur. Elle est assise de trois quarts, le menton bien relevé, et elle porte un minuscule chapeau.

Cette œuvre est représentée en photo dans le programme officiel de la revue des Folies Bergère à la deuxième page.

Cette fois, contrairement à Broadway l'année précédente, Joséphine apparaît seule sur la couverture rouge du programme au milieu d'une étoile qui fait penser à celles réservées aux stars américaines sur Hollywood Boulevard à Los Angeles.

Joséphine s'exprime sur son retour en France dans une courte lettre ouverte dactylographiée : « On m'a demandé mes impressions sur la nouvelle revue que j'ai le plaisir de présenter à mes bons amis de Paris et de partout. Mes impressions ? Une grande joie de retrouver tous ceux auxquels je dois aujourd'hui d'être Joséphine Baker ! Car sans Paris, sans la bienveillance ni la sympathie qu'on m'y témoigna, que serais-je ? Je n'ose y penser. Mais je suis un peu inquiète. Est-ce que cette nouvelle revue vous plaira ? Dites-le sincèrement à votre… » et elle signe de sa main : Joséphine Baker.

Le spectacle *En Super Folies* tient toutes ses promesses.

La production n'a pas lésiné sur les moyens humains, avec une quarantaine d'artistes sur scène et les décors époustouflants, dont un gigantesque éléphant plus vrai que nature. Il faut noter aussi la présence de deux jeunes danseuses américaines, Lena Horne et Georgia Miller. Elles ne cachent rien ou presque de leur anatomie. Comme l'avait espéré Joséphine, son *come-back* parisien est une réussite dès la première représentation au début de l'année 1937. Elle se confie dans les colonnes de *Paris Magazine* sur son amour inconditionnel pour la capitale : « La vie est épatante, Paris est épatante ! Je sais qu'un soir, suivie de beaucoup d'autres, j'ai dit en chantant que j'avais deux amours : mon pays et

Paris. Mais je suis sûre qu'on ne m'a pas très bien comprise. Mettons les choses au point voulez-vous ? Mon pays c'est Paris et Paris c'est mon pays ! Je ne vous cache pas que c'est au cours de mes deux premières années passées ici que je me suis fait une philosophie de l'existence. Oui ! En anglais nous employons souvent cette expression prétentieuse pour indiquer une tournure d'âme. C'est ici que j'ai compris ce que voulait dire le mot chic ! Pour être chic, il est non seulement nécessaire d'avoir une jolie robe, un amour de chapeau, un corps bien mis en valeur, mais il est indispensable de faire briller sur toutes ces choses un sourire charmant. Puisque je n'ai rien à vous cacher, c'est ce sourire qui constitue à mes yeux la beauté des femmes de Paris. Chaque fois que je vois sourire une Parisienne, Paris n'est plus Paris, Paris est Paname ! »

Joséphine a retrouvé l'insouciance de ses débuts. Son cabaret « Chez Joséphine », rue François- Ier, ne désemplit pas et elle y fait la connaissance d'un beau jeune homme de trois ans son cadet. Il s'appelle Jean Lion. Il vient la voir tous les soirs et ils apprennent à se connaître. Jean lui fait la cour dans les règles de l'art. Chaque jour, elle reçoit des fleurs et des bijoux. Jean est amoureux mais il est aussi très riche.

Dans ses mémoires, elle raconte ce qu'elle ressent pour lui : « Jean est le contraire de Pepito. Il me fait penser que ma vie de femme est au moins aussi importante que ma vie d'artiste, peut-être plus. » Le 3 juin, il est avec elle dans sa maison du Vésinet pour fêter son anniversaire et, pour l'occasion, il a invité une partie de sa famille, dont sa mère.

Joséphine et Jean sont en couple depuis quelques semaines mais personne n'est encore au courant officiellement. Jean demande à Joséphine de l'épouser et elle accepte. Ils partent tous les deux sur les routes de France avec comme destination finale la découverte de ce fameux château en Dordogne dont ce médecin lui a parlé sur le paquebot lors de son retour des États-Unis.

Après plusieurs jours, ils arrivent dans le Périgord sur la route sinueuse qui longe la Dordogne : « Comme ils sont beaux ces châteaux qui paraissent sculptés dans le roc. Mais où est le mien ? Je cours entre les noisetiers et les mûriers. C'est le paradis ! Enfin je le vois ! On entre. C'est à la fois magnifique et invivable, désert, de la Tour aux caves, du cellier à l'office, je cours, je parcours. Dans l'immense cuisine je mettrai une énorme table pour la famille, près de la cheminée des fauteuils profonds et puis un régiment de casseroles dans la cuisine pour qu'il y ait autant de soleils à l'heure du couchant. Je sais que maintenant j'ai une maison pour rêver où je vivrai un jour ! » Elle passe finalement plusieurs jours dans le château avec Jean mais la date du mariage approche et Joséphine rentre à Paris en promettant de revenir dès qu'elle le pourra dans le Périgord noir.

La cérémonie a lieu en novembre 1937 dans la petite commune de Crèvecœur-le-Grand, d'où sont originaires les parents du marié. C'est d'ailleurs un ami proche du père de Jean qui, en tant que maire, a le plaisir d'unir officiellement le couple. La chronologie de cette journée historique pour la commune de Picardie est largement détaillée par l'envoyé spécial de *L'Hebdomadaire de l'Oise* : « Vers 9 heures, il y avait un grand branle-bas à l'Hôtel de Ville. On ornait la salle des séances, de drapeaux de guirlandes et de bouquets de houx. On déroulait un tapis rouge dans l'escalier jusqu'au trottoir. On apportait deux beaux fauteuils. Vers 11 heures, plusieurs voitures de journalistes et de photographes se garent sur la place. De toutes les rues sortaient des groupes d'habitants qui formaient bientôt une foule compacte autour de l'hôtel de ville. Un phonographe répétait la chanson de Joséphine *J'ai deux amours.* Quand arrivent les voitures ayant à bord les voitures les fiancés, les parents et les témoins, des coups de fusils éclatent en l'air, violents, nombreux à croire que tous les cagoulards[1] du pays s'étaient donné rendez-vous. La mariée quitte les bras de son témoin, Monsieur Paul Derval, le directeur des Folies Bergère et ils veulent prendre la fuite. On leur fait comprendre qu'à Crèvecœur tout ce vacarme était en fait une manifestation de sympathie. »

C'est dans ce contexte pour le moins singulier que Joséphine Baker et Jean Lion se marient avec, en préambule à la cérémonie, des formalités administratives capitales pour l'avenir de Joséphine. Par cette union, elle n'est plus seulement américaine. Le 30 novembre 1937, Joséphine Baker devient officiellement une citoyenne française (elle recevra son passeport français le 4 décembre 1937). Lorsque le couple sort de la mairie, des coups de feu retentissent à nouveau dans le ciel de Crevecœur. Des photographes se sont juchés tant bien que mal sur des échelles doubles, d'autres ont investi les étages des immeubles voisins.

1. Les « cagoulards » étaient des militants d'extrême droite membres du parti fasciste La Cagoule.

Après une gerbe déposée sur le monument aux morts et une visite aux malades dans l'hôpital de la ville, Joséphine et Jean s'engouffrent dans une voiture qui les conduit à Beauvais pour un repas de mariage en petit comité. Ce qui est étrange, c'est que très peu d'archives subsistent de cette journée qui est pourtant celle qui a scellé le destin national de l'artiste qui entrera bien plus tard au Panthéon un 30 novembre, comme elle était entrée un 30 novembre dans la petite mairie de Crevecœur-le-Grand. Le lendemain de ce mariage « surprise », certains journaux affirment que Joséphine va abandonner la scène pour se « consacrer à sa vie d'épouse ». L'information leur a été communiquée par Joséphine elle-même.

Dans un premier temps, Joséphine déménage au domicile de Jean Lion, rue de Trémoille à Paris, tout en gardant sa maison du Vésinet. Elle fait part de sa volonté d'organiser une grande tournée d'adieux et ensuite de devenir mère de famille. Elle affirme à ses amis directeurs des salles de music-hall que sa décision est prise et qu'elle est irrévocable. Mais le scénariste Albert Willemetz, ami de Joséphine, sème le trouble dans son esprit : « Joséphine, tu dis adieu au music-hall mais tu ne peux pas dire adieu à la scène. Je prépare une comédie dans laquelle tu auras Michel Simon comme partenaire et en plus tu seras très habillée, Jean ne pourra pas refuser ! » Elle ne donne pas de réponse définitive et s'envole comme prévu avec Jean pour sa tournée d'adieux qui la conduit en Afrique du Nord mais aussi dans de nombreuses villes européennes où Jean a des correspondants qui travaillent pour lui.

Pendant qu'il fait ses affaires dans le négoce du sucre notamment, Joséphine monte sur scène encore et encore. Dès le début de l'année 1938, elle sillonne les routes de France avec plusieurs comédiens, danseuses et musiciens de la revue. Elle apprend qu'elle est enceinte et se met à tricoter des vêtements dès qu'elle a un moment de libre. Mais, un jour, elle ressent une douleur au ventre. Un docteur vient la voir dans sa chambre de l'hôtel Martinez à Cannes. Il l'ausculte et lui annonce la terrible nouvelle : elle a perdu son bébé. Anéantie, elle reste prostrée plusieurs jours, aidée par la mère de Jean. Ce dernier ne vit plus avec elle, accaparé par ses affaires. La mort prématurée du bébé précipite leur rupture. Dans ses mémoires, Joséphine se souvient de ces mots prononcés par son mari après un spectacle et sa façon de regarder le public : « Être Mme Jean Lion ne te suffit pas, il te faut être Joséphine Baker ! » En 1941, le juge qui traite leur divorce aura cette formule : « Ce sont deux étrangers qui ne se sont pas rencontrés ! »

Durant l'été 1938, Joséphine revient dans le château de Milandes qu'elle loue depuis l'année précédente, pour se reposer mais elle sait que pendant ce temps, en Allemagne, la vie devient un enfer pour les Juifs qui se voient confisquer leur passeport par les nazis au pouvoir. Au mois de novembre, dans la nuit du 9 au 10, Hitler ordonne à ses troupes de s'attaquer à la population juive du pays. Des synagogues sont détruites par centaines et des commerces par milliers. Une centaine de Juifs sont froidement assassinés par la Gestapo, des milliers d'autres, arrêtés pour être torturés. Ce que l'on nomme la « Nuit de Cristal » glace le sang de Joséphine. Dès qu'elle apparend la terrible nouvelle, elle adhère à la Ligue contre le racisme et l'antisémitisme. Elle sait que le temps léger des chansons d'amour et des fox-trot dénudés dans les plumes et les strass est désormais derrière elle. Des jours sombres et terribles sont à venir. La reine est prête à poser sa couronne, mais sans abdiquer. Elle est prête à faire ce qu'elle fait depuis ses premiers pas à Saint Louis Missouri : combattre ! Mais cette fois, elle va combattre pour son nouveau pays : la France.

6

Joséphine la résistante

Au début de l'année 1939, Joséphine a retrouvé sa grande maison du Vésinet. Désormais elle travaille avec un nouvel imprésario. Il s'appelle Félix Marouani. Il a fondé en 1930 la toute première agence de spectacle en France avec son associé Émile Audiffred. Il peut se prévaloir dans son catalogue de la présence de nombreuses vedettes : Tino Rossi, Maurice Chevalier et Norbert Glanzberg. Ce dernier est un musicien juif polonais qui s'est exilé à Paris. Il deviendra l'un des compositeurs des grands succès d'Édith Piaf. Joséphine et Félix évoquent régulièrement avec une inquiétude croissante les événements tragiques dans toute l'Europe qui semblent conduire inexorablement la France vers le chaos.

Le 23 août, le journal *Paris-Soir* annonce en lettres capitales sur sa une « Le pacte de non-agression du Reich et de l'URSS ». Le lendemain, la mobilisation partielle des troupes françaises est décrétée. Joséphine ne le sait pas encore mais une armée clandestine se prépare dans le plus grand secret et elle aura toute sa place en son sein. Tout commence avec Daniel Marouani, le frère de Félix. Lui aussi est officiellement imprésario. Il dirige le Casino municipal de Cannes mais il est en même temps un agent des services du contre-espionnage. Il a eu l'occasion de rencontrer Joséphine grâce à son frère et de mesurer son amour pour la France dont elle est désormais citoyenne. Il suggère donc à son supérieur de la rencontrer pour lui proposer de s'enrôler. Jacques Abtey est sceptique. Cet officier de renseignement, qui a le même âge que Joséphine, hésite. Le Deuxième Bureau de l'état-major peut-il sérieusement faire appel à une artiste internationalement connue pour ses chansons et ses revues de music-hall ? Cette femme habituée des grandes soirées mondaines qui avait pour animal de compagnie un léopard ? Pour un soldat rigoureux et sérieux comme Jacques Abtey, l'évidence de faire appel à Joséphine ne saute pas immédiatement aux yeux. Mais il finit par se laisser convaincre par Daniel Marouani qui organise un premier rendez-vous dans la maison du Vésinet quelques jours après l'invasion de la Pologne par l'Allemagne, le 1er septembre 1939.

Dans ses mémoires, l'officier qui ce jour-là se présente à Joséphine sous un nom d'emprunt, « M. Fox », se souvient seconde par seconde de ce tout premier rendez-vous : « Grande fut ma surprise lorsque je l'aperçus […] nous avancions par l'allée du Parc lorsque nous entendîmes un joyeux *Hello !* Puis ce fut l'apparition au-dessus des buissons, d'un feutre ratatiné, souriant de toutes ses dents, elle était là, une main dans la poche d'un vieux pantalon, l'autre tenant une vieille boîte de conserve rouillée remplie d'escargots. Je fus, dès le commencement de notre conversation, saisi par l'étrange rayonnement de mon interlocutrice parlant sans rechercher d'effet, d'une voix douce, égale. Je dus faire un effort afin de ne pas laisser paraître mon émotion quand elle me parlait de la France, son pays d'adoption : "C'est la France qui m'a fait ce que je suis, je lui garderai une reconnaissance éternelle. La France est douce, il fait bon y vivre pour nous autres gens de couleur, parce qu'il n'y existe pas de préjugés racistes. Les Parisiens m'ont tout donné, en particulier leur cœur, je leur ai donné le mien. Je suis prête Capitaine à leur donner aujourd'hui ma vie. Vous pouvez disposer de moi comme vous l'entendez." »

Ce premier rendez-vous se termine tranquillement au coin du feu devant des coupes de champagne. Mais Joséphine ne semble pas prendre tout ce que lui raconte son mystérieux visiteur pour argent comptant et, l'air de rien, décide de lui poser quelques questions : « Quand on m'a avertie de votre venue monsieur Fox, je m'étais fait de vous une tout autre image. Je suis heureuse d'avoir devant moi un homme jeune et sympathique. Vous avez le type des gens du nord. Vous êtes blond aux yeux bleus et vous parlez avec un accent. Ce nom Fox n'est guère français et vous parlez avec un accent. Excusez-moi mais je vous le dis : je n'ai jamais rencontré quelqu'un du Deuxième Bureau. »

Jacques Abtey devine vite la méfiance dans cette remarque et il rassure tout de suite Joséphine en lui racontant par le détail ses origines alsaciennes mais aussi les détails de son engagement dans l'armée. Après cette réaction inattendue de Joséphine, il est désormais tout à fait convaincu qu'il a eu raison de venir. Elle le conforte dans l'idée que cette femme n'est pas la meneuse de revue insouciante et inconsistante qu'il s'était imaginé. C'est avant tout une femme d'une grande intelligence. Cette première rencontre scelle le destin de Joséphine qui entre ce soir-là de plain-pied dans une guerre secrète.

Avant de repartir, il est temps pour Jacques Abtey de confier sa toute première mission à son nouvel agent. Il lui demande de profiter de ses relations avec l'ambassade d'Italie pour entrer en contact avec un attaché qui intéresse particulièrement le contre-espionnage français. Depuis son « association » avec Pepito qui était italien, elle a effectivement tissé des liens avec l'ambassade à qui elle a régulièrement demandé des informations pour effectuer des voyages auprès de la famille de son défunt imprésario. Il ne lui faut que quelques jours pour décrocher un rendez-vous avec cet homme et elle passe un long moment à discuter en lui posant des questions naïves sur l'implication de son pays dans la guerre. On ne résiste pas à Joséphine !

Peu après, elle reçoit dans sa maison du Vésinet un coup de téléphone de M. Fox. Il veut la voir pour qu'elle lui confie tout ce qu'elle a appris et il lui donne un lieu de rendez-vous quelque part dans Paris. Assise au volant de sa belle et puissante Packard blanche, elle stoppe le véhicule dès qu'elle aperçoit son supérieur qui attend debout sur le trottoir. Elle lui ouvre la portière et il s'engouffre dans la voiture qui redémarre. Joséphine est impatiente de tout lui raconter et elle lui livre tout ce qu'elle a entendu en parlant très vite. Son interlocuteur essaie de ralentir le débit mais Joséphine est emportée par son enthousiasme. Elle est tellement nerveuse qu'elle ne regarde plus vraiment la chaussée en conduisant et la voiture commence à zigzaguer dangereusement. Intrigué par cette voiture qui fait des embardées, un agent de police siffle en levant le bras. Joséphine s'arrête et ouvre la vitre. Elle offre alors un large sourire au fonctionnaire qui sans doute reconnaît la star qu'il a devant lui. L'incident est clos. Oui, décidément, on ne résiste pas à Joséphine, doit alors penser M. Fox en regardant sa conductrice du soir qui redémarre sa traction comme si de rien n'était.

Parallèlement à cette mission de collecte d'informations, Joséphine ne doit rien changer à sa vie professionnelle et elle continue donc de mener la revue *Paris-London*. Elle tourne même un film, *Fausse Alerte*, réalisé par Jacques de Baroncelli. George Marchal et Micheline Presle figurent également à l'affiche de cette comédie dont le scénario repose sur la rivalité entre deux familles d'un même immeuble. Dans l'esprit de Roméo et Juliette, le film raconte l'amour impossible des deux jeunes venant des deux familles que tout oppose mais Joséphine, qui interprète le rôle de Zazu, leur permet de faire éclater leur passion au grand jour. Elle interprète au passage deux chansons, dont une écrite par Vincent Scotto. Impossible d'imaginer pour qui que soit qu'entre les prises de ce long-métrage qui sortira finalement sur les écrans en 1945, elle se glisse dans la peau d'une militaire au service de la France.

Jacques Abtey lui confie bientôt une autre mission :

« Mademoiselle Baker, voulez-vous rejoindre les rangs de l'IPSA[1] ?

— Vous n'avez rien d'autre qui soit un peu plus attrayant ? Vous savez j'ai mon brevet de pilote d'avion.

— Prenez place dans cette section c'est important. »

En fait, il souhaite que Joséphine ouvre l'œil pour repérer d'éventuels espions ennemis qui pourraient se glisser dans les rangs des réfugiés qui affluent chaque jour à Paris au rythme de l'avancée allemande chez les voisins de la France. Joséphine accepte et, durant cette période se rend sur la ligne Maginot, censée être infranchissable, pour galvaniser le moral des troupes qui stationnent à la frontière. Elle donne ainsi plusieurs récitals, dont un accompagné par Maurice Chevalier.

Mais la débâcle française est en marche. Jacques Abtey doit déménager en toute hâte les archives du contre-espionnage et prend la direction du camp de La Courtine dans la Creuse. Auparavant, il donne rendez-vous à Joséphine dans le Périgord dès qu'il pourra venir la voir.

À la fin de l'été 1939, Joséphine décide de quitter Paris pour rejoindre la Dordogne. Avant de partir, elle écrit une dernière lettre le 28 août depuis sa maison du Vésinet, qu'elle enverra à un journal parisien. Contrairement à d'autres

1. Infirmières pilotes des services sanitaires.

artistes, elle ne chantera ni dansera devant des soldats allemands.

« Très Chère Mère France,

Voilà un petit mot pour te dire comment je suis triste de partir. Je pars mais mon cœur reste ici (j'ai deux amours mon pays et Paris). Je t'aime avec une affection sincère, fidèle comme tu l'es avec moi. Je te supplie ne m'oublie pas car je vis dans ton amour. Ne m'abandonne pas, j'ai toujours la reconnaissance de ma petite mère chérie.
Je t'embrasse follement avec toutes mes forces.
Ta fille,
Joséphine. »

Elle quitte Paris pour la Dordogne au début du mois de juin 1940. C'est dans son château de la « Belle au Bois dormant », comme elle aimait à l'appeler quand elle l'a découvert quelques années plus tôt, que Joséphine continue de mener son combat contre la barbarie nazie. Elle écoute chaque jour la radio pour se tenir informée de la situation. Le 18 juin, elle allume son poste vers 22 heures d'où s'échappe la voix de ce militaire rebelle dont elle a entendu parler lorsqu'elle était encore à Paris. Le général de Gaulle lance son appel : « L'honneur, le bon sens, l'intérêt supérieur de la Patrie, commandent à tous les Français libres de continuer le combat là où ils seront et comme ils pourront. Il est par conséquent nécessaire de grouper partout où cela se peut une force française aussi grande que possible [...].

Moi, général de Gaulle, j'entreprends ici en Angleterre cette tâche nationale [...]. J'invite tous les militaires français à venir me rejoindre, j'invite tous les Français qui veulent rester libres à m'écouter et à me suivre. Vive la France libre dans l'honneur et dans l'indépendance ! »

Joséphine évoquera tout au long de sa vie l'intense émotion qu'elle a ressenti ce jour-là au plus profond de son être en écoutant cet appel.

À la fin de l'été, elle retrouve enfin ce mystérieux M. Fox, ce capitaine qu'il lui a demandé de s'engager dans le contre-espionnage. Leurs retrouvailles sont animées et chaleureuses, signe d'une amitié naissante et qui s'avérera indestructible. Jacques Abtey décrit cet instant dans son livre de souvenirs :

« Joséphine : Fox de malheur d'où diable sortez-vous ? Je vous croyais enterré depuis longtemps avec un kilo de chevrotines et vous êtes là, frais et souriant toujours ce même flegme légèrement ironique. On dirait vraiment que rien ne s'est passé depuis que nous nous sommes quittés à Paris.

Jacques : Chut, ma chère amie, chut ! Écoutez bien ceci : primo : sachez que le Capitaine Fox est mort, le pauvre ! Paix sur ses cendres. Secundo : celui que vous avez devant vous est son sosie. Jack Sanders pour vous servir. Tertio : auriez-vous entendu parler d'une ville qui s'appelle Londres ? C'est vrai ? Bravo ! Et auriez-vous entendu parler d'un certain de Gaulle ? Charles de Gaulle, le général Charles de Gaulle ?

Joséphine : Jack Sanders vous êtes un vilain monsieur ! Vous me rendez folle avec vos histoires. Vous me demandez si je connais Londres, si je connais le Général de quoi ? Vous oubliez que je suis une artiste et que je n'ai pas fait mon service militaire ! »

Dès la fin de ce délicieux dialogue, Joséphine prend le bras de « M. Sanders » et lui glisse avec malice : « Foxy, quand allons-nous le rejoindre, notre général de Gaulle ? » Jacques Abtey n'est pas venu seul en Dordogne. Il est accompagné d'un jeune officier de marine de 26 ans, Emmanuel Bayonne, d'un ancien aviateur de 40 ans venu de Bretagne, Joseph Boué. À ce trio il faut ajouter les hommes et les femmes qui travaillent dans le château de Joséphine. Il y a Paulette, surnommée la libellule, femme de chambre de Joséphine, François, un valet de ferme de 22 ans, Malaurie le forgeron dont la forge est située juste en face du château, M. et Mme Larémie dont les deux fils sont prisonniers des Allemands et un certain M. Dartain, rentier, pêcheur et philosophe comme le présente affectueusement Jacques Abtey dans son récit.

Durant trois semaines, la vie s'organise dans le château au rythme des annonces faites sur la TSF autour de laquelle toute la petite tribu des Milandes se retrouve. Dès les premiers jours, Jacques Abtey note que Joséphine garde une foi inébranlable dans l'intervention américaine et anglaise. Pour elle, la victoire ne fait aucun doute. À plusieurs reprises, les membres de la Résistance du Périgord viennent déposer des armes dans les caves du château en attendant que d'autres combattants de l'ombre viennent les récupérer. Le château de Joséphine est devenu un lieu important pour

« l'armée des ombres ». Les Allemands semblent eux aussi avoir entendu parler d'un château quelque part au bord de la Dordogne car, à la mi-septembre, ils envoient frapper à la porte de Joséphine un groupe de cinq militaires en plein après-midi.

L'officier s'adresse à Joséphine : « On m'a dit, madame, que vous cachiez des armes dans votre château. Qu'en pensez-vous ?

— Je pense que monsieur l'Officier ne parle pas sérieusement. J'ai bien des grands-parents indiens mais il y a longtemps qu'ils ont quitté le sentier de la guerre et la seule danse que j'ignore est la danse du scalp. »

Jacques Abtey raconte que, pendant le numéro de Joséphine, les hommes se préparaient à toute éventualité au cas où les choses auraient mal tourné. Mais heureusement, les militaires allemands n'insistent pas et ils quittent le château sans procéder à la moindre fouille. Le lendemain, nouvelle visite ! Cette fois, il s'agit d'un jeune homme d'une vingtaine d'années. Il se présente à la femme de chambre de Joséphine en lui expliquant qu'il a une information capitale à lui communiquer. « Libellule » monte dans la chambre de « madame » pour lui annoncer cette visite pour le moins étrange mais, malgré ses doutes, Joséphine décide de le recevoir :

« Visiteur : Bonjour Madame, pardonnez mon impertinence mais je viens vous remettre des documents d'une très grande valeur pour que vous les transmettiez à l'Intelligence Service[1]. C'est une première livraison, dans quinze jours je

1. Les services secrets anglais.

vous en porterai une autre et je vous demanderai alors de guider vers l'Angleterre.

Joséphine : Vous faites erreur, je ne sais pas de quoi vous voulez parler. J'ignore ce qu'est l'Intelligence Service. Je suis une artiste et je ne me suis jamais occupée que de mon art. »

C'est à ce moment de la discussion qu'entre Jacques Abtey, anciennement M. Fox et désormais Jack Sanders. Le militaire alsacien prend un léger accent américain et il teste en situation réelle son nouveau statut : celui de secrétaire particulier de Mme Joséphine Baker. Il explique le plus sérieusement du monde, en comédien jouant parfaitement son rôle que, comme elle, il est de nationalité américaine et qu'il est aussi un artiste. Joséphine a tout de suite compris le stratagème de Jacques et elle joue : « Voulez-vous donc voir ce que désire ce monsieur ? Je ne comprends rien à ce qu'il raconte ! »

Le présumé agent double explique alors qu'il a été informé par un prêtre résidant à Vichy que le château était un nid de résistants et il affirme s'être emparé du code secret de l'aviation allemande qu'il veut remettre au général de Gaulle.

Jacques Abtey : « Gardez vos documents. J'ignore qui vous êtes et je ne veux pas le savoir. Passez plutôt à la cuisine prendre une tasse de thé, un œuf au bacon et rentrez chez vous et que Dieu vous garde ! »

Finalement, après vérification, Jacques Abtey découvre que le jeune homme est réellement un patriote et que le prêtre dirige un réseau de Résistance. Il sera d'ailleurs envoyé dans un camp de la mort en 1944.

En ces temps troublés, Joséphine et Jack doivent naviguer à vue, ils savent que le chemin qu'ils ont décidé d'emprunter est dangereux et que chaque rencontre peut être un piège tendu par l'ennemi. Quelques jours après, Jacques Abtey explique à Joséphine que le départ de France se précise. Il a été contacté par un autre officier du contre-espionnage pour se rendre à Vichy. Il doit récupérer des faux papiers. Joséphine, elle, gardera son vrai passeport. Ils partent tous les deux en voiture pour rencontrer le contact du capitaine à Vichy. La rencontre a lieu dans un hôtel en toute discrétion même si aujourd'hui cela peut paraître étrange de réussir à passer presque incognito lorsqu'on est une vedette de l'envergure de Joséphine à cette époque.

Dans tous les cas, Jacques Abtey remet deux photos à son contact pour la fabrication d'un vrai faux passeport. Le document lui est donné le lendemain. L'Américain Jack Sanders laisse la place à Jacques-François Hebert. Il est marseillais, porte des lunettes et une courte mais épaisse moustache. Seul point commun avec l'ancienne identité du chef du contre-espionnage français, il est écrit « artiste » devant la case profession sur son passeport. C'est d'ailleurs l'arme fatale sur laquelle compte son « associé » pour remplir à bien la mission dont l'officier français qui les reçoit leur explique le déroulement : « Nous devons apporter notre concours entier aux Anglais qui se défendent et se défendent même très bien. Vous allez partir tous les deux rejoindre nos amis de l'Intelligence Service au Maroc et notamment un major avec qui vous allez mettre sur pied une liaison sûre pour que nous puissions communiquer toutes sortes de renseignements. Les Anglais doivent savoir que la France leur apporte tout son soutien. »

L'officier remet alors à Jacques Abbey et Joséphine Baker un document qui fait la synthèse des informations recueillies par plusieurs agents en zone occupée. Localisation des divisions allemandes, effectifs, armements, identités des agents ennemis prêts à être envoyés en Angleterre, tout y est. Il leur demande de prendre tout cela en note et de coder les données à l'encre sympathique puis, dès que cela sera fait, de détruire l'original sans laisser de traces. L'officier des services secrets leur remet un autre document de haute importance : une chemise cartonnée contenant une série de photos d'un modèle de péniche de débarquement que la marine allemande compte utiliser sur les côtes anglaises. .

Enfin, avant de prendre congé, il leur explique que leur mission repose en grande partie sur la notoriété de Joséphine et qu'elle doit absolument ne rien changer à sa vie d'artiste. « Votre talent sur scène sera notre meilleur paravent », lance-t-il en regardant Joséphine. Jacques Abtey souligne dans ses mémoires l'enthousiasme de Joséphine durant cette scène. C'est d'ailleurs « Joe », comme il l'appelle affectueusement au quotidien, qui prend ensuite les choses en main pour l'obtention des visas espagnols et portugais nécessaires au périple qui s'annonce. Officiellement, elle prétexte une grande tournée qui doit la conduire jusqu'au Brésil *via* l'Espagne et le Portugal. Ses contacts dans les ambassades sont solides et les précieux sésames sont délivrés au bout d'une dizaine de jours. Entre-temps, le duo est revenu en Dordogne pour préparer son grand voyage. Pour Jacques et Joe, impossible de confier à leurs amis du château la suite des événements. Les consignes sont claires : surtout ne rien dire. À personne.

Un soir de novembre 1940, Joséphine, enveloppée d'un manteau de fourrure, monte dans la voiture qui stationne dans la cour de son château des Milandes. La voiture quitte le petit hameau de Dordogne pour prendre la direction de la gare de Toulouse. Après cinq heures sur les routes du Sud-Ouest, Jacques et Joe prennent le train pour Pau. Une fois à quai dans la capitale du Béarn, ils doivent monter dans un petit train qui traverse la vallée d'Aspe jusqu'à la gare de Canfranc en Espagne.

Là encore, Jacques Abtey raconte une scène surréaliste qui se produit lorsqu'ils arrivent en territoire espagnol : « Le train n'a roulé que pour nous. Nous étions les seuls à bord. Lorsque nous sommes arrivés sur le quai et que tout le monde a reconnu Joséphine, ça a été la panique. Douaniers français et espagnols, agents de police des deux pays, employés des chemins de fer, tout le monde se presse pour la voir, pour lui parler. » Pendant que le « secrétaire » de la star se tient à distance, Joséphine gratifie des admirateurs de sourires et de mots bienveillants avant de monter dans l'express de nuit qui conduit le duo à Madrid. Une fois arrivés, Jacques et Joe prennent un avion pour Lisbonne. L'avion à hélices se pose dans le petit matin ensoleillé sur la piste d'atterrissage de l'aéroport de Sintra, à 25 kilomètres de Lisbonne.

Après de rapides formalités et une fois ses bagages récupérés, Joe l'agent secret redevient Joséphine Baker, l'immense vedette de music-hall. Elle demande au taxi de la conduire à l'hôtel Aviz. Elle y a déjà séjourné quelques années auparavant à l'occasion d'une série de représentations. L'établissement est un des plus luxueux de la ville. Depuis sa création en 1904, il accueille les stars du cinéma et de la chanson dans ses soixante-dix suites luxueuses. Quand Joséphine pénètre dans la hall, elle est accueillie par une nuée de journalistes qui font crépiter leurs appareils photos sous les lustres en cristal du plafond. Tous lui demandent la raison de sa présence à Lisbonne. Elle leur explique calmement avec un grand sourire : « Je n'ai rien à vous dire, je viens chanter, danser. Je vais à Rio car un engagement m'y oblige, c'est tout. » Le lendemain, la photo de l'artiste est à la une de tous les journaux de la capitale portugaise. Découvrant sa présence, tous les diplomates étrangers présents à Lisbonne l'invitent dans des soirées mondaines. Elle est ainsi reçue dans les ambassades de Belgique et d'Angleterre.

Pendant ce temps, Jacques Abtey rencontre des agents secrets en toute discrétion et reçoit un nouvel ordre de mission : rentrer en France avec Joséphine pour mettre sur pied un service de liaison. Il lui explique qu'il faut partir au plus vite et Joe veut réserver dans le train couchette Lisbonne-Madrid qui part deux jours plus tard. Jacques lui conseille plutôt de prendre l'avion, beaucoup plus rapide et moins fatigant, et il parvient à la convaincre. Comme d'habitude, c'est elle qui demande directement les visas pour elle et son « assistant » auprès de l'ambassade d'Espagne. Ils lui sont remis par le frère du général Franco.

Juste avant son départ, le directeur de la radio nationale du Portugal la salue en ces termes : « À bientôt Joséphine ! Si vous voyez Hitler, dites-lui que nous l'attendons ici avec impatience, pour le convoyer à Sainte-Hélène ! » Étrange signe du destin, le train qu'elle souhaitait prendre va dérailler accidentellement durant le trajet, causant la mort de deux cents personnes. Jacques la laisse partir seule car il doit continuer son travail de combattant clandestin depuis le Portugal. Il lui demande de reprendre au plus vite son activité de chanteuse et de danseuse pour ne pas éveiller de soupçons.

7

Joséphine agent secret

Joséphine revient donc en France et elle s'arrête à Marseille. Elle a décidé de reprendre son spectacle *La Créole*, qu'elle avait créé à Paris au théâtre Marigny en 1934 et 1935. Au-delà de l'aspect artistique, c'est surtout pour elle le moyen de se renflouer financièrement car les derniers mois ont nécessité beaucoup de dépenses. Installée dans une suite du grand Hôtel Noailles, elle répète durant une dizaine de jours ce rôle qu'elle a partiellement oublié et remonte sur la scène du théâtre municipal le 24 décembre 1940. Durant toute cette période, elle reste en contact étroit avec l'officier de liaison français qui coordonne l'action qu'elle mène conjointement avec Jacques Abtey. Il lui apprend que les Allemands veulent occuper la zone libre et que seul le froid polaire ralentit leur noir dessein. Une perspective effrayante qui inquiète au plus haut point Joséphine. Pourtant, elle parvient à donner le change, comme toujours.

Artistiquement, elle rayonne. Chaque soir, *La Créole* fait salle comble durant cet hiver 1940 glacial qui enveloppe la cité phocéenne comme toute la France enneigée.

Après plusieurs semaines, elle retrouve enfin Jacques Abtey sur le Vieux-Port :

« Joséphine : Jacques, racontez-moi ce que vous avez fait à Lisbonne mais d'abord dites-moi si tout va bien pour vous !"

Jacques : Bien sûr Joe ! Pensez-vous que je serais revenu sinon ? Nous avons tout ce qu'il faut pour la suite. D'abord, nous allons nous installer à Casablanca. On compte beaucoup sur nous là-bas car on juge notre mission importante.

Joséphine : Je peux partir quand vous le souhaitez mais j'ai une seule exigence. Je ne veux pas laisser mes petites bêtes dans le froid aux Milandes. Ramenez-les-moi ! »

Jacques acquiesce et part sans attendre pour le Périgord afin de récupérer les animaux mais aussi quelques affaires que Joséphine souhaite emporter au Maroc. Le 15 janvier 1941, il est de retour avec les « petites bêtes » qu'il fait emménager dans la grande suite de Joséphine, entre les malles de voyage qui occupent l'espace. Dans son livre de mémoires, c'est évidemment un épisode qu'il ne peut passer sous silence et qui illustre le culot de Joséphine quand on sait qu'elle doit partir pour une mission beaucoup plus dangereuse et incertaine que les précédentes : « Bonzo un molosse danois, Glou-Glou une jeune guenon malicieuse, Gugusse un ouistiti moustachu, Bigoudi et Point d'interrogation deux souris blanches. Leur apparition déchaîne l'enthousiasme de Joséphine. Elle rit aux éclats en essayant de les attraper sur le lit, sous l'armoire, en haut des rideaux. C'est le spectacle le plus drôle qu'il me fut donné de voir. »

Malgré cette apparente légèreté, Joséphine souffre d'une toux de plus en plus importante. Elle consulte un médecin marseillais qui diagnostique, après qu'elle a passé une radio de la poitrine, une congestion pulmonaire. Il lui conseille de quitter la France pour une destination plus clémente sans se douter que c'est exactement ce qu'elle a prévu de faire. Il signe un certificat dans lequel il explique que son état de santé est incompatible avec une activité artistique telle que celle pratiquée par Joséphine. En clair, elle repart du cabinet médical avec un arrêt de travail.

On a du mal à imaginer aujourd'hui que c'est avec cette incroyable ménagerie digne d'un cirque ambulant que Joséphine embarque sur le *Gueydon*, le paquebot qui va traverser la méditerranée jusqu'à Alger. La traversée est compliquée car le bateau est pris dans une violente tempête et les animaux, affolés, sèment la panique dans la cabine. Finalement, une fois débarqués et soulagés après de longues heures agitées, Joséphine, Jacques et les animaux prennent calmement leurs quartiers à l'hôtel Aletti d'Alger. L'établissement a été inauguré en 1930 par Charlie Chaplin en personne et il est devenu le palace incontournable d'Alger et même de toute l'Afrique du Nord. Il dispose dans son immense sous-sol d'une salle de spectacle (où Joséphine reviendra danser après le débarquement de juin 1944), d'une salle de cinéma, d'un bar et même d'un salon de coiffure.

C'est dans ce havre de paix et de luxe que Joséphine pense pouvoir récupérer tranquillement de sa traversée avant de repartir pour Casablanca selon le plan initialement prévu. Mais un homme se présentant comme un inspecteur de police frappe à sa porte.

L'homme (montrant sa plaque bleu, blanc, rouge) : « Vous êtes mademoiselle Joséphine Baker ?

— Oui c'est moi pourquoi ?

— Une plainte est arrivée de Marseille. Elle vous concerne. Si vous ne versez pas la somme de de 400 000 francs à la direction de l'opéra de Marseille, à titre d'indemnités forfaitaire pour rupture de contrat et abandon de troupe, nos services peuvent vous empêcher de vous rendre au Maroc.

— Brave M. Romette ! Brave M. Dubos[1] ! Ah les bons patriotes ! Mais comme je vous plains », répond-elle, étonnée.

L'inspecteur repart, laissant Joséphine et Jacques dans l'expectative. Un agent du Deuxième Bureau à Marseille est alerté en toute urgence pour régler au plus vite cette situation. L'attente se prolonge durant une semaine et Joséphine en profite pour participer bénévolement à un gala de l'aviation militaire. Malgré le gros rhume qui la fatigue et la campagne de presse collaborationniste en France qui dénonce le « scandaleux départ de Mme Baker », elle décide de monter sur les planches pour le plus grand bonheur du public algérois.

Quelques jours plus tard, elle rejoint Jacques à Casablanca et un nouvel imprévu bouleverse les plans : Jacques est coincé dans la ville car le consulat, qui se méfie peut-être de cet homme qui affirme être une sorte d'imprésario de Joséphine Baker, refuse de lui délivrer un visa. Le problème,

1. Les directeurs de l'opéra de Marseille.

c'est que Joséphine et Jacques sont attendus à Lisbonne pour remettre la synthèse à un agent du Deuxième Bureau. Jacques Abtey demande alors à Joséphine d'accomplir la mission toute seule. C'est la première fois pour elle à l'étranger mais elle accepte immédiatement.

Jacques Abtey, rompu à toutes les techniques d'espionnage, traduit tous les documents de la synthèse à l'encre sympathique sur une partition de musique que Joséphine place soigneusement dans sa valise. Cette technique qui permet de lire un texte une fois que la feuille de papier est chauffée fait appel à des recettes multiples dont la plus connue est de tremper sa plume dans un mélange de sulfate de fer et du cyanure de potassium avec de l'encre et de l'eau. Une manipulation minutieuse à laquelle assiste, amusée, Joséphine avant de prendre le train pour Tanger. Jacques Abtey raconte ce moment émouvant : « Quand le train se met en marche, elle me prend longuement la main et je dois courir le long du wagon. Ses yeux expriment une émotion profonde. »

Trois jours plus tard, elle mène à bien sa mission à Lisbonne où elle remet en main propre la précieuse partition de musique à l'agent du Deuxième Bureau. Pour ne pas éveiller de soupçons, elle organise plusieurs tours de chant dans la capitale portugaise avant de reprendre l'avion pour retourner à Casablanca. Elle retrouve avec une grande joie Jacques et lui raconte avec enthousiasme les détails de sa mission en solo. Mais cet épisode l'a profondément fatiguée et elle décide de partir se reposer à Marrakech. Elle prend ses quartiers dans le luxueux et légendaire hôtel La Mamounia puis décide de s'installer dans une grande demeure avec un jardin qui offre en son centre la fraîcheur d'une fontaine et l'ombre de trois orangers. C'est dans cette oasis de calme et de sérénité que Joséphine se revigore.

Mais, même loin des combats, la guerre finit toujours par rattraper les combattants. La rumeur d'une invasion du Maroc par un corps militaire espagnol et allemand se fait de plus en plus pressante. Joséphine y voit le moyen de reprendre son activité d'agent de renseignement sur le terrain. Jacques Abtey lui donne son feu vert pour repartir en Espagne proposer des représentations et surtout tenter de glaner sur place des informations confidentielles. Cette requête est encore le prétexte d'une scène de cinéma que raconte Jacques Abtey dans son récit : « Vous rendez-vous compte que l'Espagne est virtuellement occupée par les Teutons ? Vous n'ignorez pas que ce pays a des prisons remarquables, mais allez-y allez-y. J'espère que la Guerre Civile n'a pas usé tous les instruments de l'Inquisition et que l'on trouvera encore de quoi vous chatouiller la plante des pieds pour vous faire parler. » Jacques Abtey prononce ces mots tout en fixant le singe de Joséphine qui saute d'un oranger à l'autre et il ressent soudain une douleur sur le bras. C'est Joséphine qui le pince de toutes ses forces, et visiblement, elle ne plaisante pas : « Assez Jacques ! Assez ! Sale dégonflé. C'est tout ce que vous avez dans le ventre ! Ça vous va de faire le Pacha. Eh bien non ! Je vous secouerai les puces à vous tous bandes de fainéants ! Vous allez voir un peu.

— Je veux juste dire que ce voyage doit être préparé soigneusement pour éviter les mauvaises surprises. On doit tout vérifier. Je tiens à ce que l'on examine notre plan de campagne ensemble.

— Examiner ? Vérifier ? Pour qui me prenez-vous ? Une innocente ? Un oiseau des Îles ? Je sais parfaitement ce que je fais et je me crois assez forte pour le faire. »

Ces mots lancés, elle tourne le dos à Jacques Abtey et disparaît pour aller faire sa malle. Comme prévu, elle part seule pour Casablanca avant de prendre un deuxième train pour Tanger. Là, c'est la traversée du détroit de Gibraltar et l'Espagne. Jacques Abtey n'a pas de nouvelles d'elle pendant trois semaines jusqu'à son retour à Marrakech. Elle raconte qu'elle a réussi à glaner des informations à Séville, Barcelone et Madrid, essentiellement auprès de dirigeants politiques de premier plan. Elle a tout noté sur des papiers qu'elle a accrochés avec une épingle à nourrice à ses sous-vêtements. Jacques les récupère tout de suite et les transmet à un de ses agents. Ils sont ensuite câblés directement aux services secrets américains pour être exploités à Washington.

Après cette mission couronnée de succès, Jacques Abtey et Joséphine se rendent à Casablanca pour rencontrer un officier américain en poste au Maroc. Ils restent quelques jours dans la ville, le temps pour Joséphine de passer des radios pour faire le point sur l'état de ses poumons qu'un médecin marseillais avait trouvé préoccupant. Apparemment tout va bien, sa santé s'est améliorée durant son long repos à Marrakech. Lors d'un repas, elle confie à ses amis qu'elle a également effectué un examen pour savoir si elle pourrait avoir des enfants. Elle évoque un rêve qu'elle aimerait réaliser à la fin de la guerre. Puis c'est le retour à Marrakech et le début du cauchemar pour Joséphine. Pourtant, tout commence par un éclat de rire sonore et interminable ! C'est celui de Joséphine quand elle aperçoit Jacques arriver chez elle le crâne totalement rasé : « Je n'ai jamais vu un œuf pareil ! Vous devriez envoyer votre photo au musée de l'Homme, je vous le jure on vous fait une rente à vie. »

Jacques explique alors qu'il est nécessaire de changer d'apparence dans son activité mais à chaque fois, il suscite les rires et les moqueries amicales de Joséphine et de leurs amis tous réunis dans le jardin. Mais soudain, Joséphine grimace en se plaignant de maux de ventre aigus. Au fil des heures, la douleur augmente, la fièvre aussi. Son front est brûlant. 39, 9 °C. Un médecin est appelé à son chevet. Quand il sort de la chambre de Joséphine, il s'adresse à Jacques et aux personnes présentes dans le riad : « Je ne peux rien vous dire pour le moment mais je crains que ces douleurs ne soient pas intestinales. Allez immédiatement chercher de la glace. Cassez-la en petits morceaux. Faites-en un paquet avec une toile caoutchoutée et posez-la à l'endroit où elle a mal. »

Joséphine souffre le martyre durant toute la journée du lendemain. Quand le médecin revient, c'est pour annoncer qu'elle souffre d'une infection due au liquide qui lui a été injecté lors de sa radio quelques jours plus tôt. Il évoque un sérieux risque de péritonite. Marrakech ne disposant pas de matériel médical adapté à son état, elle doit être transportée dans une clinique de Casablanca. Jacques Abtey se démène pour trouver une voiture qui puisse effectuer les 500 kilomètres sans encombre. Le trajet dure toute la nuit et la voiture stoppe enfin devant la clinique. Le médecin qui l'ausculte est soucieux quand il sort de la chambre : « Pas brillant, pas brillant ! Réaction péritonéale. Nous allons faire l'impossible pour enrayer le mal, mais je ne peux pas me prononcer sur ses chances de survie avant trois ou quatre jours. » Dans ses mémoires, Jacques Abtey confie son désarroi quand il entend les mots du docteur : « Non ! Joséphine Baker ne pouvait pas mourir ainsi. Ce n'était ni le lieu, ni le moment. On ne meurt pas quand il fait beau. On ne meurt pas aussi bêtement quand on est engagé dans une aussi belle aventure et qu'il est des gens qui comptent sur vous. » Le lendemain matin, Joséphine est conduite dans la salle d'opération pour subir une intervention chirurgicale. Au bout d'une demi-heure, une infirmière sort du bloc accompagnée du médecin qu'il s'est occupé de l'opération. Ils ont le sourire. Le chirurgien fait le point avec Jacques : « On a évité la péritonite avec une simple incision interne. Elle en aura pour cinq semaines et elle n'en entendra plus parler. »

Comme espéré, l'état de Joséphine s'améliore et, au bout de trois semaines, il est décidé qu'elle partira finir sa convalescence dans la maison d'une amie de l'artiste à Rabat. Elle fait le voyage en train avec deux infirmières. Jacques est resté à Casablanca. Le lendemain matin, il appelle la maison pour prendre des nouvelles quand il entend l'appel au secours de l'amie de Joséphine : « Venez vite, elle vous réclame. Elle souffre et elle a de la fièvre. » Quarante-huit heures plus tard, Jacques a de nouveau remué ciel et terre pour que Joséphine puisse retrouver la clinique de Casablanca. De nouveau, les médecins réservent leur pronostic. Cette fois, pas d'intervention chirurgicale mais un traitement intensif à base de sulfamides. Comme lors de sa première hospitalisation, l'état de santé de Joséphine s'améliore lentement au bout de trois semaines.

Joséphine a recouvré ses esprits et, le 8 décembre 1941, elle apprend simultanément que les Japonais ont attaqué Pearl Harbour la veille et que les États-Unis entrent en guerre. La réaction de Joséphine se traduit par une crise aiguë de tachycardie qui inquiète encore une fois le personnel soignant avant heureusement de s'atténuer après de longues secondes. Au mois de février 1942, elle a enfin le droit de sortir de sa chambre pour faire quelques pas dans le jardin de Mers Sultan. Jacques l'invite même dans un restaurant tout près de la clinique où elle se rend dans une calèche. Mais décidément, une malédiction semble planer sur elle. La fièvre remonte et ne baisse pas. L'infection a repris de façon encore plus aiguë. Cette fois le médecin est pessimiste : « Il y a une chance sur cinq qu'elle évite la septicémie. » Mais Joséphine n'est pas du genre à laisser passer sa chance. Même la plus minime soit elle. Son corps réagit positivement au traitement et, deux semaines plus tard, elle est tirée d'affaire. Jacques Abtey peut repartir en France pour collecter des informations. Il promet à Joséphine de revenir dès qu'il le pourra.

Il est de retour à Casablanca au début du mois 1942. Il apprend d'abord que Joséphine a frôlé une occlusion intestinale quelques semaines auparavant mais que son état s'est amélioré tout en restant fragile. Joséphine passe beaucoup de temps dans sa chambre à lire des livres que lui offre Jacques Abtey. Curieuse de sagas historiques, elle dévore la vie de Louis XIV ou encore l'exil de Napoléon à Sainte-Hélène.

L'opération chirurgicale prévue depuis plusieurs semaines mais repoussée en attendant que Joséphine retrouve plus de vigueur est finalement programmée le 28 juin 1942 à 9 heures du matin. Quand le chirurgien sort du bloc, il exprime encore toute sa réserve sur le pronostic vital de l'artiste : « Si j'avais continué, je l'aurais tuée. J'ai paré au plus pressé, peut-être que cela s'arrangera tout seul. J'ai fait tout ce que j'ai pu. » Le lendemain matin, la fièvre est retombée à 37 °C. Devant des infirmières et des médecins médusés, Joséphine ne cesse de parler et bat la mesure en écoutant la radio dont elle a expressément demandé que quelqu'un tourne le bouton de marche. Elle a faim et réclame à manger. Dans la clinique, c'est la stupéfaction devant une malade qui se remet aussi vite d'une infection aussi grave et qui a frôlé la mort à plusieurs reprises. Finalement, trois semaines après l'opération chirurgicale, elle est définitivement hors de danger selon ses médecins qui l'autorisent à quitter son lit médicalisé pour se reposer désormais sur une chaise longue.

Les jours, les semaines et les mois se succèdent dans la clinique jusqu'à ce 8 novembre 1942. Il est 7 heures du matin et le tonnerre se déchaîne soudain dans le ciel de Casablanca. Le débarquement des troupes américaines du général Eisenhower vient de débuter sur les côtes marocaines. Jacques a communiqué l'information à Joséphine le 7 novembre sans savoir quand les combats allaient vraiment commencer. Il a sa réponse dès les premiers coups de canon tirés. Joséphine s'extirpe en un bond de son lit et elle s'avance en courant sur la terrasse pour assister à ce moment. Des éclats d'obus tombent à quelques mètres d'eux et Jacques Abtey demande en criant à Joséphine de se mettre vite à l'abri : « Laissez-moi ! Laissez-moi, cette heure est trop belle pour moi pour que je la vive entre quatre murs. À présent, il ne peut plus rien m'arriver ! » Joséphine n'aura pas perdu une miette de la libération de Casablanca et des scènes de liesse saluant l'arrivée des 35 000 soldats américains au Maroc.

Au mois de décembre 1942, elle repart se reposer à Marrakech et quand Jacques Abtey vient la rejoindre pour fêter Noël, il la retrouve alitée avec près de 40 °C de fièvre. Cette fois, elle a contracté une paratyphoïde. Comme souvent, Jacques utilise l'humour pour dédramatiser la situation, une arme que manie aussi Joséphine à la perfection.

« Joséphine (*allongée sur son lit*) : Vous n'avez pas l'impression que je suis devenue le sujet de préoccupation d'un démon qui me trouve intéressante mais uniquement comme malade ?

— Vous ne trouvez pas plus intéressant de faire la guerre aux Allemands plutôt qu'aux microbes ? »

Heureusement l'état de santé de Joséphine s'améliore nettement durant le mois de janvier 1943 et, au mois de février, elle décide de remonter sur scène. Malgré l'avis défavorable des médecins, elle offre un tour de chant à des soldats américains de couleur réunis dans la salle du Liberty Club de Casablanca.

Ce jour-là, comme le souligne Jacques Abtey dans ses souvenirs, Joséphine constate avec stupeur que l'armée américaine inaugure deux foyers : Le Liberty Club, réservé aux soldats noirs, et un autre dans la ville pour les Blancs. Il raconte avec émotion cette soirée particulière : « Le maquillage n'avait pas réussi à masquer sa maigreur. Son visage était émacié et ses jambes avaient la minceur des pattes de cigogne. Elle chante trois chansons et esquisse trois pas de danse. Le public lui offre un tonnerre d'applaudissements... Étoile parmi les étoiles, cette nuit-là, elle renaît à la vie, à sa vie, sa vie d'étoile. » L'état-major américain propose alors à Joséphine de l'engager pour une grande tournée en Afrique du Nord au contact des combattants. Le but est de leur apporter un peu de distraction pour soutenir leur moral. Joséphine accepte dans la seconde et ne formule qu'une seule exigence : elle travaillera gratuitement. Plus de palaces ni de suites luxueuses, elle demande aussi de partager la vie quotidienne des soldats. Joséphine dispose d'une quinzaine de jours pour préparer sa tournée. Elle fait arranger certaines de ses robes pour que tout soit parfait.

Elle a aussi une idée en tête. Pendant que la presse française collaborationniste annonce à la une que « Joséphine se meurt dans la plus noire des misères au Maroc », elle commence sa tournée à Casablanca par un gala au profit de la Croix-Rouge. Quand elle interprète pour la première fois *J'ai deux amours* devant la salle bondée du théâtre Rialto, elle termine la chanson à genoux, le visage illuminé de sueur, les bras tendus vers les spectateurs qui se lèvent et applaudissent à s'en brûler les mains.

Après Casablanca, Joséphine joue son spectacle à Oran pour débuter sa série de spectacles dans les camps américains. Celui d'Oran est particulièrement impressionnant avec près de 300 000 hommes venus la voir. Joséphine chante et danse en plein air sur des scènes de fortune juchées sur des tréteaux. Comme elle change de robe pour chaque chanson, on lui met à disposition une tente pour se changer. Le cinquième soir, elle doit chanter sur un autre site à 15 kilomètres d'Oran au milieu d'un champ. Jacques Abtey raconte que la scène ressemble à un ring de boxe éclairé par des projecteurs surpuissants. Joséphine s'apprête à chanter devant des milliers de soldats quand soudain, la défense antiaérienne du camp est actionnée. Des avions allemands ont été repérés. Les projecteurs sont éteints et tout le monde, Joséphine compris, se jette à terre les mains sur la tête pendant que le ciel s'embrase de projectiles qui explosent. Finalement, le calme revient et Joséphine remonte sur scène pour chanter devant des GI's survoltés et enthousiastes.

Le lendemain, elle part en Jeep pour effectuer les 80 kilomètres qui séparent Oran de Mostaganem où elle est accueillie par un officier américain : « Mme Baker, nous voudrions que vous chantiez sur la grande place du centre-ville et que vous arriviez à créer une ambiance cordiale car à vrai dire nos soldats ne sont pas vraiment les bienvenus. Nous allons leur demander de se mêler à la foule pendant que vous chanterez. » Joséphine se fait un plaisir de mener à bien cette mission. Elle chante et n'hésite pas à descendre de la scène pour aller à la rencontre du public. Elle offre des bonbons, des cigarettes et ose même prendre dans ses bras des bébés pour les poser dans ceux des GI's. Les Américains voulaient une « fraternisation », Joséphine la leur offre, avec toute sa sincérité. Chaque soir, Joséphine régale son auditoire et, après quatre semaines de représentations multiples chaque jour, elle rentre à Marrakech pour se reposer.

Durant cette période de repos, elle rencontre des militaires et des responsables du renseignement de la France libre et se prépare à repartir dès qu'elle en recevra l'ordre. Le 18 juin 1943, elle s'envole pour le Proche-Orient dans un bombardier anglais. Elle se produit de camp en camp durant trois semaines au milieu des hommes qui quelques jours plus tard participeront au débarquement américain en Sicile. Elle passe par Tripoli, puis elle chante sur le tarmac d'un aéroport militaire italien abandonné la frontière de Libye. Son avion se pose ensuite à Benghazi, Tobrouk, Alexandrie, Le Caire. Elle chante pour les soldats mais elle prend le temps d'aller visiter les blessés, victimes des combats violents dans le secteur.

Pendant ce temps, Jacques Abtey est confronté à un dysfonctionnement de son service de renseignements à cause d'un désaccord entre le général de Gaulle et le général Giraud. Ce dernier est considéré comme « l'homme des Américains », ce qui n'est pas vraiment du goût de Charles de Gaulle. Joséphine termine sa mission pour l'armée américaine et rentre au Maroc à la mi-juillet 1943. L'état-major de la France libre qui a suivi le périple de Joséphine est impressionné.

Il décide alors de lui confier une mission similaire, mais cette fois pour une tournée de propagande au profit des groupes de résistance français de la métropole. Une opération placée sous le patronage du général de Gaulle.

Joséphine n'est pas la seule à partir : comme d'habitude, Jacques Abtey, son frère d'armes, l'accompagne. C'est lui qui dirige la mission à laquelle se joignent « Zimmer », chargé de la direction artistique, et Fred Rey, ancien danseur de Joséphine qui lui aussi a rejoint les rangs de la Résistance. La première représentation est prévue à Alger et Jacques Abtey quitte Casablanca pour aller récupérer Joséphine dans une Jeep couleur sable. Une croix de Lorraine rouge est peinte sur le capot avant du véhicule. Lorsqu'il arrive à destination, Joséphine lui propose d'emmener avec eux Si Mohammed Menebhi, un ami de toute confiance chez qui elle loge depuis son arrivée à Maroc. C'est le beau-frère du sultan de Marrakech et Joséphine est persuadée qu'il peut être un atout majeur. Il connaît de nombreuses personnalités d'Afrique du Nord qui pourront les aider dans leur périple. Officiellement, il sera le traducteur de la troupe artistique.

Trois jours après, Joséphine est sur la scène du théâtre d'Alger. Elle est accompagnée par un « big band » de soldats américains. Soixante musiciens noirs. Pour Joséphine, ce spectacle est particulier. Parmi le public, installé dans la loge d'honneur : le général de Gaulle. Il est accompagné par sa femme Yvonne. Durant l'entracte, le Général l'invite à venir dans sa loge pour la remercier pour son engagement dans la Résistance. Après lui avoir présenté son épouse, il la fait asseoir sur son fauteuil pour continuer la discussion.

Lorsqu'elle prend congé du couple pour rejoindre la scène, un aide de camp du général vient la voir et lui remet dans le creux de la main une petite croix de Lorraine en or. Une magnifique surprise pour l'artiste qui en avait elle aussi imaginé une à destination du Général, même si elle ne savait pas si elle pourrait le rencontrer en chair et en os ce soir-là. Le matin du spectacle, elle avait contacté la mère supérieure d'un couvent et lui avait demandé de faire appel aux religieuses pour broder une croix de Lorraine sur un immense drapeau tricolore. Tous les vendeurs de tissus de la ville ou presque ont été sollicités. Dès la fin du spectacle, Joséphine fait un signe en coulisse et le drapeau descend lentement devant le public qui entonne une *Marseillaise* d'une rare intensité.

Après Alger, cap sur Tunis. Joséphine et ses coéquipiers parcourent les 800 kilomètres du trajet dans la Jeep. Peu avant leur arrivée en Tunisie, la voiture roule dans des villages détruits par les combats. Au petit matin, l'équipage arrive enfin dans un hôtel près du port de Tunis pour se reposer. Joséphine joue ensuite son spectacle durant trois soirées avant que l'état-major lui demande de se rendre à Sfax. La ville se trouve à 270 kilomètres à l'est de Tunis et elle a été totalement détruite par les combats. Là encore, Joséphine se dépense sans compter pour apporter du réconfort aux réfugiés. Sur la scène, elle est accompagnée d'un groupe de musiciens tahitiens, membres du bataillon du Pacifique qui se sont portés volontaires pour accompagner l'artiste.

Après l'Algérie, et la Tunisie, l'état-major demande à la petite troupe de Joséphine de rejoindre Le Caire. La Jeep qui avait roulé jusqu'ici n'était plus vraiment adaptée pour un périple de 3 000 kilomètres jusqu'en Égypte. On met donc à leur disposition deux Jeep flambant neuves qui portent aussi des croix de Lorraine sur leurs capots. L'expédition est lancée au petit matin. Jacques Abtey utilise cette formule dans ses mémoires : « Nous étions des vagabonds de grand chemin au service de la France ! » Le convoi roule durant des heures et des heures sous un soleil de plomb, s'arrêtant parfois dans des oasis pour se restaurer et souffler un peu. Peu avant minuit, les deux Jeep s'immobilisent enfin devant un hôtel de Tripoli.

Après 900 kilomètres parcourus sur des routes souvent cabossées, l'équipe s'endort rapidement une fois des sandwichs engloutis. Le lendemain matin, le convoi traverse des villages désertés par les habitants. Des panneaux « Mines » plantés au bord des chemins signalent le danger du trajet quasi permanent au fil des kilomètres. Les deux Jeep s'engagent sur les pistes sablonneuses tracées dans le désert de Syrte. Elles avancent dans un décor qui illustre la violence des combats qui ont lieu ici. Des carcasses de tanks éventrées, d'avions abattus jonchent le paysage.

Joséphine et ses compagnons passent plusieurs nuits à la belle étoile avant de repartir au matin après avoir bu un thé pour une nouvelle journée harassante. Joséphine ne se plaint pas. Joséphine ne se plaint jamais. Mais parfois, elle s'énerve. Jacques Abtey revient sur ce qui s'est produit dans les montagnes de Libye, un jour avant d'arriver. Il ne sait plus exactement ce qu'il a dit à Joséphine mais ce dont il se souvient, c'est qu'elle n'a pas apprécié. Vraiment pas.

Alors que jusqu'ici, elle n'avait jamais conduit une Jeep, elle décide de s'asseoir au volant et démarre en trombe dans un nuage de sable. Jacques saute dans la deuxième voiture et se lance à sa poursuite. Joséphine fonce dans les lacets à la façon d'un pilote intrépide, les roues frôlant parfois le ravin. Arrivée au sommet et visiblement calmée, elle décide de ralentir mais elle ne s'arrête pas pour autant. Sur le siège passager, Si Mohammed semble reprendre son souffle après la chevauchée sauvage que lui a offerte sans prévenir sa conductrice. Joséphine finit par s'arrêter à une centaine de kilomètres d'Alexandrie à côté d'un avion allemand abattu. Jacques vient la voir et il finit par la convaincre, en s'excusant de l'avoir blessée sans le vouloir, de revenir avec lui dans la Jeep.

Le convoi repart et, 30 kilomètres plus loin, la Jeep que Joséphine avait conduite dans l'après-midi se renverse accidentellement. Si Mohammed, qui était au volant, est gravement blessé et son passager, un jeune marin qui avait pris place dans le véhicule à Tripoli, est tué sur le coup. Fred Rey, le danseur de Joséphine, s'en sort avec quelques contusions. Une ambulance arrive sur les lieux du drame pour récupérer le corps du défunt et s'occuper des blessés. Jacques et Joséphine doivent continuer seuls. Démoralisés et éreintés, ils reprennent la route. Ne pouvant plus garder les yeux ouverts, Jacques laisse le volant à Joséphine : « Je n'oublierai jamais l'incroyable silhouette de mon compagnon de voyage dont le visage exprimait ce soir sous la livide clarté de la lune, une tragique souffrance », écrira-t-il plus tard. La Jeep finit par arriver à 2 heures du matin dans les rues désertes d'Alexandrie. Jacques et Joséphine attendent le retour du corps du jeune marin pour sa cérémonie d'inhumation dans le cimetière militaire de la ville.

Après ce triste moment, Joséphine, Jacques, Si Mohammed et Fred Rey repartent pour Le Caire. Cette fois, ils laissent la Jeep pour parcourir les 250 kilomètres qui les séparent de la capitale égyptienne dans deux grandes voitures avec chauffeur. Toute l'équipe est logée dans les chambres confortables de l'hôtel Shepheard, surnommé l'Hôtel des Anglais depuis la Première Guerre mondiale, où il avait servi de quartier général à l'armée britannique. Farouk, le roi d'Égypte, souhaite organiser un grand gala avec Joséphine à la fin du mois d'octobre. Cela laisse largement le temps à Jacques Abtey et son « commando » de repartir en tournée comme prévu. Initialement, le Liban, la Palestine et la Syrie étaient programmés sur la feuille de route et pas question de dévier de ce plan.

En cette fin de mois d'août 1943, Jacques Abtey demande à son équipe de repartir. Ils prennent un « vieux coucou tordu et toussoteux » qui les conduit sans encombre à Beyrouth. Joséphine chante et danse sur la scène du grand hôtel de Sofar devant le président de la République du Liban et plusieurs têtes couronnées. Elle sait que cette assemblée peut lui permettre de collecter beaucoup d'argent pour financer les groupes de Résistance en France mais elle ne se contente pas de cela. La mort dans l'âme, elle décide aussi de vendre la croix de Lorraine en or que lui avait remise l'aide de camp du général de Gaulle quelques mois auparavant. Elle récolte 350 000 francs pour la Croix et au total plus d'1 million de francs après deux représentations triomphales.

Puis, le lendemain matin, un bus militaire emmène toute l'équipe en Palestine. Des chambres sont réservées à l'hôtel King David de Jérusalem. Joséphine assure un spectacle à

Jérusalem, puis plusieurs autres à Tel Aviv, Jaffa et Caiffa avec toujours le même succès et une collecte financière non négligeable. Chaque spectacle se déroule sous un grand drapeau bleu, blanc, rouge portant la croix de Lorraine. Joséphine ne fait pas que chanter et danser, elle évoque aussi dès qu'elle le peut, auprès de grandes personnalités politiques de tous les pays qu'elle traverse, le courage et l'héroïsme des résistants français.

La date du grand gala organisé au Caire approche en cette fin octobre 1943. Joséphine et son équipe rentrent donc en Égypte pour préparer l'événement qui doit avoir lieu à l'Opéra royal du Caire. La série de concerts qu'elle donne est une réussite totale. Chaque représentation se déroule devant une salle pleine. L'Égypte marque la fin de la grande tournée de Joséphine. Elle a permis de collecter 3 143 000 francs qui ont été envoyés jusqu'au dernier centime aux différents groupes de Résistance en France. Désormais, il faut faire le chemin retour.

Deux Jeep s'enfoncent dans le désert au mois de décembre 1943. Il fait froid et Joséphine roule, protégée par son épais manteau bleu de la RAF. Le convoi passe à nouveau devant Tobrouk et Benghazi. Sur une des Jeep, un mécanicien admirateur de Joséphine a écrit « Jose's Jeep » à la peinture sur la carrosserie. Le voyage retour jusqu'à Alger semble durer une éternité pour les membres de l'équipe. Il est ponctué de pannes, de crevaisons, de rencontres dans le désert avec des soldats, de détours interminables à cause du danger des mines et de nuits passées emmitouflés dans des duvets au pied des véhicules. Enfin la capitale de l'Algérie apparaît à l'horizon. Une fois arrivée dans la ville, Joséphine entre dans le hall de l'hôtel Régina. Mais cette fois, on lui fait comprendre qu'il n'y a plus de chambres disponibles : elles sont toutes réservées aux officiers car l'établissement a été réquisitionné. Heureusement, Joséphine, Si Mohammed et Jacques, épuisés, trouvent refuge dans un cabinet médical dirigé par un médecin militaire ami d'amis de Jacques. Joséphine dort sur le divan, les deux hommes sur des tables métalliques qui servent aux consultations.

Après quelques jours passés dans cet inconfort qui leur permet malgré tout de récupérer un peu, les membres de l'expédition repartent pour Marrakech, terminus du voyage. Jacques conduit une Jeep dans laquelle Joséphine a chargé toutes ses malles. Elle monte dans une autre voiture avec Si Mohammed. Mais comme d'habitude, le trajet ne se passe pas tout à fait comme prévu. La voiture de Joséphine tombe en panne et il faut terminer le trajet avec une seule Jeep. C'est ainsi que les trois frères d'armes, serrés les uns contre les autres, parcourent les 250 derniers kilomètres. Pour corser le tout, une pluie fine les trempe jusqu'aux os. Vers 3 heures du matin, enfin, c'est l'arrivée à Marrakech. Durant tout le trajet, Joséphine n'aura pas lâché les deux pots de fleurs qu'elle avait achetés à Casablanca. La Jeep s'enfonce lentement dans les rues de Marrakech. C'est l'étape ultime du grand voyage de Joséphine après plusieurs milliers de kilomètres parcourus. Elle a joué un nombre incalculable de fois ses spectacles, parfois même sur la ligne de front. Elle a croisé des centaines de blessés de guerre dans les hôpitaux de campagne à qui elle a essayé d'apporter un peu de réconfort par sa présence. Elle a croisé le chemin de rois et de princesses venus l'applaudir depuis leurs loges aux fauteuils moelleux mais aussi de simples soldats patrouillant dans les nuits glaciales du désert. Elle s'est dépensée sans compter, ne s'accordant que peu de moments de détente et de tranquillité. Seule comptait sa mission. Son état d'épuisement est sans doute la cause de son hospitalisation quinze jours après son arrivée à Marrakech.

Le 3 janvier 1944, les médecins diagnostiquent une occlusion intestinale. Elle est opérée en urgence et les chirurgiens réservent à nouveau leur pronostic. Mais ils ne connaissent pas vraiment Joséphine ! Son état s'améliore vite. Jacques Abtey, qui était reparti en Algérie, écourte sa mission pour venir à son chevet où se trouve déjà Si Mohammed, resté depuis le début de l'hospitalisation. Mais rien ne semble altérer le moral de l'artiste. Elle lance, amusée, en direction de ses médecins : « Au train où ça va, la prochaine fois, munissez mon ventre d'une fermeture Éclair ! »

Durant les jours ensoleillés de cette fin d'hiver 1943 qui suivent son opération, Joséphine retrouve des forces. Au mois d'avril, elle décide de remonter sur scène. Le général Bouscat, commandant des Forces françaises de l'air, lui demande de chanter pour un gala de l'aviation à Alger. Même si elle n'est pas totalement remise, elle joue son spectacle durant une heure. Elle retrouve son meilleur médicament : le public ! Après ce tour de chant couronné de succès, elle reste quelques jours à Alger. Bien sûr, elle n'est pas hébergée dans la villa occupée depuis août 1943 par le général de Gaulle à El Biar sur les hauteurs de la ville, face à la baie d'Alger, mais dans celle du général Bouscat qui lui a proposé l'hospitalité. Elle y séjourne le temps d'achever vraiment cette fois sa convalescence. C'est là qu'elle reçoit la visite d'Eugène Macchini, le maire d'Ajaccio. Il lui demande d'organiser une tournée de propagande pour la France libre en Corse, à l'image de celle qu'elle a réalisée en Afrique du Nord et au Proche-Orient.

Le 6 juin 1944, à 7 heures du matin, Jacques Abtey se rend dans la résidence pour récupérer Joséphine. Un avion l'attend pour les conduire en Corse. Soudain, raconte le chef du Deuxième Bureau dans ses mémoires, il voit arriver dans la rue, courant vers lui en faisant des grands signes, un autre officier de renseignement. Il crie à tue-tête : « Ils ont débarqué à Bayeux, ils ont débarqué à Bayeux ! » Il explique qu'il a entendu la nouvelle à 5 heures du matin de la bouche de correspondants de guerre anglais dont la chambre était voisine de la sienne dans un hôtel d'Alger. Joséphine est heureuse. Impatiente de décoller pour la Corse. Cette nouvelle incroyable du débarquement des Alliés en Normandie accompagne son premier retour en France depuis quatre ans. « Quelle magnifique journée ! Comme il fait bon vivre des heures pareilles », se réjouit-il auprès de ses amis présents dans la carlingue de l'avion militaire. La traversée depuis l'Algérie jusqu'à l'Île de Beauté se déroule dans un enthousiasme général dans un ciel bleu sous un grand soleil. Mais comme souvent dans la vie de Joséphine, rien ne se passe comme prévu.

Alors que les yeux des passagers fixent le bleu de la mer par les hublots, un bruit sourd résonne dans la carlingue. Jacques Abtey devine que quelque chose cloche. Il a raison.

Il entre dans le cockpit et le pilote l'informe qu'un moteur a lâché. « Ne vous inquiétez pas, il m'en reste un ! J'ai promis de vous emmener à Ajaccio, alors je vous conduirai à Ajaccio ! » Cette confiance n'est pas partagée par les passagers. L'avion perd de l'altitude. Tous voient s'approcher inexorablement les parois abruptes d'une montagne. Joséphine, Jacques et les autres ferment les yeux, pensant que le choc est inévitable, mais l'avion se redresse et passe au-dessus du mur de granit. Ouf ! Sauvés. Mais le pilote a trop tiré sur ce dernier moteur qui perd d'un seul coup sa puissance. Cette fois, rien ne peut éviter à l'avion de s'écraser dans la mer. « Calez-vous ! » hurle le pilote. Il parvient à amerrir le plus « proprement possible » dans une gigantesque gerbe d'eau. Dans la cabine, personne n'est blessé. Joséphine se hisse avec ses compagnons sur l'aile de l'avion et elle ne peut que regarder flotter ses malles dont certaines se sont ouvertes sous le choc. Heureusement, la plage n'est pas loin. Des tirailleurs sénégalais qui se baignaient, profitant d'une permission, viennent tout de suite les aider. Une voiture de la base aérienne d'Ajaccio arrive sur place pour les récupérer. Cette mésaventure qui aurait pu très mal se terminer n'a pas atteint le moral de Joséphine.

Le lendemain, elle retrouve Dominique Gianviti, un homme qu'elle avait croisé en Corse avant la guerre lors d'un spectacle. Ils avaient sympathisé. Désormais, il est directeur des services de police de la Corse, nommé à ce poste par le général de Gaulle. Il demande à Joséphine si elle accepte de chanter aussi pour la population civile de l'île en plus de ses récitals devant les militaires. Elle est d'accord et part sur les routes sinueuses de la Corse avec un orchestre de soldats. Corte, L'Île-Rousse, Calvi, Bastia… partout les Corses viennent applaudir Joséphine. Elle chante devant 30 000 personnes en plein air à Ajaccio. Elle donne un dernier tour de chant sur la base aérienne de Cagliari qu'elle rejoint en avion le 17 juin 1944. C'est la base de la célèbre 31e escadre de bombardement. C'est la première unité française engagée sur le front d'Italie en Sardaigne. Joséphine chante sur une scène improvisée. Elle est debout sur des planches posées sur des bidons d'essence. « Tout près d'elle, on entend claquer le grand drapeau à Croix de Lorraine », raconte l'aumônier de la base qui a tout organisé. Tous les hommes en combinaison viennent l'écouter chanter avant de partir en mission de bombardements. Certains ne reviendront pas. Tous écoutent avec une émotion intense la voix de Joséphine qui, une nouvelle fois, se donne sans retenue.

Elle rentre ensuite en Algérie où elle attend l'autorisation de regagner la France dans le couvent de Guyotville (Ain Benian aujourd'hui) qui est devenu le quartier général des troupes féminines auxiliaires de l'armée de l'air française. Durant les longues semaines d'attente, elle croise le chemin d'un chien dodu. Un batard blanc qu'elle décide d'adopter et qu'elle nomme Mitraillette. Elle marche avec lui au bord de la mer dans la baie d'Alger en espérant chaque jour obtenir une place sur un bateau. Enfin, en octobre 1944, elle décroche l'inestimable sésame : elle embarque sur un *liberty-ship*. Il fait partie d'une flotte de 2 751 cargos construits spécialement par les Américains sur l'initiative du président Franklin Roosevelt.

L'objectif de ces impressionnants navires de 135 mètres de long est d'aider l'Europe à retrouver sa liberté grâce à leur appui logistique. Un casque sur la tête, équipée d'un bidon, d'une musette et avec sa tenue militaire de sous-lieutenant de l'armée de l'air, Joséphine retrouve sa France dans le port de Marseille, d'où elle était partie cinq ans plus tôt. Soldat parmi les soldats, elle embarque dans le port de Mers El Kebir accompagnée d'un passager clandestin dont la présence est formellement interdite par le règlement : un chien. Pas question de laisser Mitraillette, alors elle le cache tant bien que mal sous son épais manteau et parvient à monter à bord du cargo sans que l'animal soit repéré.

Après cinq jours de voyage, le cargo est en vue de la cité phocéenne. Joséphine accroche ses mains à la rambarde pour regarder s'approcher les contours de Marseille.

Au mois d'octobre, deux mois après la libération de Paris, Joséphine retrouve la ville qu'elle aime le plus au monde. Elle a une idée en tête : trouver des musiciens pour sa tournée de solidarité auprès des soldats. Elle se rend dans un studio où Jo Bouillon enregistre des morceaux avec ses quarante musiciens. Dans ses mémoires, Jo se souvient de cet instant une nouvelle fois incroyable avec Joséphine. D'abord, il ne savait pas qu'elle était là. Le régisseur du studio fait des grands signes derrière la vitre : « Jo, quelqu'un veut te voir. C'est une de tes amies. Elle dit qu'elle ne partira pas avant de t'avoir vue et à mon avis tu ne vas pas t'en débarrasser comme ça.

— Bon ! Fais-la entrer ! (*Puis, s'adressant à ses musiciens* :) Encore une admiratrice qui nous écoute à la radio ! Allez on reprend le morceau ! *I've got you under my skin.* »

L'orchestre se remet à jouer quand soudain une voix résonne dans les haut-parleurs du studio : « Mais c'est mon morceau ! » s'exclame Joséphine (ce standard de Cole Porter composé en 1936 est une de ses chansons préférées).

Jo et son orchestre devinent alors une femme qui entre dans le studio en uniforme de l'armée de l'air. Jo reconnaît bien sûr Joséphine qu'il avait croisée cinq ans auparavant : « Nous nous sommes jetés dans les bras l'un de l'autre. Il y a cinq ans je lui aurais baisé la main mais là c'était un moyen de jeter un pont par-dessus la guerre. Elle est amaigrie mais toujours belle avec un sourire éblouissant. Elle rayonne et elle me prend par le bras pendant que tous mes musiciens l'applaudissent. Elle me dit qu'elle a un projet qui me concerne et qu'il faut que je passe la voir le soir même à l'adresse qu'elle me donne sur un papier. Puis elle disparaît. »

Il la retrouve dans un appartement dont elle ouvre la porte et le fait entrer.

« Joséphine : Je suis chargée par le général de Lattre de Tassigny de suivre la première armée française au fur et à mesure de son avancée dans les pays libérés. Venez avec moi pour le drapeau de la France libre. Nous allons jouer des spectacles pour les soldats.

— … Mais qui *nous* ? »

Au mois de décembre 1944, elle est engagée dans la bataille d'Alsace. C'est elle qui chante sur le théâtre municipal de Mulhouse quelques jours après la libération de la ville.

Le 3 janvier 1945, Joséphine participe à un gala organisé à Berlin par les Alliés. Cet événement qui a lieu dans un des derniers bâtiments encore debout de la ville allemande est présidé par quatre généraux, américain, russe, anglais et français. Dans ses mémoires, elle revient sur sa participation à ce spectacle au milieu d'un vrai champ de ruines : « Quelle effroyable impression, Berlin ! Je n'y reconnaissais pas les Boulevards ni les jardins, ni les monuments. Il n'y en avait plus. Rien que des trous, des pierres, des poutres de fer. Le Palais de Justice est éclairé par de gros projecteurs. On dirait qu'il en reste brûlé par morceaux. Il se consume. Il est incandescent. »

C'est dans ce décor de désolation que Joséphine trouve pourtant la force de chanter devant une foule d'officiers galonnés des différentes armées de la Coalition. Pourtant sa joie de chanter la liberté retrouvée n'est pas complète, comme elle le raconte dans ses mémoires : « Non ! Joséphine, ces applaudissements, ce n'est pas pour toi. C'est pour le pays qui, il y a vingt ans, a adopté une petite danseuse noire. Et puis tout ce tralala, ce gala pour les généraux et les officiers c'est parfait… mais les soldats ? » Alors Joséphine se met en quête d'un lieu où les sans-grade pourraient venir la voir. Elle trouve un cinéma qui n'a pas été détruit dans le « quartier français » de Berlin et, accompagnée de Joe Bouillon et de ses musiciens, elle joue tous les jours de 10 heures du matin à 23 heures. Toutes les deux heures, 200 soldats se relaient pour applaudir Joe qui chante à en perdre la tête tous les titres de son répertoire.

Quelques jours plus tard, elle se rend à Buchenwald. Le camp d'extermination nazi vient d'être libéré. Elle se rend au chevet des survivants et elle leur chante *Dans mon village*, assise sur le rebord d'un lit. Puis, comme un symbole, elle est invitée au château des Hohenzollern, berceau de la monarchie prussienne, par le général de Monsabert. À la tête du deuxième corps d'armée, il a mené de nombreuses opérations militaires déterminantes en Allemagne. Il offre à Joséphine la place d'honneur sur l'immense table de la salle du trône d'un pays qui avait fait du racisme un des piliers de l'Allemagne hitlérienne.

Joséphine retrouve enfin la France avant le début du printemps 1945. Elle donne une série de représentations à Marseille au profit des réfugiés avec l'orchestre de Jo Bouillon. C'est Joséphine qui s'occupe de tout. Elle organise la tournée et dirige les spectacles. Elle inaugure sans le savoir les premiers concerts caritatifs de son siècle. Elle récolte ainsi près de 2 millions de francs après des prestations à Monte-Carlo, Nice, Cannes et Toulon. Le 27 mai 1945, Joséphine décide de faire une surprise aux 2 500 soldats français qui se trouvent sur la base aérienne d'Elvington dans le nord de l'Angleterre.

Depuis le mois de juin 1941, elle sert de camp de base à tous les aviateurs de la France libre. Surnommés « les groupes des lourds » à cause des énormes bombardiers qu'ils pilotent pour aller pilonner le territoire allemand, ils ont payé un lourd tribut dans cette guerre. 21 avions ont été abattus et 216 pilotes et hommes d'équipage ont été tués.

Dans son livre *Feu du ciel, feu vengeur*, Pierre-Célestin Delrieu, qui était pilote sur cette base durant la guerre et qui participé à 26 missions de bombardement sur l'Allemagne, raconte l'incroyable moment où Joséphine est arrivée : « Elle portait un calot de l'armée de l'air et deux galons dorés. C'est le lieutenant Joséphine Baker que nous voyons monter sur la scène improvisée du plus grand des hangars. Tous les Français d'Elvington voulaient la voir et l'entendre. Son sourire rayonnant, sa grâce, sa simplicité, son talent, on doit le dire, avait contribué à la victoire car partout où elle passait elle donnait confiance aux combattants, elle maintenait au beau fixe le moral des troupes. Ce fut un triomphe, un éblouissement. Le point culminant : *J'ai deux amours, mon pays et Paris*. Des rappels et des larmes furtives sur plus d'un visage. Le soir, Joséphine dîne avec nous au mess des officiers. Elle allait d'un groupe à l'autre, détendue, cordiale, familière. J'eus la chance quelques instants de la voir assise en face de moi et de converser avec elle, ému surtout par tout ce qu'elle représentait de la France libre depuis neuf mois mais pour nous encore si lointaine. »

Au mois de décembre 1945, Jacques Abtey profite d'une permission pour se rendre au Vésinet où il pourra revoir Joséphine. Elle ne réside plus dans sa luxueuse maison, inhabitable depuis que les Allemands l'avaient réquisitionnée, mais elle loge dans la chambre d'un petit hôtel. Lorsque le chef du Deuxième Bureau arrive dans le hall, il apprend que Joséphine a quitté sa chambre depuis 4 heures du matin pour aller aux Halles. Une fois sur place, il la voit au milieu de bouchers. Elle porte son long et épais manteau bleu de l'armée de l'air anglaise, son calot et un cache-nez pour résister au froid. Joséphine repère tout de suite son camarade : « Hey Jack ! Vous allez pouvoir m'aider ! » Elle lui pose sur les bras des paquets volumineux : « Allez les porter dans la Citroën grise qui est garée devant la porte en sortant. »

Jacques ne s'étonne plus de rien de la part de son intrépide amie et il s'exécute comme si tout était logique et normal. Joséphine lui explique ensuite que ce chargement est en fait un stock de 200 kilos de veau destiné aux personnes âgées qui vivent dans la banlieue de Paris. Il faut y ajouter une tonne de légumes et une tonne de charbon. La veille de Noël 1945, Joséphine s'occupe en personne de la distribution de nourriture grâce à une liste de personnes dans le besoin établie à sa demande par les maires des communes situées autour de la capitale. Jacques Abtey avoue ne plus être étonné par cette nouvelle action d'éclat de Joséphine qui l'a habitué depuis longtemps à faire preuve de générosité et de solidarité. Il se demande tout de même comment elle a réussi à financer cette opération d'envergure. Il apprendra plus tard qu'elle avait trouvé l'argent nécessaire en vendant une partie de ses bijoux au mont-de-piété.

Au mois de mars 1946, Joséphine téléphone à Jacques Abtey comme il le raconte dans ses mémoires : « J'ai envie de revoir les Mirandes. Je veux que vous me conduisiez en Dordogne. Voulez-vous m'accompagner ? »

Jacques Abtey et Joséphine prennent donc la route le lendemain matin pour le Périgord. Dans la conclusion de son remarquable récit, *La Guerre secrète de Joséphine Baker*, Jacques Abtey évoque cette scène du retour de Joséphine dans son château de la Belle au Bois dormant : « Nous entrons par le grand porche. Le soleil couchant incendie la vallée et incendie les fenêtres du vieux manoir, empourprant ses tours puissantes. Les ronces avaient envahi le Parc, le lierre avait grimpé le long des murailles. Un cœur fidèle a veillé sur lui pendant ces années difficiles. »

Joséphine et Jacques termineront la soirée devant un grand feu de cheminée jusqu'à ce que Joséphine monte dans sa chambre, laissant seul son compagnon d'armes devant les braises. Ainsi se terminait l'incroyable aventure de la guerre de Joséphine. Elle ne le savait pas encore en s'endormant cette nuit-là dans son lit, mais d'autres combats l'attendaient.

8

Joséphine la châtelaine

Même dans ses rêves de petite fille, Joséphine ne pouvait imaginer un plus beau conte de fées que celui qu'elle s'apprête à vivre dans « son » château de Dordogne. Bien sûr, en cette année 1946, il n'est pas techniquement à elle mais elle en est l'unique locataire. Son amour pour cette monumentale bâtisse est tel qu'elle va parvenir à lui faire changer de nom. Depuis sa construction au XVe siècle, le château s'est toujours appelé « château des Mirandes », du nom du lieu-dit de la colline sur laquelle il est majestueusement posé.

Un problème d'ordre orthophonique se pose pour Joséphine. Même si elle essaie de s'en défaire au maximum, son accent américain est toujours là et elle ne parvient pas à prononcer le R de *Mirandes*, lui préférant « Milandes ». L'administration française se met donc au diapason de l'artiste et inscrit « château de Milandes » sur le cadastre de Castelnaud-la-Chapelle, la commune dont il dépend.

Malgré la douceur de vivre du Périgord où elle goûte un long repos largement mérité, ses ennuis de santé recommencent.

Durant le mois de septembre, ses maux de ventre la font à nouveau atrocement souffrir. Elle rentre d'urgence à Paris où elle est admise à l'hôpital Ambroise-Paré. Elle subit une nouvelle intervention chirurgicale qu'elle raconte dans ses mémoires : « À 11 h 30 j'étais sur la table d'opération. J'y suis restée trois heures et demie. Je remercie les deux chirurgiens qui m'ont sauvé la vie et permis de redevenir moi-même. Merci ! Merci ! » Comme d'habitude, elle reste de longues semaines dans sa chambre d'hôpital pour sa convalescence.

Le 4 octobre, elle écrit une lettre à Armand Lacoste, le régisseur du château des Milandes, pour lui annoncer qu'elle va recevoir la rosette de la Résistance et, quelque temps après, la Légion d'honneur. Elle souhaite aussi qu'il prépare le château car elle compte s'y installer définitivement. Elle fait donc le point sur la nécessité d'installer l'électricité partout dans l'immense bâtisse de pierre mais aussi sur l'importance que les travaux de maçonnerie entrepris depuis plusieurs semaines soient terminés quand arrivera à la fin du mois d'octobre. Enfin, elle insiste sur le chauffage : « Je compte sur vous pour que la cave soit pleine de bois. N'oubliez pas que je resterai six mois sans arrêt et comme j'ai eu une grosse opération, le docteur tient à ce que je n'attrape pas froid, donc les cheminées marcheront tout le temps. Tâchez de trouver dans la région une bonne vache normande à son deuxième ou troisième veau parce que je voudrais avoir du beurre et beaucoup de lait pour la maison. »

Le 6 octobre 1946, comme elle l'avait annoncé dans sa lettre, elle reçoit une visite importante dans sa chambre d'hôpital. Le colonel Guy Baucheron de Boissoudy, compagnon de la Libération, vient lui remettre la médaille de la Résistance avec rosette. Élisabeth de Boissieu, la fille cadette du général de Gaulle et de son épouse Yvonne, a fait le déplacement pour assister à la cérémonie. Sur la photo, Joséphine, joliment maquillée, gantée de noir et allongée sur son lit, adresse un large sourire au futur amiral Baucheron de Boissoudy qui épingle la médaille sur son vêtement blanc sous le regard d'une infirmiere postée sur le pas de la porte. La médaille de la France libre et la médaille commémorative de la guerre 1939-1945 complètent sa distinction honorifique. Si Joséphine, visiblement bien informée, savait que cette médaille lui serait remise, elle devra toutefois attendre de longues années avant de recevoir la Légion d'honneur qu'elle évoquait dans sa lettre.

3 juin 1947. Un grand soleil brille sur le Périgord. Le ciel est sans nuage. Sur le petit chemin qui serpente le long de la colline qui permet d'accéder au château de Milandes, les habitants des villages alentour ont déposé des fleurs et des feuillages comme le veut la tradition. Une fois le grand portail en fer franchi, les invités découvrent des pieds d'hortensia de toutes les couleurs disposés dans l'immense cour que domine la grande tour du château.

Pendant ce temps, Joséphine et Jo Bouillon, son futur mari, se préparent. Peut-être se remémorent-ils comment leur histoire a débuté en ajustant leurs tenues de gala pour le grand jour qui s'annonce. Leur première rencontre remonte à 1933, aux Pays-Bas. Jo, violoniste virtuose, issu d'une longue lignée de musiciens, dirige un orchestre au Casino d'Ostende.

Pendant qu'il jouait près des tables de jeux et des bandits manchots, Joséphine était sur la scène voisine de la salle de spectacle de l'établissement. Dans ses mémoires, il raconte en détail le moment précis où elle lui est apparue : « Elle entre et je ressens un choc. Elle est splendide dans l'éclat de ses 27 ans. Je le savais par les photos mais elle dégageait en chair et en os un magnétisme incroyable. Sa façon d'avancer vers le public, sa ligne d'une souplesse fascinante, le port de tête avec la longueur et la finesse du cou, la vie des épaules, la proportion harmonieuse du corps, le galbe parfait des jambes, tout cela donnait l'impression d'un équilibre absolu, d'une beauté à l'état pur. »

Jo raconte que ce soir-là, Joséphine a changé sept fois de robe et qu'à la fin du spectacle, il a pris son courage à deux mains pour aller la saluer dans sa loge. Il frappe et elle ouvre : « Jo : Bonsoir, je m'appelle Jo. Je suis le chef d'orchestre et je serai vraiment heureux d'avoir votre photo.

Joséphine prend une photo d'une petite pile de clichés d'elle posée sur une table près de ses pots de maquillage.

— Comme c'est gentil, Monsieur… Votre nom déjà ?

— Jo… Jo Bouillon

— Jo ?

— Oui Jo, pour Joseph

— Oh, on s'appelle pareil ! »

Elle lui offre un grand sourire en lui écrivant un autographe au dos de la photo : « Avec ma sympathie, à Jo Boullion ». Jo se met alors à rire car il s'aperçoit de la faute d'orthographe sur son nom de famille. Il le dit immédiatement à Joséphine qui elle aussi éclate de rire. Six mois plus tard, alors que Jo Bouillon dirige l'orchestre qui accompagne un chanteur corse prometteur, Tino Rossi, sur la scène du Casino de Paris, la direction de l'établissement lui explique que Joséphine et son imprésario souhaitent le rencontrer à la fin de la représentation. Joséphine l'attend dans un salon, une fourrure de renard blanc sur les épaules. À ses côtés, c'est Pepito qui prend la parole. « Pepito : Miss Baker et moi, même nous trouvons votre orchestre excellent. Vous êtes un très bon chef. Voulez-vous partir en tournée avec nous ?

Jo : C'est très gentil. Je suis flatté mais j'ai mis beaucoup de temps à monter cet orchestre et je veux faire mes preuves à Paris. Je me vois donc contraint de décliner votre proposition.

Joséphine : Comme vous voulez, mais je peux vous assurer que si vous acceptez on mettra le I de votre nom à la bonne place sur l'affiche. »

Sur ces mots, le duo traverse le hall du théâtre. Joséphine salue Jo d'un signe de la main en s'engouffrant dans la luxueuse voiture. « Je ne me doutais certainement pas ce jour-là que je ne la reverrais que quatorze ans après. Et pour l'épouser », souligne Jo, presque incrédule dans ses mémoires.

Leur idylle naît véritablement durant l'année 1946. L'attitude de Joséphine a changé quand elle est en présence de Jo. Ce dernier, contrairement à tous ses musiciens et amis, ne devine rien. Il faut dire que Jo est aux antipodes d'un séducteur sûr de lui et hâbleur. Il est timide et reste toujours concentré sur la direction de son orchestre. Pourtant il finit par se laisser convaincre de laisser faire le destin… Sur les conseils de son frère violoniste Gabriel, Jo décide d'inviter Joséphine à un concert de musique classique comme il le racontera plus tard dans ses mémoires. Il précise que c'est à la fin du concert qu'il a de lui-même pris l'initiative d'annoncer à sa famille qu'elle avait devant elle « la future Mme Jo Bouillon ». Il confie que pour une fois, elle ne « trouva rien à redire, la gorge nouée ! » Quelques jours plus tard, Joséphine invitait Jo à venir découvrir son château du Périgord.

Retour le 3 juin 1947. Joséphine se marie avec Jo Bouillon. Elle porte une robe en toile bleue ornée d'orchidées. Jo, lui, est en complet droit bleu marine. Le mariage civil doit être célébré dans le château et le maire de Castelnaud-la-Chapelle, M. Segurel, a bien sûr fait le déplacement avec son écharpe tricolore pour recueillir les vœux des futurs mariés. Une quarantaine de personnes seulement assistent à cette cérémonie « en petit comité », dont Jean Quittard, un journaliste de La Chaîne parisienne qui enregistre les voix de tous les protagonistes sur son magnétophone. Un enregistrement précieux et rare diffusé sur France Culture grâce au travail de documentation d'Odile Joessel qui a fait rejaillir du passé les voix de tous les acteurs de cet événement mondain.

C'est le maire qui commence à parler devant une petite table en bois recouverte d'un drap de dentelle sur lequel sont déposées des fleurs blanches : « Célébration du mariage de M. Bouillon Jean-Étienne avec Mlle Baker Joséphine. Nous sommes en possession des pièces nécessaires. » Le maire énumère ensuite au pas de charge de son accent du Sud-Ouest en roulant les R les articles 213, 214 et 215. Puis vient l'instant du consentement des époux.

« Maire de Castelnaud-la-Chapelle : Monsieur Bouillon Joseph Jean Étienne consentez-vous à prendre pour épouse Mlle Baker ici présente ?

Jo Bouillon : Oui !

Maire de Castelnaud-la-Chapelle : Mademoiselle Baker Joséphine, consentez-vous à prendre pour époux M. Bouillon Joseph Jean Étienne ici présent ?

Joséphine Baker : Oui !

Maire de Castelnaud-la-Chapelle : Au nom de la loi, nous déclarons que vous êtes unis par le mariage. »

Jean Quittard raconte ensuite : « C'est par un double éclat de rire que cette union vient d'être consacrée alors que Jo Bouillon embrasse sa nouvelle femme. Les invités quittent le grand salon doré pour aller dans la petite chapelle voisine où va être célébrée la cérémonie religieuse. »

Joséphine et Jo entre lentement dans la chapelle dans laquelle ont pris place plusieurs habitants du village mais aussi Georges Bouillon, le père du marié, violoniste de renom, et Pierre Guillermin, chef d'orchestre et arrangeur musical. Ce morceau a été composé selon une méthode musicale originale qui consiste à placer des notes sous chacune des lettres qui composent les noms et prénoms des mariés. Georges Bouillon joue du violon pendant que Pierre Guillermin est assis pour jouer de l'harmonium. Les deux hommes interprètent donc cet air pendant que les cloches résonnent dans le ciel des Milandes. Un jeune prêtre se tient devant l'autel. Visiblement impressionné par l'événement, il expédie en quatre minutes chrono l'homélie qu'il avait préparée sur le sacrement du mariage jusqu'à l'échange des alliances avec les deux époux qui se donnent mutuellement leur main droite.

Jean Quittard poursuit son récit : « Après la messe, les époux semblent enfin prendre leurs rôles au sérieux, précédés par les enfants de chœur et le curé, suivis par les membres du cortège, ils marchent sur un tapis de fleurs et ils arrivent devant la porte principale du château où on leur sert une soupe à l'oignon et un verre de vin.

Joséphine (*goûtant la soupe en grimaçant*) : C'est poivré !

Jo Bouillon (*tendant un verre à Joséphine*) : Cette soupe à l'oignon, c'est magnifique. C'est une coutume du pays ».

On entend la voix de Joséphine qui éclate de rire entre deux cuillères de soupe en répétant à la petite assemblée présente : « C'est poivré, c'est poivré ! » Ensuite, les invités du mariage sont invités à se rendre dans le salon oriental du rez-de-chaussée où doit être servi le repas. Tous les reporters et journalistes qui suivent la cérémonie quittent le château pour attendre la suite des événements depuis leur hôtel où ils sont raccompagnés à Beynac. Après le déjeuner, Joséphine prend enfin la parole. Elle a changé de tenue et arrive devant le micro en robe de toile bleue et blanche. « Joséphine : Je suis mariée depuis combien de temps ?

Jean Quittard : Quatre heures !Joséphine : Pfiouuu ! Déjà ? ! Vous nous avez chanté si souvent *J'ai deux amours, mon pays et Paris*, pourriez-vous nous offrir une variante : *J'ai deux amours, mon mari et Paris* ?

Joséphine : Oh non non non je ne peux pas. C'est tellement spécial ici. C'est la vie privée. Nous avons le droit chacun d'avoir un tout petit peu de vie privée. C'est ici en Dordogne que nous avons commencé la Résistance. Nous avons perdu un garçon de ferme, un chef de gare. Ça touche le cœur ici.

Jean Quittard : Joséphine, s'il vous plaît, pouvez-vous nous chanter quelques mesures de *J'ai deux amours* ? Regardez, Pierre Guillermin est prêt à jouer du piano.

Joséphine : Non non je ne chante pas mais laissez-moi vous présenter quelqu'un ! »

Un homme s'avance alors à son tour vers le duo que forment Joséphine et Jean Quittard.

« Joséphine : C'est mon ami Victor qui est là. C'est un des grands chefs de la Résistance de la région. Il peut vous en parler mieux que personne.

Victor : Je crois que Mlle Joséphine exagère beaucoup en disant que je suis un grand chef de la Résistance.

Joséphine : Oh si !

Victor : Je n'ai fait que ce que mon devoir me demandait de faire dans des moments difficiles.

Jean Quittard : Mais vous avez connu Joséphine Baker durant la Résistance.

Victor : Je sais surtout que Joséphine Baker a elle aussi fait son devoir de Française. Elle a eu une action brillante dans la Résistance. Elle a toute l'affection des résistants du Sarladais. Ce Sarladais qui a particulièrement souffert car nous avons supporté chez nous pendant longtemps les effets de l'occupation ennemie et de la guerre. Je ne puis que remercier Joséphine Baker de tout ce qu'elle a fait pour la France et pour la Résistance. »

Cet homme qui s'exprime calmement et posément près de son amie Joséphine est effectivement une des grandes figures de la Résistance dans le Périgord. Victor est le nom de guerre de Lucien Dubois, qui dirigeait le groupe « As-Victor ». Ses actions d'éclat en Dordogne, mais aussi dans le Lot et la Corrèze, lui valurent le titre de sous-préfet insurrectionnel de Sarlat et il était devenu durant la guerre une cible prioritaire de la Gestapo allemande. Lorsqu'il se rend au mariage, ce 3 juin 1947, il est élu conseiller général de la SFIO (socialiste). Il croisera régulièrement la route de Joséphine jusqu'à sa mort en 1969. Lorsqu'il termine son propos près de l'artiste, ce 3 juin 1947, Joséphine semble émue aux larmes : « Monsieur Dubois, permettez que je vous embrasse. Je peux ? »

Le journaliste, un peu décontenancé par cette accolade de deux combattants de l'ombre, rend alors l'antenne en souhaitant bonne chance à Joséphine pour sa prochaine tournée en Amérique du Sud.

Cette tournée a mis du temps à se concrétiser. Les ennuis de santé de Joséphine l'année précédente ont inquiété les directeurs de salle dans les différents pays où elle avait prévu de s'arrêter pour chanter. L'incertitude qui pesait faisait même planer le risque de devoir tout annuler : « Je crois que l'on se demandait si je n'étais pas morte. Certains directeurs de salle acceptaient de croire encore en mon existence même si pour eux j'étais devenue centenaire en moins de dix ans ! » s'amuse-t-elle en relatant cette période dans ses mémoires. Elle précise aussi que c'est grâce à l'intervention décisive de Hugo del Carril, chanteur et comédien, véritable idole dans son pays, que la tournée est finalement lancée. Il s'est porté caution morale de Joséphine et de sa troupe.

Une semaine après leur mariage, Jo et Joe peuvent enfin prendre l'avion pour commencer leur voyage de noces musicales. Leur avion décolle d'Orly et, après une vingtaine de minutes, la voix du commandant de bord s'échappe des haut-parleurs au-dessus des sièges : « Mesdames, messieurs, suite à un problème technique sur un de nos moteurs, nous devons faire demi-tour. » Joséphine se demande à cet instant précis si elle va à nouveau connaître la même mésaventure qu'en Corse, sauf que cette fois il n'y a pas la Méditerranée pour se poser en catastrophe. Heureusement, tout se passe bien pour le retour imprévu à Orly et un nouvel avion transatlantique est affrété le soir même.

Joséphine commence par l'Argentine. Elle est engagée pour quinze jours dans un théâtre de Buenos Aires : le Politeama. C'est un gigantesque cube de béton blanc style Art déco situé sur l'avenue Corrientes, une des plus animée de la ville avec ses cabarets, bars et restaurants.

Jo et Joe ont pris une suite à l'Alvear Palace, l'hôtel le plus luxueux de la ville. Les spectacles de Joséphine connaissent un succès immédiat. Joséphine a retrouvé la pleine forme : après son tour de chant, elle n'hésite pas à reprendre un micro au Golden Gate, une boîte de nuit à la mode. La popularité de Joséphine est telle que l'ambassadeur de France à Buenos Aires invite le couple à venir se produire dans le salon d'honneur de l'ambassade. C'est peut-être à cette occasion qu'elle rencontre Evita Perón, l'épouse de Juan Perón, le président de la République. Une chose est sûre, une profonde amitié va naître entre les deux femmes qui seront appelées à se revoir quelques mois plus tard.

La tournée de Joséphine la conduit ensuite dans une quinzaine de villes du pays et elle se souvient d'un épisode épique durant le trajet : « Nous avons traversé en train la cordillère des Andes. Nous sommes montés à 3 600 mètres de hauteur pour arriver à Mendoza. 18 heures pour faire 120 kilomètres ! Le train s'est essoufflé et il s'est arrêté. Je suis descendue pour faire quelques pas et vous me croirez si vous le voulez mais un groupe de cheminots m'a reconnue. Ils m'ont demandé je ne sais combien de photos et d'autographes ! J'étais contente ! »

Jo Bouillon est heureux lui aussi car, à défaut d'être reconnu dans les rues comme son épouse, il se concentre plus que jamais sur la musique. Il constitue des groupes avec des musiciens de chaque pays traversés et leur apprend à jouer des airs de music-hall en gardant parfois les sonorités qui leur sont propres. Joséphine cite ainsi une version « épatante » de la chanson *Sous les ponts de Paris* par des musiciens mexicains.

Le Mexique est d'ailleurs la dernière étape de Joséphine. Elle a la chance de croiser à Mexico Agustín Lara, une légende de la chanson mexicaine, compositeur prolifique et talentueux. Il lui offre un air qui deviendra un grand succès lorsqu'elle rentrera en France avec des paroles de Georges Tabet, *Paris Paris Paris* :

Ne me demandez pas si j'aime la grâce, ne me demandez pas si j'aime Paris.
Autant demander à l'oiseau dans l'espace si il aime le ciel ou si il aime son nid
Paris... Paris... Paris
C'est sur la terre un coin de paradis...
Paris... Paris... Paris
De tous mes amours c'est lui le favori.

Avant de retrouver son « coin de paradis », Joséphine souhaite revenir dans son pays natal. Avec Jo, elle prend donc un avion pour Chicago. Cette fois, pas de spectacles mais une visite en toute discrétion d'un couple simplement en vacances. Après quelques jours passés au bord du lac Michigan, ils prennent un avion pour New York. Une chambre est retenue dans un grand hôtel au nom de Jo Bouillon pour une durée d'un mois. Lorsqu'ils arrivent, ils s'installent le plus normalement du monde dans leur chambre mais, comme le raconte Joséphine avec colère dans ses mémoires, la direction de l'établissement demande à voir Jo Bouillon : « Direction : Vous avez l'intention de rester longtemps, monsieur Bouillon ?

Jo Bouillon : Oui, l'appartement est retenu pour un mois.

Direction : Nous sommes vraiment désolés mais hélas nous avons fait une erreur. Votre appartement n'est libre qu'aujourd'hui, il est retenu pour demain.

Jo Bouillon : C'est parce que ma femme est une femme de couleur ?

Direction : Désolé mais c'est ainsi. »

Joséphine est révoltée. Elle décide alors de partir en mission comme pendant la guerre. Cette fois, Jacques Abtey ne veille pas sur elle, pas plus que Jo son mari. Elle veut partir seule vers le sud pour se rendre compte de ce qui se passe vraiment dans son pays natal.

Sous le pseudonyme de Miss Brown, elle entend bien voyager incognito vers le sud des États-Unis. Jo s'inquiète de la laisser partir ainsi mais il sait que de toute façon rien ne pourra arrêter Joséphine dans son entreprise. Il lui demande seulement de partir avec Jeff Smith, un journaliste noir qui est un de leurs amis proches et en qui il a toute confiance, au cas où elle aurait des ennuis pendant son périple. Devant l'insistance de son mari, Joséphine cède.

Joséphine et Jeff prennent un train pour se rendre à Nashville. Lors d'un arrêt dans une gare du sud des États-Unis, Joséphine se sent prise d'une petite faim. Sur le quai, elle voit deux petites boutiques avec chacune une pancarte au-dessus de leur devanture : « *Black* » et « *White* ». Joséphine a compris. Elle entre le plus normalement du monde dans la boutique réservée aux Blancs et demande poliment deux sandwichs et deux pommes. La vendeuse écarquille les yeux et lui tend en hésitant sa commande tout en encaissant l'argent. Joséphine entend un homme blanc maugréer dans sa barbe : « Encore une étrangère, sans doute. »

Après ce qu'elle pense être un coup d'éclat, Joséphine entre dans la boutique réservée aux Noirs. Dans ses mémoires, elle raconte, dépitée, ce qui s'est passé : « Je pensais trouver au moins un sourire, un coup d'œil complice parmi tous ces gens de couleur. Eh bien pas du tout ! Je n'avais devant moi que visages renfrognés, désapprobateurs, certains même atterrés. Je ne comprenais plus rien. Dans cette salle je n'avais rencontré que deux yeux amis. Ceux d'un vieux chien pelé et sale. »

27 novembre 1950, théâtre America de La Havane. Joséphine entame une série de concerts à Cuba. C'est son ami, le musicien et compositeur cubain Armando Oréfiche, qu'elle a connu à Paris dans les années 1930, qui l'a convaincue de venir chanter dans son pays natal. Comme d'habitude, Jo, son mari, joue du violon et dirige l'orchestre qui accompagne Joséphine. Sans hésiter et percevant comme toujours l'attente du public quel que soit le pays où elle se trouve, Joséphine décide d'ouvrir son tour de chant en espagnol. Une attention que les spectateurs du théâtre saluent en lui réservant une ovation fantastique. Elle interprète d'abord la chanson qui deviendra plus tard un standard mondial : *Quizas Quizas* (« Peut-être, peut-être »). Le morceau a été composé quatre ans plus tôt par le musicien cubain Osvaldo Farrés. Joséphine chante tous les jours mais elle trouve le temps d'imaginer un deuxième spectacle auquel elle donne le nom d'un plat qu'elle adore manger depuis son arrivée sur l'Île : « Arroz con Picadillo y Yuka ». Il s'agit de riz servi avec de la viande hachée épicée et du manioc. Devant l'immense succès qu'elle rencontre, Joséphine prolonge son séjour à Cuba de plusieurs mois.

Le 2 février 1951, elle monte sur scène avec les plus grandes vedettes cubaines à l'occasion de l'élection de la reine du Carnaval. Elle monte deux autres spectacles, *Carnaval à la Baker* et *La Vie parisienne* au théâtre Alcazar qu'elle joue durant une semaine avant de quitter Cuba en promettant de revenir. Là encore en chantant le 25 février *La ultima noche* sur un rythme de boléro pour sa dernière, elle n'imagine pas que, lorsqu'elle reviendra sur l'île, les choses auront bien changé. Mais avant tout cela, elle décide de se rendre aux États-Unis sans se douter qu'elle va traverser une nouvelle fois une épreuve terrible.

Pourtant, son retour américain semble placé sous le signe de l'espoir. Le patron du Copa City de Miami lui propose un contrat pour venir chanter. Lorsqu'elle arrive dans la ville de Floride, elle s'aperçoit, horrifiée, que la salle de spectacle la plus réputée de Miami Beach pratique encore la ségrégation. Joséphine décide alors de ne pas boycotter le théâtre mais au contraire elle fait tout ce qui est en son possible pour que les Noirs puissent assister au spectacle comme les Blancs. Sa force de persuasion est telle qu'elle finit par faire flancher la direction de la salle. Le 20 mai 1951, le public afro-américain est donc lui aussi assis dans les fauteuils pour venir l'applaudir. Le spectacle est un triomphe et permet à l'établissement de battre des records financiers historiques.

Après la Floride, Joséphine met le cap sur New York. Son habilleuse Ginette Renaudin raconte dans de longues lettres passionnantes qu'elle envoie régulièrement à sa mère la vie trépidante qu'elle mène avec Joséphine depuis que celle-ci l'a engagée un an auparavant : « Toute l'Amérique ne parle que d'elle. Ils n'ont jamais vu un spectacle comme le sien. Partout elle triomphe : Cleveland, Cincinnati, Detroit, Boston, Pittsburgh. Elle joue dans des salles de 5 000 places. »

Ginette Renaudin confie aussi à sa mère qu'elle a remarqué que Joséphine était de meilleure humeur quand elle n'était pas avec Jo : quand ils sont fâchés, « elle est un amour ! » écrit-elle le 12 avril. La jeune habilleuse raconte aussi le choc qu'elle a ressenti en découvrant la condition des Noirs en Amérique : « Il se passe ici des choses vraiment horrifiantes avec tous les gens de couleur. C'est incroyable. Joséphine me le disait toujours mais cette fois je le vois de mes propres yeux », note-t-elle le 9 mai. La jeune femme prend aussi beaucoup de photos durant cette tournée, notamment durant une longue récréation devant les chutes du Niagara. Rare moment de détente dans un tourbillon de spectacles que Joséphine enchaîne les uns après les autres jusqu'à son arrivée à New York.

Elle chante au Roxy. Elle y est invitée par Roger Rico, un de ses amis qui triomphe dans la comédie musicale *South Pacific* à Broadway. Ils se sont connus à Paris où Roger, un des meilleurs chanteurs d'opéra de sa génération, a interprété les plus grands rôles avant de tenter sa chance avec succès dans la lointaine Amérique. La consécration pour ce fils de paysan français né à Oran en Algérie, qui devient une véritable star de Broadway à 44 ans. Dès la fin du spectacle, il propose à Joséphine d'aller dîner au Storck Club dont il est un des clients attitrés. Il lui parle de ce qui l'attend : « Tu vas pouvoir te régaler avec la salade de crabe et de crevettes, c'est une de leurs spécialités ! Leur steak est aussi délicieux ! » Ce 16 octobre 1951, il arrive donc avec Joséphine, son épouse et la chanteuse Bessie Buchanan devant l'établissement où un serveur accueille la petite troupe : « Rico : Bonsoir. J'ai réservé une table pour quatre personnes.

Serveur : Bien sûr monsieur Rico, veuillez me suivre. »

Les autres convives s'asseyent et Joséphine, comme elle le raconte dans ses mémoires, perçoit immédiatement que quelque chose n'est pas normal. D'abord, Roger s'étonne que Sherman Billingsley, le patron, ne vienne pas le saluer comme il le fait pourtant systématiquement n'hésitant pas parfois à s'asseoir à sa table pour discuter un moment. Joséphine remarque que tous les serveurs du restaurant la dévisagent. Enfin, après une attente d'une longueur inhabituelle, quand les plats arrivent, toute la table est servie sauf Joséphine. À une table voisine, elle reconnaît Walter Winchell, un journaliste du *Daily Mirror* qu'elle a croisé quelques mois plus tôt et qui a publié un article élogieux sur sa prestation mais, là encore, bizarrement, il semble l'ignorer totalement. Face à cette situation, Roger monte le ton en s'adressant au serveur : « Mon amie n'a toujours pas été servie !

Serveur (*gêné*) : Malheureusement nous n'avons plus de steak et plus de crabe, désolé.

Bessie Buchanan s'insurge : C'est un scandale, c'est une honte ! Nous allons alerter l'Association de défense des droits civiques ! »

Le cliquetis des couverts s'interrompt tout d'un coup et un silence de plomb s'abat au-dessus des tables. Joséphine demande alors un téléphone. Là encore, elle n'a droit qu'à un regard dédaigneux et un simple signe de la main d'un serveur qui lui indique où trouver le combiné au fond du restaurant.

Elle demande à son interlocuteur de l'Association de défense des droits civiques qu'il dépêche au plus vite un huissier sur place pour qu'il constate qu'on refuse de la servir. Quelques secondes après ce coup de téléphone, un serveur vient déposer le menu de Joséphine sur la table. Elle se lève et prévient : « Si vous pensez que je vais me laisser humilier sans riposter, c'est que vous me connaissez mal. Très mal ! »

Parmi les clients présents ce soir-là se trouve une actrice aux cheveux blonds qui assiste elle aussi, ulcérée et impuissante, à cette scène ouvertement raciste. Elle deviendra quelques années plus tard une amie indéfectible de Joséphine lorsque les deux femmes se croiseront à nouveau sous d'autres cieux plus cléments : Grace Kelly.

Ce 16 octobre 1951, Joséphine saisit immédiatement la justice et porte plainte contre le gérant de l'établissement. Les journaux new-yorkais s'emparent de l'affaire qui est vite reprise dans tout le pays. Plusieurs dizaines de manifestants noirs et blancs, hommes et femmes réunis, viennent dénoncer ce qui s'est passé avec des pancartes qu'ils brandissent devant le Stork Club : « Nous protestons contre la discrimination », « Battons-nous contre le racisme ». Dans ce climat électrique, le *Daily Mirror* prend ouvertement position en faveur du patron de l'établissement par la plume de son journaliste Walter Winchell. Il a assisté à toute la scène mais déverse un véritable torrent de haine contre l'artiste, la traitant succesivement de « fasciste », « communiste », « antisémite », rajoutant même : « Cette femme n'agit que pour faire sa propre publicité. » D'après lui, « Joséphine Baker est l'ennemie des Noirs. »

Walter Winchell, surnommé « la machine à rumeurs », est à l'époque une véritable star du journalisme dont il a une conception qui se résume en deux mots : le divertissement et l'information choc.

Durant les années 1930, ses émissions à la radio rassemblent chaque jour près de 50 millions d'auditeurs. Il crée même une langue, non officielle bien sûr, mais utilisée par ses fans : la « winchellese ». C'est un mélange d'insinuations souvent nauséabondes et de mots qu'il n'hésite pas à inventer. Il prend soin également de ne jamais tomber sous le coup de la loi. Lorsqu'il s'attaque frontalement à Joséphine, beaucoup d'observateurs de la presse américaine rappellent qu'à l'époque, il est proche du sénateur Joseph McCarthy. Ce dernier a lancé dès 1950 une chasse aux sorcières contre des artistes américains qu'il accuse d'être à la solde de l'Union soviétique. C'est donc contre cet homme qui bénéficie de solides appuis politiques et de millions de lecteurs à travers tout le pays que Joséphine se dresse.

Le lendemain, elle organise une conférence de presse avec son avocat américain pour démonter point par point les allégations du journaliste. De nombreuses personnalités apportent leur soutien à Joséphine, dont la star de la boxe Sugar Ray Robinson qui partage la une du magazine *Our World* avec l'artiste franco-américaine. Ironie de l'histoire, le boxeur et la chanteuse font partie d'une association de lutte contre le cancer dans laquelle se trouve aussi le patron du club. La presse américaine rappelle que Joséphine a versé 20 000 dollars à l'association après un spectacle à Los Angeles et que Sugar Ray Robinson a donné 60 000 dollars après un combat à Boston. Le boxeur lance un vrai cri de révolte dans les journaux durant les jours qui suivent l'affaire : « Je ne peux pas vous dire ce que cela me fait d'être dans un comité de lutte contre le cancer qui est lui-même malade d'un cancer. »

Joséphine demande 400 000 dollars de dommages et intérêts et se lance dans une croisade à la tête de l'Association de défense des droits civiques. Mais ce positionnement a des répercussions négatives sur ses contrats dans les théâtres. Certains directeurs préfèrent annuler sa venue pour ne pas prendre le risque de voir se dérouler des manifestations devant leur théâtre. Un studio cinématographique américain annule un contrat de plus de 200 000 dollars et refuse de se lancer dans le tournage d'un film avec elle.

Parallèlement, la justice américaine demande la création d'un comité de lutte contre la discrimination à l'entrée des cabarets, hôtels et restaurants, les contrevenants s'exposant au retrait de leurs licences de vente d'alcool. Les engagements de Joséphine s'annulent les uns après les autres mais elle garde intactes toute sa combativité et sa soif de vivre. Dans ses mémoires, Jo Bouillon raconte la dernière discussion qu'il a avec sa femme avant qu'il lui explique qu'il doit rentrer en France pour s'occuper de la vie du château : « Joséphine : D'un côté il y a Ned (son producteur américain) et l'argent et de l'autre ce que j'estime être mon devoir.

Jo : Ne comptez pas sur moi pour vous départager. Fais ce que tu veux, je suis d'accord avec ce que tu décideras, mais l'argent pour les Milandes ?

Joséphine : On se débrouillera. »

Si les États-Unis semblent lui fermer les portes des théâtres et des salles de spectacles du sud au nord et d'est en ouest, Joséphine sait pouvoir compter sur *son* pays : la France. Elle prépare donc la nouvelle revue des Folies Bergère, *Féerie et Folie* avec son fidèle ami Paul Derval, le directeur du théâtre, et Michel Gyarmathy, directeur artistique et génial créateur de costumes qui l'habille dans ses spectacles depuis 1933. Le mot « folies » n'a jamais été utilisé à si bon escient, tant l'exubérance est de mise pour ce qui est le tout premier grand spectacle à Paris pour Joséphine depuis la fin de la guerre. Bien sûr, elle a enregistré de nombreux disques mais elle a un besoin viscéral du public de la capitale en chair et en os.

Une chanson du spectacle raconte d'ailleurs ce qui se passe à ce moment-là dans la tête de Joséphine, avec un titre idéalement trouvé :

Revoir Paris sur un rythme mexicain : « Revoir Paris, revoir brusquement son enchantement, cela m'a fait vraiment quelque chose car sans Paris, la Seine, les quais et la motte picquet, il me manquait trop de choses. »

Juste avant le début de la revue, elle participe à une émission de télévision consacrée à un gala en l'honneur du congrès mondial de l'Organisation des nations unies. Elle profite de sa présence pour demander à des spécialistes en droit international quelles sont les lois en vigueur pour adopter des enfants. Vient enfin le jour de la première aux Folies Bergère. Ce soir-là et pour toutes les représentations qui vont suivre, elle porte des robes sublimes pour incarner successivement Marie Stuart, la reine d'Écosse, Joséphine de Beauharnais, égérie de Napoléon Bonaparte et enfin la Belle dans un tableau où la Bête est jouée par son ami comédien Frédéric Rey. Dans un tableau, elle danse presque nue avec lui, dans un autre elle entre sur scène avec une robe dont la traîne dépasse les 15 mètres de longueur. Quant au clou du spectacle, il réside sans nul doute dans son interprétation de l'*Ave Maria* de Franz Schubert que la presse unanime salue comme un moment d'anthologie.

En cette année 1949, Joséphine a 43 ans et reste plus que jamais la reine incontestée de Paris même si désormais, un château en Dordogne fait de l'ombre à la tour Eiffel.

9

Joséphine la princesse au Bois remuant

Si l'histoire d'amour de Joséphine avec le château des Milandes a débuté au cœur des années 1930, elle prend une tout autre tournure le 4 septembre 1949. C'est le jour de l'inauguration du château après de longs mois de travaux. Plusieurs architectes ont participé à la grande rénovation des lieux et à la construction d'une guinguette au bord de la Dordogne.

Joséphine a eu une idée géniale pour trouver de la main-d'œuvre : elle invite tous ses amis à venir en Dordogne pour des longs week-ends bricolage ! Bien sûr, le gros œuvre avait été confié à des professionnels comme le chantier pour faire venir une ligne électrique digne de ce nom jusqu'au hameau des Milandes avec une tranchée de plus d'un kilomètre. Mais pour le reste, nettoyage des murs, peintures, petits travaux d'aménagement, ce sont des musiciens, chanteurs, danseurs qui mettent la main à la pâte sous les ordres du contremaître Baker. Elle n'hésite pas à les réveiller dès le lever du jour et sa voix résonne dans le château : « Allez debout ! Il faut désherber, ratisser, tapisser et surtout que quelqu'un m'enlève ce lierre grimpant sur les murs ! J'ai horreur du lierre ! »

Ce 4 septembre 1949, il règne donc une grande effervescence dans le château et d'ailleurs dans tout le Périgord. La presse nationale et locale a annoncé l'événement et les curieux se pressent devant les grilles pour essayer d'apercevoir des vedettes qui pourraient pointer le bout de leur nez. L'essentiel de cette journée doit se passer dans la guinguette qui s'élève au pied du château. Plus de 6 000 personnes assistent à cette journée mémorable ponctuée par un tour de chant de Joséphine qui interprète la plupart de ses grands succès accompagnée par l'orchestre de Ray Ventura. La billetterie a été prise d'assaut tout comme les tables du restaurant, sans parler du vin et du champagne. Quand Jo fait le total, il note une recette de 2 500 000 francs. De quoi donner des ailes à Joséphine, au propre comme au figuré, quand elle s'adresse aux différentes personnalités qui ont prolongé la soirée avec elle et Jo dans le grand salon du château : « Avec cet argent, nous allons construire un terrain de football et j'ai aussi l'intention de construire un héliport car je suis persuadée que l'hélicoptère est le moyen de locomotion de demain et idéal pour venir ici ! »

Joséphine et Jo sont propriétaires non seulement du château des Milandes mais aussi désormais de tous les terrains qui l'entourent, y compris des maisons en pierre du hameau où vivent une vingtaine de personnes, soit plus de 300 hectares au total. L'idée de créer un parc d'attractions est née dans l'esprit de Joséphine durant son séjour à Cuba où on lui avait pourtant refusé une chambre d'hôtel. Paradoxalement, elle éprouve pour le peuple cubain une grande affection que ce dernier lui rend au centuple.

Durant les trois mois de son séjour cubain, elle avait planté les bases de ce qui deviendra son « Village du monde » en confiant à Jo son désir d'adopter des enfants : « Tu te souviens de ce que je t'ai dit après ce concert à Mexico ? Adopter des enfants noir, jaune, rouge, blanc, pour prouver qu'il n'y a qu'une seule race, la race humaine.

— Oui bien sûr je me souviens, et c'est une idée tellement belle !

— Tu m'aideras à la réaliser ?

— Oui bien sûr je vais t'aider. On va le faire ensemble Joséphine », répond, confiant, Jo, qui sera effectivement à ses côtés dans cette incroyable aventure.

Quant à Joséphine, elle n'aurait jamais envisagé de se lancer dans un tel projet sans y associer sa famille américaine. C'est à Jo qu'elle confie d'ailleurs la mission délicate et ô combien importante de les accueillir.

Jo raconte cette rencontre qui s'est déroulée le 3 novembre dans le port du Havre et qui l'a profondément ému : « Ils débarquent ahuris par la nouveauté du voyage, ne parlant pas le français, roulant des yeux de tous côtés. Sa "mama" Carrie est une grande femme noire avec ses cheveux blanchissants cachés sous un chapeau surmonté de fleurs noires.

Sa demi-sœur Margaret ressemble à sa mère. Elle est plantureuse et son mari Elmo est long et mince. »

Inspirée par ses nombreux voyages de par le vaste monde, Joséphine créée donc ce parc d'attractions : des restaurants, une gigantesque piscine en forme de J avec des carreaux bleus et blancs sur lesquels sont gravées ses deux initiales et même un music-hall qui n'a rien à envier aux salles parisiennes.

De nombreux artistes vont d'ailleurs venir se produire dans ce petit coin secret de Dordogne qui recevra Luis Mariano, le jazzman américain Duke Ellington et même un jeune chanteur belge prometteur et talentueux, Jacques Brel. Pour les historiens du Périgord, il s'agit là du tout premier pôle touristique créé dans la région. Joséphine dépense également beaucoup d'argent pour équiper le village de tout le « confort moderne » : eau chaude, électricité et chauffage. De nombreux artisans locaux sont mis à contribution. Son but est simple mais aussi formidablement compliqué : faire de cet endroit la « Capitale de la fraternité ». Une utopie qu'elle entend bien concrétiser au fil des années. Elle fait feu de tout bois pour faire avancer son projet mais très vite sa passion la rattrape : pas question de rester trop longtemps dans ce château ! Malgré tout l'amour qu'elle lui porte, la danse et la chanson nécessitent aussi toute son attention. Les tournées ne s'arrêtent pas, au rythme des avions qui décollent et atterrissent aux quatre coins de la planète.

De toute façon, Joséphine sait que ses cachets seuls peuvent vraiment lui permettre de financer tous les travaux et de concrétiser son rêve.

Elle débute par l'Espagne. Jo se souvient qu'à Barcelone, elle décide d'acheter des animaux pour les emmener ensuite aux Milandes. Elle a jeté son dévolu sur quatre singes, deux perroquets et quinze perruches. Jo raconte la suite épique dans ses mémoires : « Joséphine ne voulait pas les garder dans les cages et donc elle les relâchait dans les salles de bains des hôtels où nous logions. Le vacarme que nous causions souvent pour éviter que toute cette ménagerie ne s'échappe nous a souvent valu des ennuis auprès des hôteliers. Une fois, Joséphine s'est emportée (en espagnol) contre l'un d'eux. C'est du racisme Monsieur ! C'est du racisme contre les animaux. Vous me traitez de sauvage alors que c'est vous qui mettez les taureaux à mort ? »

En Italie, peu après, Joséphine descend d'un train et s'aperçoit qu'un immense tapis rouge est posé sur le quai. Émue, elle commence donc à marcher avant de finalement se rendre compte qu'il a été mis là en l'honneur du président de la République italienne et non pas pour elle. Sans se départir de sa légendaire assurance, elle continue de marcher jusqu'à croiser le président et le saluer d'un large sourire.

En janvier 1952, elle met le cap sur Cuba. Après un concert dans une grande salle de la capitale, Joséphine fait part de son souhait de prendre une chambre dans le luxueux hôtel Nacional. Cet établissement cinq étoiles a la particularité d'avoir accueilli un véritable congrès des chefs de la Mafia en 1946. Un événement qui ne doit rien au hasard car le directeur de l'hôtel n'était autre que Lucky Luciano, un des parrains de l'organisation italienne.

C'est ce même Lucky Luciano qui interdit à Joséphine de s'installer dans son hôtel au motif qu'elle est noire. Même si la raison officielle de la direction se résume à un « désolé mais nous n'avons plus de chambres disponibles ». Révoltée, elle doit trouver un autre hôtel. À Cuba comme ailleurs, rien n'arrête Joséphine ! Elle finit par trouver une chambre et promet de revenir.

Quelques semaines après, au début du mois de février, elle retrouve pour la première fois depuis son départ pour la France sa ville natale de Saint Louis dans le Missouri. Elle est invitée par le maire de la ville qui souhaite organiser le « Baker Day ».

En fait, Joseph Darst tient, par cette journée symbolique, à remercier la chanteuse pour ses actions de solidarité. En novembre 1951, elle avait par exemple laissé l'intégralité de son cachet d'un concert à Chicago pour aider un comité de citoyens suite au meurtre d'un élève de 15 ans devant une école. Lorsqu'elle pose le pied à Saint Louis, elle écrit immédiatement une lettre à son mari Jo : « J'ai reçu un parchemin avec le sceau de la ville. Quand je pense à comment et d'où je suis sortie, les larmes me montent aux yeux. Mais assez de sensiblerie ! (Raconte-le tout de même à Maman). »

Les journaux locaux relatent cette journée particulière, même s'ils commentent aussi son arrivée spectaculaire à l'aéroport avec ses douze malles. Un article parle même de sa garde-robe qui coûterait 250 000 dollars : « Ils exagèrent un peu ! » plaisante-t-elle dans sa lettre. La journée se conclut par un concert triomphal sur la scène de l'auditorium Kiel. Il a été construit en 1934, dix ans après le départ de Joséphine pour la France, et il est situé à cinq minutes à peine de sa maison de Papin Street. Impossible de savoir si, ce jour-là, Joséphine est allée revoir un des endroits où elle a grandi. Elle n'en parle pas à Jo et pas un mot non plus dans ses mémoires.

Elle prend ensuite la direction de la Floride. Entre deux concerts, elle milite pour que les Afro-Américains puissent travailler comme comptables ou caissiers dans les banques et non seulement comme balayeurs ou femmes de ménage. Elle lutte aussi pour que les médecins noirs puissent travailler aux côtés des médecins blancs dans les hôpitaux.

Son combat pour l'égalité la conduit même aux portes des cimetières dont certains sont interdits aux Noirs. On devine ce qu'elle ressent à la lecture d'une nouvelle lettre qu'elle fait parvenir à Jo : « Ma tristesse la plus grande est de constater que la discrimination la plus grande s'infiltre parmi les Noirs eux-mêmes. Le virus est dans le pain que l'on mange et l'air que l'on respire. La peur est une chose bien sinistre même si heureusement des mains se tendent ! Oh ma chère Dordogne qui coule pendant ce temps impassible. Il me tarde d'être avec vous tous pour inaugurer la piscine même si comme tu le sais j'ai horreur de l'eau, mais noblesse oblige je serai là. N'oublie pas que je suis la Châtelaine ! »

Elle rentre effectivement aux Milandes durant l'été 1952 pour profiter durant quelques semaines de sa famille réunie au grand complet.

Mais à nouveau, il lui faut repartir pour une grande tournée en Amérique du Sud. Elle commence par une série de représentations au Brésil durant l'automne 1952. Entre deux tours de chant devant des milliers d'admirateurs, elle continue de militer en faveur de son idéal et ses déclarations sont systématiquement reprises dans les journaux comme celle-ci que Jo Bouillon relate dans ses mémoires : « Je me réjouis à la vue de ces visages clairs qui portent tous la trace de leurs antécédents de couleur, qu'ils soient noirs, jaunes ou rouges. Je suis émerveillée d'avoir trouvé ici, au Brésil, la réponse frappante à mon rêve. »

Au mois de novembre, son avion atterrit à Buenos Aires. Elle pose à nouveau le pied en Argentine et rend hommage à Evita Perón, décédée durant l'été. Le 20 novembre, elle organise une conférence de presse devant l'opéra de la capitale argentine. Durant quarante-cinq minutes, elle revient sur l'amitié qui la liait à la femme du président de la République et évoque l'idéal de justice qu'elle partageait avec elle. Joséphine n'hésite pas à critiquer une nouvelle fois les États-Unis en montrant du doigt la discrimination raciale qui continue de faire des victimes chaque jour. Elle entame ensuite une série de concerts et, le 29 novembre 1952, elle est reçue officiellement au palais présidentiel par Juan Perón qui porte un brassard noir sur le bras gauche en signe de deuil depuis le décès de son épouse Eva le 28 juillet. Après le Brésil et l'Argentine, Joséphine prend la direction du Chili. Ses spectacles triomphent et, là encore, elle n'hésite pas à prendre la parole pour exprimer ses idées. Elle est reçue par le président de la République Carlos Ibáñez. Lors d'une tribune commune, le président chilien et la chanteuse expriment leur farouche volonté de combattre pour les droits de l'homme et contre le racisme.

Puis, l'avion de Joséphine s'envole à nouveau et se dirige vers Cuba. Joséphine avait promis de revenir et elle tient parole. Elle est loin de s'imaginer ce qui l'attend à son arrivée. Le 10 février 1953, elle atterrit donc à La Havane. Le pouvoir politique est désormais tombé entre les mains du général Batista à la suite d'un coup d'État militaire quelques mois auparavant. Lorsqu'elle arrive en ville, les deux plus grands hôtels de la capitale refusent de l'accueillir. Joséphine décide alors de s'installer devant un hôtel avec ses malles pour protester. Elle reste ainsi sur le trottoir durant tout l'après-midi et une partie de la soirée avant qu'un directeur d'un cinéma ne vienne la chercher.

C'est un de ses amis, qu'elle a connu lors de son précédent séjour à Cuba. Il lui propose de l'héberger et de venir chanter dans son petit cinéma de quartier. Elle fait salle comble. Le public cubain voue une véritable admiration à la chanteuse et se presse pour venir la voir malgré le climat d'insécurité grandissant.

Le 13 février, une manifestation étudiante est violemment réprimée par les militaires qui n'hésitent pas à charger le défilé. Dans la cohue, Ruben Rubio, un jeune étudiant en architecture, reste au sol, mortellement blessé. Ses amis transportent son corps dans un amphithéâtre de l'université toute proche. Apprenant ce drame, Joséphine vient rendre hommage au jeune homme et croise sur son chemin un des leaders étudiants qui fera parler de lui six ans plus tard, Fidel Castro. Le 18 février, c'est dans ce climat d'incertitude et de danger que l'artiste demande alors à rencontrer le général Batista qui finalement lui propose une entrevue avec son ministre de l'Information.

Après cette rencontre « courtoise et cordiale », pour reprendre les qualificatifs de Joséphine, elle joue son spectacle comme prévu. Alors qu'elle se démaquille dans sa loge, quatre policiers en civil viennent l'arrêter dans le cinéma, arme au poing : « Messieurs, vous pouvez ranger vos revolvers dans vos poches. Moi je n'ai qu'une seule arme et c'est mon cœur ! » lance-t-elle aux policiers qui la conduisent au quartier général militaire. Dans ses mémoires, elle raconte cet épisode incroyable : « Ils me font d'abord entrer dans une pièce où je vois deux photos accrochées sur les murs. Une photo géante du président américain Eisenhower et une beaucoup plus petite du général Batista. Ils ont éparpillé toutes mes affaires sur une table et ils exigent que je signe une déclaration dans laquelle je reconnais être payée par Moscou et que je suis coupable d'activités antidémocratiques. Je refuse catégoriquement de signer. Ensuite, ils prennent mes empreintes digitales et me photographient. Ils inscrivent “communiste” en bas de la photo et me donnent un numéro de matricule comme une criminelle. »

Philippe Brousset, l'ambassadeur de France à Cuba, alerté de l'arrestation, fait part de son indignation et demande la libération immédiate de sa concitoyenne. Finalement, après quelques heures, Joséphine est libérée. Les autorités cubaines expliquent qu'elles ont agi après une dénonciation qui s'est révélée fausse. « Tout cela est une regrettable erreur », conclut un officier cubain sans présenter la moindre excuse à Joséphine. Mais la junte militaire cubaine n'aura pas le dernier mot dans cette affaire. Loin de se démoraliser, Joséphine chante le soir même sur la scène du théâtre Campo Amor. Elle sait qu'elle est désormais placée sur la liste noire de la dictature cubaine mais, avant de quitter l'île, elle promet une nouvelle fois de revenir.

Après son long périple sud américain, Joséphine retrouve la France au début du printemps 1953. Elle se repose quelques jours dans son château mais a à peine le temps de poser ses valises : elle doit vite repartir pour honorer un nouveau contrat qui la conduit cette fois au Danemark. Après une série de cinq spectacles, elle revient à Paris pour participer au Bal des petits lits blancs en faveur des enfants hospitalisés. Malgré le rythme effréné qu'elle s'est imposé durant plusieurs mois, sa prestation est éblouissante et les journaux titrent à la une : « Joséphine Baker, triomphatrice de la soirée ». Elle chante et danse devant un parterre de stars mondiales. Charlie Chaplin, Gary Cooper ou encore Bing Crosby l'applaudissent, assis au premier rang.

28 décembre 1953. Cette fois, Joséphine ne chante pas mais elle prend la parole pour une conférence au Palais de la mutualité à Paris au nom de la Ligue internationale contre l'antisémitisme. Elle rejoint le mouvement dès la fin de la Seconde Guerre mondiale à la demande de Bernard Lecache, président et fondateur de la Lica en 1932. Joséphine restera proche de ce journaliste engagé, jusqu'à la mort de ce dernier en 1968.

Ce soir du 28 décembre donc, juste avant que Joséphine prenne la parole, plusieurs messages d'artistes et d'intellectuels sont communiqués au public, notamment ceux du grand rabbin Kaplan, du comédien Gérard Philippe ou encore de l'écrivain Albert Camus. Vêtue d'un tailleur noir, les cheveux tirés vers l'arrière, Joséphine s'avance vers le micro placé au-dessus de son pupitre au centre de l'estrade. L'air grave et le regard plongé sur les feuilles sur lesquelles elle a posé ses mots en lettres noires, elle commence son discours :

« Mesdames, messieurs, amis, familles.

Je combats la discrimination raciale, religieuse et sociale, n'importe où je la trouve car je suis profondément contre et je ne puis rester insensible aux malheurs de celui qui ne peut se défendre dans ce domaine, même si je le trouve en France. Du reste, je suis navrée d'être obligée de combattre car, à l'époque où nous vivons, de telles situations ne devraient pas exister. Je lutte de toutes mes forces pour faire abolir les lois existantes dans différents pays qui soutiennent la discrimination raciale et religieuse parce que ces lois font croire à ces citoyens qu'ils ont raison d'élever leurs enfants dans cet esprit. Quelle importance y a-t-il que je sois noire, blanche, jaune ou rouge ? J'aime tout le monde et je voudrais être aimée en retour. Je respecte toutes les religions et toutes les croyances.

Comme la vie est drôle ! Les années passent mais ne se ressemblent pas. Hier j'ai été adoptée par vous et vous m'aviez surnommée l'enfant terrible de Paris. Aujourd'hui, je suis devant vous parlant de problèmes graves. C'est parce que j'ai la même confiance en votre cœur aujourd'hui que je l'ai eue à mon arrivée en France, il y a vingt-neuf ans, et je n'ai jamais été déçue. Je savais dès le commencement que je vous aimerais avec fidélité et compréhension jusqu'à la fin de mes jours. Je savais, le jour où l'on a décrété que j'étais l'enfant adoptif de Paris, qu'à partir de ce moment-là, nos deux cœurs n'en formeraient qu'un. Je savais, ce jour brumeux, quand le paquebot a quitté New York, que je trouverais le soleil à mon arrivée en France. À mon premier contact avec vous, j'ai été convaincue, à la façon dont vous aimiez les enfants, les vieillards et les animaux que nous étions faits pour nous entendre. Je savais que ce n'était pas en vain que je vous avais donné mon amour. Je savais également en voyant la gaieté de votre caractère que vous étiez capables en cas de nécessité de surmonter n'importe quelle difficulté dans la vie. En somme, je savais que la France n'était pas mon pays d'adoption mais qu'elle était mon pays tout court.

Mais retournons maintenant à nos problèmes raciaux. La discrimination raciale et religieuse est tellement aiguë dans certains pays qu'elle s'y est enracinée et qu'elle fait partie des mœurs. On la trouve pratiquée entre les gens d'une même race et également race contre race, religion contre religion et dans les religions elles-mêmes. Pour moi, tout ce déséquilibre est un grand malheur. Je voudrais que tous les êtres se contactent pour mieux se connaître, se comprendre, s'apprécier et s'aimer. Je voudrais aussi que ceux qui se plaisent à semer le désordre, la confusion et la haine, laissent à l'être humain la liberté de l'élan de son cœur et la nature fera le reste. Évidemment, pour beaucoup de personnes, ces sentiments ont l'air d'un rêve irréalisable. Pourtant, je crois profondément en la dignité de l'homme et je trouve que l'humilier, c'est vexer Dieu. Qui me prouve que ma religion est meilleure que la vôtre ou que la vôtre est meilleure que la mienne ? Qui peut dire que votre point de vue de la vie est juste et le mien injuste ? Je crois que chacun porte ses religions et ses croyances dans son cœur et que la religion est une expression de notre âme. Du reste, aimer sincèrement est déjà une religion. »

C'est par ces mots que Joséphine termine son long discours sous un tonnerre d'applaudissements dans une salle debout et enthousiaste.

10

Joséphine, la maman arc-en-ciel

Après le discours de la Mutualité, Joséphine participe à d'autres réunions publiques à Paris avant de finalement revenir quelques jours dans son château au début de l'année 1954. Elle n'a pas prévenu Jo de son retour. Comme chaque jour en son absence, lui s'occupe du domaine et de tous les travaux que nécessite l'entretien d'un tel bâtiment historique.

Il raconte dans son livre de souvenirs comment la tribu arc-en-ciel est née « officiellement ». En rentrant à la nuit tombée avec ses bottes en plastique et un peu de boue sur le pantalon, il s'aperçoit que la table de la grande salle à manger est mise et que les flammes des candélabres brillent au-dessus des assiettes réservées aux grandes occasions. Il lève la tête et aperçoit Joséphine habillée en robe du soir. Elle descend l'escalier et s'approche de lui : « Tu as sorti les verres en cristal ? Les belles assiettes ! Si tu m'avais prévenu, j'aurais mis mon smoking, remarque, il n'est pas trop tard ! »

Jo monte dans la chambre pour lui aussi se mettre la hauteur vestimentaire de sa femme. Quand il redescend, il entend la musique d'un disque qui tourne sur l'électrophone. Joséphine lui tend une coupe de champagne et ils trinquent tous les deux en dansant, enlacés.

« Jo : Et si tu me disais à quoi nous buvons ? À nous ?

Joséphine : Oui Jo, à nous, à nous trois ! Jo, es-tu d'accord pour que je te ramène l'aîné des Bouillon ?

Jo : Bien sûr que je suis d'accord, mais tu sais, je t'aurais dit oui même si tu n'avais pas enfilé cette magnifique robe !

Joséphine (*en éclatant de rire*) : Oh cette robe ? C'était simplement pour voir si je rentrais encore dedans ! Mais je trouve quand même que rien n'est trop beau pour fêter notre enfant !

Joséphine doit partir quelques jours plus tard pour une tournée au Japon et c'est dans ce pays qu'elle a prévu de trouver leur fils adoptif. Le choix de ce pays ne doit rien au hasard et, pour le comprendre, il faut remonter à 1932.

Cette année-là, Joséphine fait la connaissance à Paris de Miki Sawada, l'épouse d'un conseiller de l'ambassadeur du Japon en France. Les deux femmes se lient d'amitié et il n'est pas rare de les voir partir ensemble en voiture dans les quartiers pauvres de la capitale pour distribuer des vêtements, des bonbons et des cadeaux aux enfants. Dans son livre de souvenirs paru au Japon en 1963, Renzo Sawada, le mari de Miki, raconte qu'une fois sa femme a demandé à Joséphine si elle pouvait, si l'occasion se présentait, venir en aide à des Japonais. Joséphine, sans hésiter, lui avait bien sûr répondu par l'affirmative.

Quelques mois plus tard, le couple apprend que Joséphine a acheté des billets pour un bateau que devaient prendre des ressortissants japonais désireux de retrouver leur pays. L'amitié de Joséphine et Miki est restée forte jusqu'au départ de cette dernière dans son pays natal.

À la fin de la Seconde Guerre mondiale, Miki explique à Joséphine qu'elle doit rentrer chez elle pour aider tous ces enfants orphelins. Horrifiée par les dégâts causés par les bombes atomiques larguées par les avions américains, elle souhaite créer une maison d'accueil pour prendre soin d'eux en espérant à terme leur trouver des familles d'accueil. Son père, le fondateur de la firme automobile Mitsubishi, accepte de financer ce projet humanitaire d'urgence et Joséphine promet à Miki de venir la voir dès qu'elle en aura l'occasion. Joséphine tient toujours parole et, dix ans plus tard, elle monte donc dans un avion pour voyager vers le pays du Soleil levant.

Au début du mois de février 1954, lorsqu'elle arrive au Japon et découvre les rues de la capitale, le traumatisme d'Hiroshima se devine lors de toutes les rencontres qu'elle effectue.

Elle raconte dans ses mémoires son arrivée dans la ville de Nagasaki rayée de la carte par une bombe atomique le 9 août 1945. Ce jour-là, à 11 h 02, 74 000 personnes ont été tuées et 80 % de la ville a été totalement détruite, dont la cathédrale.

Cette fois, dans le ciel japonais, pas de bombe mais des cerfs-volants pour la fête traditionnelle du vent. Elle assiste ensuite à plusieurs conférences à Tokyo et à Osaka dans lesquelles elle explique son engagement pour la paix dans le monde et la tolérance. Dans un coin de sa tête, elle pense aussi à cet enfant qu'elle désire plus que tout au monde et à la façon dont elle va croiser son chemin. Le destin offre cette rencontre à Joséphine dans un orphelinat dans le sud de Tokyo. Il est situé dans la ville d'Ōiso. Un bourg tranquille au bord de la mer qui dispose d'une plage de sable blanc immense. L'orphelinat Elizabeth-Saunders fait de plusieurs pavillons entourés d'arbres se trouve sur une colline à quelques centaines de mètres du centre-ville. Il doit son nom à une Anglaise qui a été la première en 1948 à donner de l'argent pour sa construction.

Lorsqu'elle rentre dans l'enceinte protégée par des palissades de bois foncé, Joséphine se retrouve au milieu d'un groupe d'enfants qui jouent en criant et en riant. Son regard se pose sur un petit garçon aux cheveux noirs. Elle raconte la suite dans ses mémoires : « Je sens ses doigts m'agripper de toutes ses forces. Je ne peux pas le repousser et je le saisis à bras-le-corps. C'est lui ! Miki me raconte son histoire. Il vient de Corée. Son père est probablement un soldat américain et sa mère, honteuse et pauvre, l'a abandonné. Elle a planté à côté de lui un parapluie ouvert pour le protéger des intempéries. Il portait à ses linges sa date de naissance, 7 juillet 1952, et autour de son cou un petit sac rouge qui contient une planchette où sont gravés les préceptes du bouddhisme. Pendant que Miki parle, le petit garçon roule sa tête contre ma poitrine, je demande alors quel est son nom, Akio me glisse Miki, cela veut dire *automne* car c'est la saison où nous l'avons recueilli. »

Joséphine prend alors dans ses bras celui qui devient son premier enfant. Alors qu'elle marche dans l'allée pour repartir, elle voit un autre petit garçon, un bébé, qui joue au pied d'un arbre. Elle s'arrête et le regarde :

« Miki : Lui aussi, comme pour Akio, son père est un soldat américain. On ne sait rien sur sa mère. Il aime être dans le jardin et il pleure dès qu'on le rentre.

Joséphine : Lui aussi, vous l'avez trouvé avec un petit sac rouge autour du cou ?

Miki : Non, il est shintoïste. C'est une religion de huit millions de dieux, peut-être plus !

Joséphine : Quel âge a-t-il ?

Miki : Il est né le 15 juillet 1953.

Joséphine : Comment s'appelle-t-il ?

Miki : Teruya. Cela signifie *lumière*.

Joséphine : Je le prends avec moi !

Miki : Mais que va dire votre mari ?

Joséphine : Je n'en sais trop rien mais inutile de lui expliquer par lettre, je vais lui faire la surprise ! »

Les conditions de l'adoption de ces deux petits garçons semblent s'être limitées à cette conversation entre les deux femmes. On ne trouve pas de traces d'une démarche officielle auprès de l'administration japonaise mais Joséphine tient dans ses bras ses deux premiers enfants et quitte le pays avec eux après un séjour de trois semaines.

Dans ses mémoires, Joséphine relate le moment où Jo est venu la chercher à la gare de Souillac en Dordogne.

Elle penche la tête depuis la vitre baissée du wagon qui s'immobilise peu à peu et elle voit son mari qui attend sur le quai. Elle descend du train et le contrôleur lui donne un coup de main pour qu'elle prenne les deux enfants dans ses bras. Elle s'avance ensuite vers Jo qui semble ne pas vraiment comprendre ce qui se passe, raconte-t-elle avec malice : « Jo : Lequel est-ce ?

Joséphine : Les deux !

Jo : Tu as eu raison de mettre les bouchées doubles, nous serons ainsi deux fois plus heureux. »

Akio et Teruya sont donc les tout premiers membres de la tribu arc-en-ciel de Joséphine et Jo. Finalement, Teruya hérite du prénom de Janot beaucoup plus facile à prononcer pour Joséphine car il ne contient pas de R !

Quelques semaines plus tard, au mois de septembre, Joséphine quitte à nouveau les Milandes pour la Scandinavie. Cette fois elle ne part pas pour chanter et danser mais pour animer une série de conférences sur le même modèle que celles auxquelles elle a participé en France. Elle a aussi et surtout en tête l'idée d'adopter un nouvel enfant.

Elle se rend à Helsinki sur les conseils d'un journaliste danois faisant partie de ses amis qui lui explique que la Finlande dispose d'un système particulier pour les adoptions : « Quand une famille est trop nombreuse, elle a la possibilité de confier le petit dernier si effectivement elle prouve qu'elle n'a pas les moyens de subvenir convenablement à ses besoins », lui explique-t-il.

Joséphine se rend donc dans la capitale de la Finlande. Elle y a déjà séjourné en 1933 durant plusieurs jours de représentations mais cette fois, elle se rend directement dans les locaux de l'assistance publique. Là encore, elle raconte dans son livre de souvenirs comment s'est passée sa rencontre avec celui qui allait devenir son troisième garçon : « La préposée de la pouponnière me suit au milieu des cris des bébés allongés dans leurs petits lits. Elle me parle de tous ces petits enfants mais je ne veux pas l'entendre, je veux suivre mon cœur. Je passe de lit en lit et de rang en rang. J'attends. Quoi ? Un signe ? Et soudain jaillit sous une couverture un gros garçon tout rose, les cheveux presque blancs à force de blondeur, et il me tend les bras. Je me penche et je sais que c'est lui que je vais ramener. *Il s'appelle Jari*, me dit la préposée. »

Joséphine le prend dans ses bras et repart avec lui en Dordogne. Comme pour les deux autres, Jo vient chercher Jari et Joséphine à la gare.

« Joséphine : Jo, alors c'est vrai tu ne regrettes rien ?

Jo : Non c'est une expérience unique. J'espère qu'ils vont bien s'entendre !

Joséphine : Pourquoi ne s'entendraient-ils pas ? Ce n'est que la peur qui divise. Ils vont grandir dans l'affection ! »

Quelques semaines plus tard, Joséphine s'envole pour une nouvelle tournée qui la conduit d'abord à Caracas, puis à San Francisco au Mexique et enfin en Colombie. Arrivée à Bogota, elle joue son spectacle sur scène mais, dès que le rideau se ferme, elle anime là encore des réunions publiques pour expliquer son combat contre le racisme.

Ensuite, elle se met chaque soir en quête, parfois toute la nuit, d'un quatrième enfant, accompagnée dans tous ses déplacements par Ginette, son habilleuse. Les deux femmes, guidées par un avocat colombien, n'hésitent pas à se rendre dans les quartiers les plus pauvres de la capitale. C'est dans un de ces bidonvilles que Joséphine entre dans une masure. Une mère malade souhaite lui confier son bébé. Joséphine prend l'enfant dans ses bras et rentre à son hôtel du centre-ville.

Le lendemain, en regardant la rue depuis la fenêtre de sa suite, elle remarque que des femmes s'attroupent, de plus en plus nombreuses, devant l'établissement. Elle demande alors au directeur ce qui peut bien se passer : « Directeur : Ces femmes sont là pour vous. Il y a une croyance ici qui veut que les Blancs se guérissent de la peste avec le sang chaud des petits enfants noirs.

Joséphine : Mais quelle peste ? C'est absurde et puis qu'elles me regardent : je suis noire ! Comme elles !

Directeur : Oui, mais vous retournez chez les Blancs ! »

La manifestation hostile à Joséphine se fait de plus en plus pressante et, pour éviter des débordements plus graves, la police colombienne vient récupérer l'enfant dans l'hôtel. Joséphine est totalement anéantie face à cette situation mais ne peut rien faire pour empêcher les fonctionnaires de reprendre le petit garçon.

Malgré cet incident, elle maintient son spectacle le lendemain dans un théâtre de Bogota. Quand elle rentre, une femme l'attend dans le hall comme elle le raconte dans ses mémoires : « Elle me dit qu'elle est très pauvre, elle a déjà sept enfants et elle tient son huitième dans un vieux châle presque en lambeaux, elle me l'offre. »

Joséphine hésite cette fois, rendue méfiante par ce qui s'est passé la veille, mais son ami avocat lui explique qu'elle n'a rien à craindre cette fois puisque c'est la mère qui lui apporte l'enfant et non Joséphine qui vient le chercher. « Je regarde l'enfant. Il a des yeux noirs. Il est superbe. Je dis à sa maman qui pleure sans que je sache si c'est de la joie ou du chagrin qu'il sera bien traité et qu'il ne manquera jamais de rien. Elle lui trouve un prénom. Ce sera Luis. »

Cette fois, Joséphine propose à la mère du garçon une importante somme d'argent qui, selon son avocat, peut lui permettre d'acheter une grande maison pour élever les sept frères et sœurs de Luis.

Jo devra attendre pour découvrir que sa famille s'est agrandie car Joséphine s'envole directement depuis la Colombie jusqu'au Canada. Elle doit honorer plusieurs contrats à Québec et veut profiter du retour du secrétaire du consul de France qui rentre au Havre par bateau. Ce dernier est d'accord pour voyager avec Luis et c'est Margaret, la sœur de Joséphine, qui viendra l'accueillir dans le port normand.

Jo Bouillon accueille donc son quatrième garçon avec une joie immense même si ce dernier, comme Jo le souligne dans ses mémoires, passe plusieurs jours à pleurer en se cachant le plus souvent dans la huche à pain de la cuisine du château. Il aura comme parrain le chanteur basque Luis Mariano.

Joséphine fait enfin elle aussi son retour en Dordogne. Auparavant, elle a téléphoné à son mari pour lui annoncer qu'elle a une surprise pour lui.

Effectivement, le jour de son retour, la grande voiture de Joséphine se gare devant le château. Jo regarde un petit garçon descendre, tenant la main de sa femme : « Joséphine (*avant que Jo ne puisse parler*) : Il s'appelle Jean-Claude et il a le même âge que Luis et Jari.

Jo : Et, euh, il vient pour les vacances ?

Joséphine : Comment pour les vacances ? Pas du tout. Il vient pour toujours. C'est notre cinquième fils ! »

Cette arrivée jette le trouble dans le couple qui aborde le sujet dès que les enfants sont couchés : « Jo : Joséphine, nous étions d'accord tous les deux pour adopter quatre enfants et puis l'état de nos finances m'inquiète aussi. La perte des 200 000 dollars de la tournée annulée aux États-Unis n'a pas été compensée !

Joséphine (*en colère*) : Écoute, ce n'est pas une bouche de plus ou de moins à nourrir qui va changer la situation. Nous sommes une grande famille et si tout le monde met la main à la pâte, les Milandes deviendront un jour un centre touristique qui permettra de renflouer nos dettes ! »

Le lendemain, le soleil brille sur les Milandes et, comme à son habitude après une longue absence, Joséphine a envie de faire le tour de l'immense propriété. Cette fois, pas de robe de grand couturier mais un vieux pantalon et un chemisier. Jo la voit heureuse et tranquille avant que n'éclate l'incident du réfrigérateur américain dont il évoque la chronologie avec humour dans ses mémoires : « Nous marchons près de la basse-cour et Joe s'émerveille devant les paons. Elle me dit à juste titre que ce sont les seuls ici avec leurs belles plumes à lui faire penser au music-hall. Il faut bien dire qu'elle a raison ! Quand nous arrivons devant la volière des cacatoès, elle se met soudain à hurler !

— Comment ! C'est là que tu mets le réfrigérateur ?

— D'accord, tu as expédié cet énorme réfrigérateur qui peut alimenter un régiment mais vu sa dimension, on n'a pas réussi à l'installer dans le château. Il ne passe pas la porte !

— Alors il n'y a qu'à agrandir la porte !

— Mais Joséphine, c'est une porte du XVe siècle ! En plus, aucun plombier du coin n'a réussi à le brancher de toute façon car les prises sont totalement différentes !

— Le problème, c'est que j'en ai commandé trois autres encore plus grands pour nos hôtels et douze plus petits, alors il faut trouver une solution. Jo, convoque tous les plombiers de la région ! »

Jo raconte aussi la réunion incroyable au cours de laquelle Joséphine s'insurge contre les artisans stupéfaits parce que, selon elle, tout peut se régler avec des petits bouts de tuyaux : « Vous n'allez quand même pas me dire qu'en France, nous ne sommes pas capables de fabriquer ça ! » L'affaire du « frigo américain » finira par une lettre officielle écrite dans la nuit par Joséphine à André Morice, ministre du Commerce et de l'Industrie. Hélas, personne ne sait aujourd'hui ce que sont devenus ces réfrigérateurs. Peut-être certains dorment-ils, recouverts de poussière, dans des hangars oubliés du Périgord.

Une chose est sûre, Joséphine et Jo n'oublient pas leur rêve de tribu arc-en-ciel et, quelques semaines plus tard, Moïse, un bébé de 9 mois, est confié à la famille Baker-Bouillon. Joséphine avait contacté l'assistance publique de Paris pour faire une demande officielle d'adoption.

Désormais, six enfants vivent dans le château mais Jo souhaite que Joséphine adopte comme prévu un enfant indien d'Amérique. Il doit être en principe le dernier membre de la tribu.

Joséphine repart alors vers de nouvelles aventures vers le Nouveau Monde. Elle chante à Los Angeles, Ottawa, Québec. Partout le succès et des salles combles. Après une dernière série de concerts à Montréal, Joséphine s'apprête à prendre l'avion du retour pour Paris quand elle est interpellée à la frontière canadienne. Elle est accompagnée comme toujours par Ginette Renaudin, témoin direct de cet épisode improbable.

En fait, la police a reçu une lettre de dénonciation anonyme qui fait état de fraude de la part de Joséphine pour l'achat de bijoux et de fourrures. La police canadienne décide alors de saisir tous les bagages de Joséphine et fixe une caution de 5 000 dollars pour libérer l'artiste. Jo est prévenu de cette affaire par téléphone et il se met en quête de cette somme importante. Les finances du couple étant insuffisantes, comme le souligne Jo dans ses mémoires, il se tourne alors vers ses amis les plus proches pour collecter les fonds de toute urgence. C'est finalement la famille fortunée de l'ancien régisseur de l'orchestre de Jo qui vient en aide à Joséphine. Le mandat est envoyé dans les temps et Joséphine peut prendre son avion pour rentrer en France.

Quand elle rentre enfin, Jo raconte comment Ginette lui a résumé ce qu'elle avait vécu en première ligne : « Vous pensez qu'ils m'ont demandé de jurer sur la bible que madame n'avait que ses effets personnels dans ses valises ! Je leur ai dit que ce n'était pas la peine de déranger la Bible. Mais que voulez-vous qu'elle ait d'autres dans ses valises ? Comme ils y tenaient j'ai fini par jurer, j'ai juré sur la Bible ! »

Joséphine ne revient pas sur cette péripétie qu'elle a déjà oubliée. Elle plaisante simplement avec son mari en lui lançant que cette arrestation l'a empêché de trouver un petit frère indien pour les garçons.

Mais une autre pensée occupe son esprit : elle veut faire ses adieux à la scène pour s'occuper à plein temps des Milandes. Elle doit d'abord honorer une série de dates en Scandinavie. Elle repart donc dans l'hiver blanc de la Suède, de la Norvège et de la Finlande avant de rentrer pour son concert des adieux. Il est programmé le 10 avril 1956, deux mois avant qu'elle ne fête ses 50 ans.

Le spectacle est un triomphe. Jo se souvient de cette soirée qu'il décrit comme « magique » devant un parterre de stars. Il se souvient aussi de cette phrase lancée par un spectateur qui a profondément bouleversé Joséphine. Quelques mots d'un homme noir qui, debout, s'est exclamé : « Merci Joséphine ! Merci pour nous tous ! » Il s'avance alors vers elle, coiffée d'un diadème et habillée d'une robe noire. Il lui saisit doucement le poignet et tombe dans ses bras.

Après cette soirée qui est vraiment la dernière dans la tête de Joséphine, elle rentre donc avec Jo en Dordogne. Une autre soirée des adieux est prévue le lendemain aux Milandes. Une scène incroyable va se dérouler juste devant l'entrée. Joséphine a sorti toutes ses malles et elle éparpille soigneusement toutes les robes de scène qu'elle ne portera plus. Plusieurs dizaines de personnes ont répondu à son invitation nocturne et l'entendent leur dire : « Prenez ce que vous voulez ! »

Joséphine fête donc ses 50 ans en Dordogne, bien décidée à s'occuper à 100 % de ses enfants et du domaine qui a tout de même accueilli l'année passée près de 150 000 visiteurs. Elle est persuadée qu'en étant à plein temps aux Milandes, elle peut faire doubler ce chiffre. Toutes les installations de son parc sont terminées, notamment le zoo et le musée de cire qui retrace sa vie sur le modèle du musée Grévin.

Joséphine continue de chanter et de danser dans le cabaret qu'elle a fait construire sur le modèle de la salle de Cuba où elle a triomphé à chacun de ses passages sur l'île. Si elle a décidé de quitter le public parisien, sa tournée des adieux continue ailleurs dans le monde.

Elle reprend donc sa vie de voyageuse infatigable pour chanter mais elle garde toujours dans un coin de sa tête la farouche volonté d'agrandir sa famille. Après un été durant lequel elle s'est démenée pour son parc des Milandes tout en essayant de passer des moments précieux avec ses enfants et son mari, elle repart encore et toujours. Une nouvelle tournée la conduit en Afrique du Nord. En arrivant à Alger, elle chante sur la scène de l'hôtel Aletti qu'elle avait découvert avant la guerre.

Juste avant de quitter la capitale algérienne, elle envoie un télégramme à Jo comme il le raconte dans son livre de souvenirs : *« Arriverai samedi par Toulouse avec surprises-stop-tendresse-stop-tendres baisers à mes chéris-stop-signé Joséphine. »*

Quand la voiture qui conduit Joséphine de la gare de Toulouse au Périgord se gare devant le château, Jo voit alors la portière s'ouvrir. Joséphine tient dans ses bras… deux bébés emmaillotés

« Jo : Ah non !

Joséphine : Écoute ce sont les deux rescapés d'un massacre, il faut trouver du lait de chèvre pour la petite… (*Elle n'a pas le temps de finir sa phrase.*)

Jo : Comment ça la petite ? Tu sais ce que j'ai toujours dit ! Pas de fille !

Joséphine : Mais ils étaient ensemble. Tous les deux cachés sous un arbre. Lui est berbère et elle est sûrement la fille d'un colon. Ce sont des soldats qui les ont trouvés et c'est Robert Lacoste en personne qui m'a demandé si je voulais bien les adopter dans notre tribu arc-en-ciel. Que voulais-tu que je fasse ? »

Jo s'incline une nouvelle fois devant ce nouvel élan de générosité et de partage de sa femme. Robert Lacoste était à l'époque le gouverneur général et ministre de l'Algérie depuis 1956 et il le restera jusqu'en 1958 avant de retrouver sa Dordogne natale. La tribu arc-en-ciel s'enrichit de deux petits nouveaux et passe à un total de huit enfants. Quelques semaines après cette double arrivée, Joséphine publie un livre consacré à son rêve et intitulé *La Tribu arc-en-ciel.*

Jo Bouillon s'est aussi impliqué dans le projet aux côtés de son épouse et son nom figure sur la couverture. Joséphine a écrit les textes qui racontent la vie aux Milandes, entre les enfants et les animaux. Ces scènes de la vie quotidienne sont richement illustrées par les couleurs de Piet Worm, une artiste néerlandaise spécialisée dans les livres pour enfants.

En première page, elle explique sa démarche dans une longue préface : « L'arc-en-ciel ! Évidemment vous connaissez tous cet arc énorme aux couleurs magnifiques qui fait son apparition après une averse. Le nom de météore miraculeux me paraît convenir particulièrement au rassemblement de mes petits qui viennent de toutes les parties du monde. Ils prouvent que toutes les races peuvent vivre ensemble parfaitement. »

La tribu arc-en-ciel s'enrichit encore peu après avec l'arrivée de Koffi. Il a été abandonné sur le bord d'une route en Côte d'Ivoire et Joséphine l'a pris sous son aile. Depuis le début de l'aventure de la tribu arc-en-ciel, Joséphine s'est fixé une règle : laisser chaque enfant parler sa langue maternelle et essayer de l'emmener avec elle dans son pays natal dès qu'elle le pourra. Quant à Jo, il décrit tous ses garçons et désormais sa fille dans ses mémoires en donnant les caractéristiques de chacun. « Akio, notre aîné, est vif et réfléchi, Moïse est batailleur et frondeur, Brahim a une agilité déconcertante, Marianne a le charme d'une petite fille qui règne par son sourire, Jari est le plus ordonné, Janot suit le cours secret de sa vie, Luis est expansif, quant à Koffi, c'est le bébé le plus doux qu'on ait eu. »

Mais l'adoption de Koffi correspond avec un coup de tonnerre qui ébranle les fondations du château des Milandes : Joséphine demande le divorce au mois de septembre 1957. Jo se souvient dans son autobiographie qu'il ne s'attendait pas à apprendre une telle décision par courrier. C'est pourtant ce qui se passe et il est bien obligé de l'accepter en attendant de voir comment la situation de leur couple va évoluer. Il sait aussi depuis longtemps qu'avec Joséphine, tout est possible et que rien n'est définitif. D'autant qu'après ce coup de théâtre conjugal, la famille va malgré tout continuer de s'agrandir.

La rencontre de Joséphine avec Mara, qui deviendra un des garçons de sa tribu arc-en-ciel, est à elle seule un scénario de film. Tout commence par une série de concerts au Venezuela accompagnée comme à chaque fois par des conférences de Joséphine. Elle évoque son combat contre le racisme et répond aussi aux questions des journalistes sur son désir d'adopter des enfants. Trois jours après son arrivée à Caracas, elle reçoit la visite d'un mystérieux émissaire d'une tribu.

Il lui explique qu'il est au courant de sa recherche et que, si elle le souhaite, elle peut le suivre jusqu'à son village pour adopter un petit garçon. Joséphine accepte tout de suite même si l'homme l'avertit que le voyage sera long. Elle quitte donc Caracas, la capitale, en avion avant d'atterrir dans un aéroport perdu au milieu de nulle part. Elle monte ensuite dans un bus qui roule durant des heures sur des pistes cabossées.

Quand le chemin devient impraticable, elle grimpe alors dans une voiture qu'elle a bien connue durant les années de guerre : une Jeep ! Mais là encore, malgré la capacité de cette voiture à s'adapter à tous les reliefs ou presque, le chemin est trop chaotique pour qu'une voiture puisse l'emprunter. Elle finit donc son périple à dos d'âne pour arriver dans le village.

Le chef tient un petit garçon par la main. Dans ses mémoires, Joséphine évoque le bruit des tambours qui résonnent et les habitants qui se cachent dans les palmiers pour assister à la scène. Ensuite, vient le moment du repas composé de morceaux de chèvre grillés. Joséphine n'a pas vraiment faim mais elle s'exécute et goûte le plat avec Mara assis sur ses genoux. Elle ne donne pas de détails sur le voyage retour si ce n'est qu'elle rentre avec lui en Dordogne. Souffrant de dénutrition, il est pris en charge par une nourrice au château.

Dans ce tourbillon qui l'entraîne sans cesse aux quatre coins du monde, elle n'a pas pu assister à l'enterrement de sa mère. « Mama », comme l'appelait affectueusement Joséphine, est décédée le 12 janvier 1959 à 73 ans. Carrie Hudson McDonald, née à Little Rock, la capitale de l'Arkansas en 1886, est enterrée dans le cimetière de Castelnaud, petit village du Périgord. Bien sûr, Jo a averti son épouse par un télégramme comme il le précise dans ses mémoires mais Joséphine se trouvait en Italie.

Peu avant sa mort, Mama avait su que sa fille avait rencontré le pape Jean XXIII en personne au Vatican. Une belle fierté pour cette mère qui avait retrouvé sa fille en France en 1949. Elle n'avait sans doute pas conscience de l'incroyable réussite de sa fille avant de toucher du doigt les pierres blondes de son château de la Belle au Bois dormant. Jo Bouillon raconte que Joséphine avait systématiquement pris l'habitude de ramener à sa mère des vêtements blancs ou alors très clairs et elle aimait répéter cette formule : « Plus les années vous obscurcissent, plus il faut porter de la lumière ! »

Pour Joséphine, la lumière, c'est aussi et surtout celle des projecteurs dans les salles de spectacles. Cette même année

1959 marque son retour dans la mythique salle de l'Olympia où elle a joué tant de fois.

Bruno Coquatrix, le directeur, lui a concocté un programme sur mesure pour *Paris, mes amours*. Il a fait appel aux meilleurs musiciens pour composer la bande-son de ce spectacle en deux actes et une quarantaine de tableaux. Ainsi Joséphine a la joie de travailler pour la première fois avec Marguerite Monnot. Cette femme constitue à elle seule un monument de la création française. En 1947, pianiste surdouée, elle compose une musique pour accompagner un texte écrit par une certaine Édith Piaf. Elle a l'idée d'une mélodie qu'elle couche en quelques minutes sur une feuille en papier avant de la remettre à l'arrangeur de la chanteuse. « De toute façon ça ne marchera jamais donc inutile que je mette mon nom sur cette chanson ! » s'est elle exclamée ce jour-là. Elle n'imaginait pas quel serait le destin fantastique de ce morceau au titre évocateur : *La vie en rose* !

Quoi qu'il en soit, en cette année 1959, c'est elle qui est chargée d'imaginer les musiques sur les textes écrits par un auteur débutant prometteur : Jean Yanne. Joséphine souriante apparaît en combinaison noire moulante en première page du programme officiel. Elle esquisse un pas de danse, le bras gauche tendu devant elle et le bras droit qui tient une sorte d'éventail en fourrure. Elle a 53 ans mais encore une fois elle ne semble jamais avoir été aussi jeune. Pour pouvoir porter à la perfection les robes imaginées par Paulette Coquatrix, elle s'est astreinte à un régime de quelques jours. Perfectionniste jusqu'au bout des doigts, elle ne veut rien laisser au hasard trois ans après son dernier spectacle dans la capitale.

Pour l'occasion, elle retrouve son complice américain Harold Nicholas qu'elle a rencontré à Broadway. C'est un des meilleurs danseurs de claquettes du monde. De toute façon, Bruno Coquatrix a engagé les meilleurs danseurs du moment pour accompagner Joséphine mais aussi des humoristes en vogue.

Ainsi, Jean-Marie Proslier, qui fait hurler de rire Joséphine chaque fois qu'elle le croise, fait partie de ce casting tout comme Rod Licari qui interprète des chansons de Boris Vian. Il faut ajouter une troupe de cinq clowns gymnastes baptisée les Talo Boy's et enfin un groupe de jazz, les Jazz-Baladins, auteur d'un tube de cette année 1959, *Vole, vole*, composé par un artiste prometteur : Claude Nougaro.

Joséphine a hâte de retrouver son public et se régale à l'avance des chansons qu'elle va interpréter dans les décors et les costumes d'un homme de 32 ans qui a fait ses armes comme modéliste chez Christian Dior avant de choisir le théâtre.

Pour sa première collaboration avec Joséphine, il fait mouche en créant un univers dans lequel elle se fond totalement. Il respecte le cahier des charges en lui créant un grand manteau blanc dans lequel elle descend, music-hall oblige, un grand escalier, entourée de jeunes danseurs.

Pour les chansons, Marguerite Monnot pour la musique et Paul Misraki pour les paroles ont exploré plusieurs directions artistiques que Joséphine a immédiatement validées. Ainsi *Terre sèche* est ouvertement militante sur un air de chacha :

Le Noir traîne sa vie sans espoir
le Noir n'est jamais rien qu'un pauvre Noir
Vois Seigneur. Vois ma souffrance
Pauvre Noir que je suis
Toujours seul sans appui
Sans défense.

Dans sa liste de chansons, on trouve aussi un calypso composé en 1947 par Sam Manning, un musicien de Trinidad, arrangé ensuite par Jo Bouillon et enregistré pour la première fois par Joséphine. Une chanson légère et entraînante.

Enfin, on peut aussi citer, parmi tous les airs qu'elle va interpréter, une chanson sur mesure. Marguerite Monnot sait que Joséphine adore faire participer le public durant ses prestations, aussi elle lui compose *Donnez-moi la main*. Pour l'interpréter, Joséphine se transforme en diseuse de bonne aventure en arborant une incroyable et volumineuse perruque sur une mélodie de musique gitane. L'idée est qu'elle lise l'avenir dans le creux des mains des spectateurs présents à l'Olympia tout en chantant. Pour Joséphine c'est un jeu d'enfant :

Donnez-moi la main
Je vais tout vous dire
Vous vivrez longtemps
Et jusqu'à 30 ans
Tout va vous sourire
Vous ferez demain

un petit voyage...
Vous triompherez
Et puis vous ferez
Un très beau mariage.

Le spectacle est salué unanimement par la critique. Dès la première, le 27 mai 1959, l'Olympia affiche complet chaque soir et la salle doit refuser du monde. Joséphine a réussi une nouvelle fois son retour. *Paris, mes amours* restera neuf mois consécutifs à l'affiche. Du jamais-vu dans l'histoire de la salle mythique depuis sa création en 1893.

Si le ciel est clair et limpide au-dessus de Paris, il n'en est pas de même au-dessus du château des Milandes. Les nuages noirs s'accumulent en même temps que les dettes. Joséphine ne cesse de faire des allers-retours entre Paris et la Dordogne. Elle rentre le plus souvent d'un trait en voiture dès que le spectacle est terminé pour arriver au petit matin dans le château et retrouver sa famille.

Une famille qui s'agrandit encore à la fin de l'année 1959 grâce un scénario improbable que seule la vie de Joséphine semble pouvoir faire éclore.

L'histoire débute dans un faubourg de Paris. Un chiffonnier habitué des lieux fouille les poubelles devant les immeubles au pied des lampadaires. La nuit tombe, le 30 novembre, et son regard est attiré par un paquet étrange qui semble bouger sur le sol. Il s'approche et découvre en l'ouvrant au milieu des déchets un nourrisson d'une vingtaine de jours. Il le porte immédiatement au commissariat où il est pris en charge ensuite par le corps médical.

L'histoire aurait pu s'arrêter là mais un journaliste chargé de la rubrique faits divers pour le journal *France-Soir* apprend ce qui s'est passé et le relate dans un petit article. Très vite, l'information se met à circuler, y compris dans les coulisses de l'Olympia. Tout le monde est au courant… sauf Joséphine. Jo Bouillon raconte dans ses mémoires qu'il était présent à Paris durant cette période et qu'il a demandé à toutes personnes susceptibles de croiser Joséphine de ne surtout pas lui parler de l'affaire. Sans doute pressentait-il qu'elle ne laisserait pas cet enfant sans famille si elle venait à apprendre les conditions affreuses de son abandon.

Quelques jours passent et alors que Jo pense que cette affaire n'ira pas plus loin, le destin frappe à nouveau à la porte de Joséphine. Elle est invitée durant le mois de décembre à une soirée au premier étage de la tour Eiffel. Au détour d'une coupe de champagne et d'un canapé, elle croise un journaliste avec lequel elle discute un petit moment. Il lui parle de ce fait divers qui défraye la chronique. Joséphine écarquille les yeux d'effroi quand il lui explique que le nourrisson aurait pu être broyé quelques minutes dans la benne des éboueurs si le chiffonnier ne l'avait pas récupéré. Jo Bouillon raconte la suite dans ses mémoires : « Joséphine : Où est cet enfant ? On sait où est cet enfant ?

Journaliste : Oui ! Il a été pris en charge à l'hôpital Bretonneau dans le 18e arrondissement.

Joséphine : Vous avez une voiture ?

Journaliste : Euh oui !

Joséphine : Alors emmenez-moi, on y va tout de suite. »

En chemin, le journaliste lui explique que le bébé a été retrouvé tout près d'un restaurant qui a pour nom Le Périgord.

Joséphine réplique : « Vous voyez, c'est un signe ! Je vais l'adopter. »

Joséphine se rend dans le service qui s'occupe du nourrisson et, sans que personne aujourd'hui puisse dire avec exactitude comment s'est déroulée la scène, elle repart avec dans ses bras le bébé prénommé André car c'est le saint du jour où il a été retrouvé. Simone Dauthieu, la préposée aux ventes des disques de Joséphine dans le hall de l'Olympia, raconte la suite de l'aventure : « Quand Joséphine est arrivée dans son appartement, Jo l'a accueillie, partagé entre stupéfaction et colère. Il s'est enfermé dans sa chambre. Joséphine préparait le biberon dans la petite cuisine pendant que les journalistes en nombre attendaient derrière la porte. Finalement Jo a retrouvé son calme et Joséphine lui a dit : "Le ciel nous l'envoie pour Noël ! Quelle belle fête nous ferons !" »

André hérite d'ailleurs rapidement d'un nouveau prénom à l'état civil : Noël ! Il devient le onzième enfant de la famille Bouillon-Baker. Jo décide de repartir en Dordogne avec le bébé et Joséphine reste à Paris jusqu'au 17 janvier, date de la dernière de *Paris, mes amours* à l'Olympia. Un chanteur venu de Sète, arborant une belle moustache et qui s'accompagne d'une guitare, lui succède : Georges Brassens.

Cette date coïncide aussi avec le départ de Ginette Renaudin, la fidèle habilleuse de Joséphine. Elle a remis sa démission à Joséphine après une dizaine d'années de bons et loyaux services car elle doit rester au chevet de ses parents malades.

Lors du cocktail de fin de spectacle, Ginette se remémore toutes les aventures qu'elle a vécues aux côtés de la star sur les cinq continents : « Quand je rentrais de tournée, j'arrivais chez mes parents, je m'écroulais et je dormais vingt-quatre heures d'affilée », confie-t-elle dans ses souvenirs. Elle note aussi en conclusion la fois où elle a tendu une photo à Joséphine pour qu'elle la dédicace : « Ah non ! Ginette ! Pas à quelqu'un que l'on connaît, cela porte malheur ! » Et Ginette n'a jamais eu la moindre photo dédicacée de Joséphine.

Le 18 janvier au matin, quand elle rentre aux Milandes, Joséphine fête enfin Noël avec ses enfants et son mari. Jo raconte ce moment d'intense émotion dans son livre de souvenirs : « Quand elle arrive, c'est un tourbillon de gosses de toutes les couleurs, ils crient *Maman ! Maman !* Joséphine était ivre de joie dans ces moments-là. Les petits l'embrassaient comme des fous, s'agrippant à elle, s'engouffrant dans son manteau. »

Mais l'histoire d'amour entre Joséphine et Jo vacille. La belle complicité qui les unissait s'est estompée au fil des mois et des années. Les difficultés financières du domaine des Milandes sont de plus en plus pesantes et aucune solution miracle ne se dessine.

Le couple décide de se séparer. Jo loue un appartement à Paris pour faire le point. Joséphine le laisse partir. Mais quand une chanteuse de grand talent est mariée à un musicien de grand talent lui aussi, même une séparation n'est pas forcément définitive.

Jo et Joséphine expliquent aux enfants que leur père doit s'absenter quelque temps pour ses affaires. Ils sont tellement habitués à voir leur mère partir qu'ils acceptent que ce soit le tour de leur père de s'en aller, même s'il était omniprésent jusque-là.

Au mois de novembre 1959, Joséphine accepte de présider le traditionnel Gala de l'Union, un spectacle caritatif qui met en scène des artistes dans des numéros de cirque. Joséphine est la première femme à jouer ce rôle depuis la première édition de l'événement en 1923.

Pour diriger l'orchestre qui joue au balcon du Cirque d'hiver, les organisateurs ont eu la bonne idée de nommer comme chef un certain Jo Bouillon ! Jean-Pierre Cassel et Françoise Dorléac s'essaient à un numéro de trapèze qui fait frissonner le public et Joséphine se transforme en dresseuse de chevaux.

Les différentes représentations du gala se passent bien même si tous les participants savent désormais que Jo et Joe sont séparés. L'orchestre de Jo ne se rend coupable d'aucune fausse note et Joséphine continue de mener ses chevaux fougueux à la baguette sans trembler.

Pourtant elle doit écourter sa participation prévue initialement pour durer un mois car elle doit partir aux États-Unis où on lui propose une adaptation de *Paris, mes amours* dans un théâtre de Broadway. Auparavant, elle doit faire une longue halte à Chicago. Elle est sur la scène du Regal Theatre du 19 février au 3 mars 1960 où elle triomphe encore et toujours. Finalement, l'adaptation de *Paris, mes amours* tombe à l'eau sans que l'on sache aujourd'hui encore pourquoi Joséphine décide de rentrer en France.

Pas question pour elle de perdre du temps car la situation financière des Milandes s'aggrave de jour en jour. Elle fait feu de tout bois pour décrocher des cachets afin de renflouer les caisses. Le printemps 1960 marque la réouverture du Village de la fraternité et Joséphine veut croire en sa bonne étoile pour, une nouvelle fois, renverser une situation pourtant fort compromise.

Elle triomphe à Bruxelles sur la scène du Cirque Royal et Bruno Coquatrix lui propose de revenir à l'Olympia pour une longue série de représentations.

L'optimisme semble être revenu à la fin de l'année 1960 et Joséphine passe les fêtes de Noël avec les onze enfants de sa tribu arc-en-ciel. Justement, au mois de janvier 1961, elle est invitée à Vienne en Autriche car le metteur en scène Ernst Marischka souhaite la rencontrer. C'est lui qui vient de réaliser avec succès la saga des *Sissi* avec Romy Schneider. La discussion a lieu dans un grand hôtel de la capitale autrichienne. Le réalisateur explique qu'il s'est passionné pour l'histoire de ses adoptions à travers le monde et qu'il veut absolument tourner un film sous forme d'un documentaire en posant ses caméras dans le château des Milandes. Le contrat représente plusieurs millions de francs. Une possible manne financière qui pourrait à elle seule effacer toutes les dettes qui obscurcissent l'avenir des Milandes.

Dominique Perrin, président du Gala de l'Union et ami proche de Joséphine, l'a accompagnée dans son voyage en Autriche. Il raconte dans ses mémoires le coup de théâtre qui s'est produit alors : « Nous avions bu des coupes de champagne avec Ernst Marischka qui était persuadé que son film sur la tribu arc-en-ciel de Joséphine aurait autant de succès que ses films de *Sissi.* Nous avons tous regagné nos chambres d'hôtel le sourire aux lèvres. Le lendemain matin très tôt, j'entends un petit toc-toc à la porte. C'était Joséphine. Le visage renfrogné sous un turban.

Joséphine : Dominique, je n'ai pas dormi de la nuit. Tu vas dire à ce Monsieur que je ne signe pas. Je ne veux pas qu'on exploite mes enfants.

Dominique : Écoute Joséphine tu parles d'exploitation mais, elle pourrait sauver les Milandes.

Joséphine (*elle secoue la tête et frappe du poing sur ses genoux*) : Non et non Dominique ! Je ne veux pas qu'on fasse faire du cinéma à mes enfants. Ils sont là pour représenter un idéal et non pour être transformés en petits sages savants.

Dominique : Mais Joséphine, tu fais parfois des publicités avec eux pour des boissons ou des vêtements.

Joséphine : Oui mais c'est différent. C'est juste le temps d'une photo. Le cinéma, c'est différent. Le tournage va durer des mois et ils ne seront plus des enfants comme les autres !

Dominique : Mais Joséphine, ils ne sont pas des enfants comme les autres. Chaque été beaucoup de gens viennent les voir aux Milandes au même titre que les curiosités de la Dordogne. Alors, pour faire vivre ton idéal tu as besoin de cet argent.

Joséphine : Non Dominique, mes enfants vivent loin de l'univers de *Sissi* ! Pour moi ils représentent l'espoir et je ne peux pas les fourrer dans une histoire de cinéma.

Dominique (*anéanti*) : Mais Joséphine ! Et les Milandes ? Comment vas-tu les préserver ?

Joséphine (*elle hausse les épaules*) : Dieu y pourvoira. Va téléphoner à ce Monsieur. »

Joséphine rentre en France le jour même. Elle est déjà passée à autre chose comme toujours. Elle tient absolument à répéter son numéro prévu pour la nouvelle édition du Gala de l'Union au Cirque d'Hiver. Durant plusieurs jours, elle s'entraîne, non plus avec des chevaux comme la fois précédente mais quatre beaux éléphants du cirque Bouglione.

Le jour de la première, le public est une nouvelle fois totalement sous le charme de cette dresseuse si fragile en apparence aux côtés des imposants pachydermes. Mais comme à son habitude, elle manie la baguette avec grâce et sourire, comme si elle était sur la scène d'un cabaret entourée de ses danseurs.

Jo Bouillon raconte qu'un spectateur lui a raconté ce que Jean Cocteau, assis dans la loge officielle, a dit sur un ton admiratif quand il a vu Joséphine se débarrasser de son épais manteau pour entrer sur la piste : « Cela doit être la beauté de son cœur qui déteint sur celle de son corps. »

Après la dernière soirée du gala, Joséphine rentre en Dordogne et continue de faire front avec toute son énergie. Jo Bouillon rapporte que c'est durant cette période qu'elle a commencé à écrire un livre et il note les premières lignes qu'elle a couchées sur une feuille blanche : « 23 février 1961 : ce matin 7 heures. Je ne sais ni comment ni où je vais. Je ne sais comment faire. Je n'ai plus un sou. Sauf quelques derniers mille francs. Tout va mal. Je me sens bien seule en ce moment. Je pense au Christ quand il a été abandonné par beaucoup de gens mais je pense aussi qu'il doit être difficile de vivre avec des gens comme moi. Je suis entourée d'intrigues mais l'important c'est que les petits mangent à leur faim et le personnel aussi. J'ai des propositions de gala mais je ne veux pas les faire. Je ne veux pas quitter les petits. Ils pleurent. Maman reste avec nous. »

Le livre ne sera jamais écrit mais son coup de déprime s'efface quand elle apprend la bonne nouvelle qu'elle attendait depuis si longtemps : la République a décidé de lui remettre la Légion d'honneur.

Le 19 août 1961 au matin, un hélicoptère apparaît au-dessus de la grande tour du château des Milandes. Après un rapide survol, il se pose au pied de la colline où l'attendent plusieurs dizaines de personnes. Un militaire s'extirpe de l'appareil en ajustant sa casquette. Le général Martial Valin vient remettre la Croix de guerre et la Légion d'honneur à Joséphine. Chef des Forces françaises aériennes libres durant la guerre, il a été le supérieur hiérarchique de l'agent Joséphine durant la mission qu'elle a accomplie aux côtés de Jacques Abtey dans les sables d'Afrique du Nord. Pour Joséphine, cette cérémonie est un soulagement car la Légion d'honneur lui a été refusée à deux reprises par l'état-major, en 1947 et 1949, pour des raisons encore obscures aujourd'hui.

Heureusement, trois militaires, deux hommes et une femme ont pesé de tout leur poids dans ce dossier pour que cette récompense honorifique lui soit logiquement décernée. Les deux généraux Pierre Billotte, chef d'état-major particulier du général de Gaulle, et René Bouscat, chef d'état-major de l'armée de l'air, sont clairs : Joséphine Baker mérite cette distinction.

Quant au commandant Alla Dumesnil-Gillet, supérieure hiérarchique de Joséphine en Afrique du Nord, sa voix compte aussi pour beaucoup dans le débat qui conclut rapidement à l'organisation de la cérémonie de remise de médaille en Périgord.

Une série de photos prises en 1944 dans une base militaire à Alger montrent les deux femmes qui s'affairent en uniformes sur des dossiers autour d'un bureau. Le décret officiel qui accompagne la remise de la médaille de chevalier de la Légion d'honneur résume l'engagement de l'artiste durant la guerre dans le plus pur style administratif de l'armée :

« Dès 1939 se met en rapport avec les services du contre-espionnage, fournissant de précieux renseignements notamment sur l'éventualité de l'entrée en guerre de l'Italie, sur la politique du Japon et sur certains agents allemands à Paris… D'un courage et d'un sang froid remarquables, transporte des messages secrets.

Mobilisée par la Croix-Rouge, elle se dépense sans compter.

1940 : Quitte Paris pour la Dordogne. Fait preuve d'un sang-froid remarquable lors d'une perquisition menée par les Allemands qui la soupçonnent de cacher des armes. 1941 collabore au Maroc avec les mouvements de Résistance française.

Recueille de précieux renseignements lors d'une tournée dans les consulats.

Dès le débarquement allié en Afrique du Nord, s'engage à peine remise d'une longue maladie dans les formations féminines des Forces Aériennes Françaises Libres. Envoyée au Moyen-Orient, met son talent, son énergie au service des combattants français et alliés.

Suit le corps expéditionnaire français en Italie.

Belle figure de la femme française au service de la Résistance. »

Joséphine lit aussi avec beaucoup d'émotion la lettre manuscrite du général de Gaulle qui figure sur la préface du livre écrit par Jacques Abtey, *La Guerre secrète de Joséphine Baker*. Avec son écriture caractéristique en « pattes de mouches », le Général s'adresse directement à elle en la félicitant chaleureusement de son engagement et pour ses actions dans la Résistance durant la guerre.

Le château des Milandes retrouve le goût de la fête. Les enfants de Joséphine se mêlent aux nombreuses personnalités politiques et aux consuls venus de plusieurs pays européens. Même les touristes de passage sont invités à s'asseoir autour d'une grande table pour boire un verre et se restaurer en toute simplicité. Cette parenthèse enchantée fait oublier l'espace d'une belle nuit d'été tous ses soucis à Joséphine, plus fière que jamais d'être française.

Durant trois mois, elle fait une longue pause avec ses enfants aux Milandes.

Au mois de janvier 1964, elle part pour une nouvelle tournée en Suède. Elle décide d'emmener plusieurs de ses enfants et quitte donc avec eux son château au volant de sa 404 blanche. Direction Paris pour prendre un train jusqu'à Stockholm dans une belle ambiance de colonie de vacances. Mais à hauteur d'Orléans, alors que tous les jeunes passagers se sont endormis, ils sont violemment réveillés par un choc.

Joséphine s'est-elle endormie elle aussi ? La voiture a heurté une barrière sur le bas-côté. Personne n'est gravement blessé même si Jari voit le sang couler de son arcade ouverte.

Joséphine semble souffrir d'un choc causé par le volant sur sa poitrine. Un automobiliste témoin de la scène s'arrête près de la voiture accidentée et il reconnaît Joséphine comme le raconte Jari dans le livre de souvenirs de Jo Bouillon : « Maman a mal, Maman a mal ! criait Marianne et pendant ce temps, l'homme qui arrête sa voiture près de la nôtre nous explique qu'il est médecin. Il a tout de suite reconnu Maman. Il nous conduit tous à l'hôpital pour qu'elle passe des radios. Quand il revient avec les clichés, il lui explique qu'elle a deux côtes cassées. Alors Maman s'exclame qu'elle chante à Stockholm et qu'elle doit partir au plus vite. Finalement le médecin lui fait un bandage très serré et nous sommes partis prendre un train pour Paris. »

Malgré la gêne occasionnée par cette blessure, Joséphine honore ses contrats en Suède où elle chante sur la scène du *night-club* du prestigieux hôtel Berns avec sa monumentale façade en pierres blanches surmontée d'une horloge et des cinq lettres d'or qui composent le nom du palace.

Au retour de son séjour dans le froid scandinave, Joséphine retrouve le Périgord. Elle a une idée. Une idée folle : monter *L'Arlésienne* aux Milandes. La partition de Georges Bizet et le texte d'Alphonse Daudet font de cette œuvre un classique du théâtre français depuis sa création en 1872. La représentation est programmée le 22 août 1962.

Joséphine fait appel à Max de Rieu, un de ses amis, pour mettre en scène cette pièce en trois actes et cinq tableaux. Il a déjà monté le spectacle en 1955 et 1956 avec des artistes du monde de l'opéra mais c'est la première fois qu'il donne le rôle principal à une chanteuse de music-hall. Joséphine interprète le rôle de Rose, une mère qui ne veut pas que son fils épouse une Arlésienne mais une jeune fille du village qu'il connaît depuis toujours. Mais son fils ne veut rien entendre car son amour est trop fort. Il finit par se suicider, causant le désespoir de sa mère.

Pour Joséphine, habituée depuis si longtemps à la légèreté et la joie des spectacles de music-hall, c'est une grande première. Elle n'a jamais joué de drame et d'ailleurs elle n'a jamais fait de théâtre. Pourtant, comme toujours, elle est bien décidée à prouver à tout le monde, à commencer par elle, qu'elle peut tenir sa place sans rien à envier aux grandes tragédiennes.

Le spectacle se joue en plein air sous les étoiles qui brillent dans le ciel des Milandes et les yeux de Joséphine. Les comédiens jouent à même le sol dans la cour de la ferme des Milandes éclairée par de grands projecteurs. Quand on écoute aujourd'hui l'enregistrement de cette pièce de théâtre réalisé en direct pour être ensuite gravé sur un disque du label RCA Victor, on ne peut qu'être ému par l'interprétation de Joséphine même si, comme le souligne un journaliste, son accent américain n'a pas vraiment de rapport avec celui de la Provence. Qu'importe, les critiques sont unanimes. *Le Figaro littéraire* a envoyé un jeune journaliste prometteur. Il s'appelle Bernard Pivot. Il écrit : « Joséphine a gagné ! Elle sait pleurer, gémir, implorer le ciel, gourmander ou chérir ses enfants. Elle ne manque ni de naturel ni de force. Elle joue avec son cœur. » Jacqueline Cartier de *France-Soir* note que « Joséphine a connu le jour le plus important de sa vie d'artiste. Elle a arraché avec brio ses lauriers de comédienne ». Gilbert Ganne, envoyé spécial du journal *L'Aurore*, conclut en beauté cette série de critiques en écrivant : « L'interprétation de Joséphine a été le clou de la soirée. Joséphine ne s'est pas inspirée des traditions mais elle a donné sa marque au personnage. Une empreinte âpre surgie des entrailles et terriblement humaine. »

Malgré ce bel enthousiasme qui donne confiance à Joséphine dans ses talents pour jouer la comédie, elle ne donnera pas suite à ce qui aurait pu être une belle carrière théâtrale. Elle envisage pourtant de jouer une pièce de Marcel Pagnol et même de Shakespeare pour les étés qui vont suivre aux Milandes.

Quelques mois après ce triomphe, son ami Max de Rieu qui l'avait tant aidée pour se préparer à jouer l'Arlésienne trouve la mort dans un accident de voiture sur la Côte d'Azur. Joséphine, anéantie, ne montera plus jamais sur les planches d'un théâtre pour interpréter un rôle de comédienne.

Mais elle continue inlassablement de chanter partout où on la demande. C'est ainsi que, quelques semaines après avoir joué l'Arlésienne, elle part en Italie. Invitée à participer à une émission de la RAI, la chaîne publique transalpine, elle offre aux téléspectateurs qui suivent l'émission de variétés phare *Studio Uno* un véritable cours de twist avec sa chanson *Je pars* :

Je pars, avec la joie au cœur,
Laissant ici tous mes ennuis,
Je pars vers le bonheur,
Je pars, bonsoir mes amis,
Moi je pars vers la vie.

On la retrouve peu de temps après en train de marcher dans la salle d'un club de jazz parisien juste avant une répétition pour répondre à une interview réalisée autour d'une table recouverte d'une nappe blanche. Le couvert est mis et on distingue un beau bouquet de fleurs au centre de la nappe. Joséphine est habillée de noir. Autour du cou, on devine les reflets d'un collier imposant et elle porte ses célèbres lunettes de soleil sur les yeux pour répondre aux questions du journaliste que la caméra filme de dos.

« Oh là là, mais qu'est-ce que je vais pouvoir vous dire ? s'inquiète Joséphine.

— Je tiens d'abord à vous féliciter pour tout ce que vous faites avec vos enfants et surtout que vous m'expliquiez quel est le but que vous poursuivez avec eux, répond le journaliste.

— Oui bien sûr, je poursuis un but mais vous savez, quand on est soi-même cuisinier, on ne sait pas goûter sa cuisine ou plutôt l'apprécier. J'ai toujours voulu unir pour donner un exemple de fraternité. Ces enfants sont tous autour de moi. Je suis au milieu d'eux dès que je le peux. Je suis leur maman et je n'analyse pas l'importance de ce que représente cette tribu dans ces moments-là. Mais ce que je peux vour dire, c'est que j'ai réussi ! J'ai prouvé que si on veut vivre ensemble en frères, c'est possible !

— L'idée de créer les Milandes en adoptant ces enfants vous est venue comment ?

— Figurez-vous que je suis une femme qui a toujours adoré les enfants et je n'ai pas eu la chance comme beaucoup de mamans d'en avoir moi-même. Alors j'ai fait ce que j'ai pu. J'ai la grande chance de les avoir choisis, qui sont les plus beaux du monde ! Quand j'étais toute petite fille à Saint Louis, il y a cinquante-cinq ans à peu près, il y avait un grand problème de racisme. Je vivais au milieu des gens de couleur et je n'avais pas le droit de venir dans un restaurant pour discuter comme on le fait tous les deux aujourd'hui. J'ai compris qu'il y avait quelque chose qui n'était pas normal et j'ai senti la douleur d'être différente des autres. Je ne pouvais pas jouer avec d'autres enfants blancs. J'ai appris la douleur et la désillusion. J'ai eu la chance d'être adoptée par la France et j'ai enfin été acceptée comme j'étais. Café au lait mais française ! De là s'est développé mon désir d'agrandir mon bonheur et de le partager. Les Milandes sont nées de cet idéal.

— Madame Baker, merci de nous avoir répondu et comme je vois que vos musiciens vous attendent, nous allons vous laisser les rejoindre pour commencer votre répétition ! »

Joséphine se lève et adresse un grand sourire à la caméra avant de sortir du cadre pour rejoindre la scène. L'émission reprend quelques secondes plus tard avec Joséphine qui interprète avec brio *Bye Bye Blackbird* accompagnée par un pianiste et un batteur. Sa voix est puissante et sûre. Pour ceux qui pourraient en douter, elle prouve une nouvelle fois qu'elle peut aussi exceller sans renfort de danseurs et de costumes exubérants. Il suffit d'un micro et de quelques notes de musique pour que sa voix s'envole comme sur un tapis magique.

1962 marque aussi la sortie de son disque « Joséphine chante Paris ». Elle reprend ses plus grands succès dont l'incontournable *J'ai deux amours* et, à l'exception de ce morceau, les treize autres qui composent cet album ont tous le mot « Paris » dans le titre. Comme toujours, son disque est unanimement salué par la critique mais aussi par des artistes dans d'autres domaines.

Ainsi, l'écrivain et poète Jean Cocteau écrit : « La bonté n'est plus de mode. Elle passe pour de la faiblesse. Or j'admire cette force du cœur avant toute autre. La bonté de Joséphine rayonne autour d'elle, aussi visible que les plumages multicolores qui l'ornent et semblent appartenir à son corps d'animal fabuleux. Une panthère, un oiseau-lyre et la grâce d'un ange. Voilà bien des titres à l'affectueuse gratitude d'une France fière de son anti-racisme. »

Quant au chef d'orchestre Guy Lafarge, il lance cette formule : « Le monde entier a consacré le nom de Joséphine Baker, mais c'est Paris qui lui a donné son prénom ! »

Elle enregistre aussi un disque comprenant quatre titres sur un label espagnol dont *Quand tu m'embrasses*, un morceau singulier mêlant français et anglais composé par un certain Charles Aznavour. L'album de couleur bleue sortira en France l'année suivante.

11

Joséphine l'insoumise

Le 28 août 1963, un soleil de plomb inonde Washington. Dès les premières lueurs du jour, il règne une animation inhabituelle dans les rues de la capitale fédérale. Une fièvre qui ne cesse de monter au fil des heures. La police est partout. Plus de 2 000 membres des forces de l'ordre sont mobilisés et lourdement armés. Un peu loin, à une dizaine de kilomètres de la ville, plus de 4 000 militaires sont eux aussi sur le qui-vive, prêts à intervenir. Encore plus loin, en Caroline du Nord, dans la base militaire de Fort Bragg, ce sont plus de 15 000 hommes qui sont en *stand by*. Le ballet des hélicoptères dans le ciel est incessant.

Ce 28 août 1963, le pasteur Martin Luther King organise sa marche pour les droits civiques. Plus de 300 000 hommes et femmes, majoritairement afro-américains, sont venus des quatre coins du pays pour manifester pacifiquement. Au milieu de cette marée humaine bruyante et pacifique, une femme en uniforme des Forces françaises libres s'avance d'un pas sur vers l'estrade. Elle suscite tous les regards. Sur sa veste, la Croix de guerre et la Légion d'honneur. Elle marche avec à ses côtés l'acteur Burt Lancaster, star d'Hollywood et compagnon de route du pasteur Martin Luther King. Joséphine se fraye un passage pour accéder aux coulisses qui mènent à l'immense scène dressée au-dessus de National Mall. C'est un gigantesque boulevard bordé d'arbres qui s'étend sur plus de trois kilomètres. C'est un architecte français, Pierre Charles, qui a conçu cet espace naturel en plein centre de Washington au XVIIIe siècle. Il n'imaginait sans doute pas qu'il deviendrait le symbole de toutes les luttes pour la liberté et l'égalité au fil du temps.

En ce jour d'été 1963, la voix du speaker qui ricoche dans les haut-parleurs disséminés le long du cortège comme un galet sur l'eau d'une rivière, annonce la prise de parole devant le micro de « Mme Joséphine Baker ».

L'immense foule lève les bras pour l'applaudir. Elle est une des deux femmes qui s'adresse ce jour-là aux manifestants avec la journaliste militante des droits civiques Daisy Bates qui a pris la parole quelques minutes avant elle.

Joséphine attendait ce moment depuis si longtemps. Pouvoir enfin parler aux hommes et aux femmes de son pays natal ! Elle, la petite fille qui marchait avec du papier journal en guise de chaussures dans les rues de Saint Louis. Elle, la petite fille qui tremblait de peur quand elle voyait brûler les maisons habitées par ses frères et sœurs de couleur. Elle, qui s'est sentie si souvent humiliée et montrée du doigt. Elle est là, devant ces hommes, ces femmes et ces enfants venus de tous les États pour vivre ensemble ce qui reste gravé encore aujourd'hui comme un grand moment de l'histoire de ce pays. Car Martin Luther King a personnellement tenu à l'inviter. Joséphine prend sa respiration et elle regarde devant elle en souriant. Elle commence à parler juste avant le discours légendaire du pasteur Kink. Son regard embrasse l'horizon :

« Je veux que vous sachiez que ce qui se passe ici est le plus beau jour de toute ma vie. Vous savez, j'ai vécu longtemps et j'ai parcouru un long chemin. Vous devez savoir maintenant que ce que j'ai fait, je l'ai fait à l'origine pour moi-même. Plus tard, lorsque ces choses ont commencé à arriver, je me suis demandé si elles vous arrivaient aussi et j'ai su que c'était le cas. Je savais que vous n'aviez aucun moyen de vous défendre comme moi. Et alors, que je commençais à vivre ma vie de femme et d'artiste, ils ont commencé à me battre. Pas avec des bâtons, non ! Avec des stylos, avec leur écriture et c'est encore pire (*bronca dans la foule. Joséphine s'interrompt quelques secondes puis reprend la parole*). Quand j'étais adolescente et que j'ai été brûlée par les flammes de leur haine, je me suis enfuie, loin, très loin. C'était un endroit qui s'appelait la France (*applaudissements de la foule*). Je dois vous dire, mesdames et messieurs, que je n'ai jamais eu peur dans ce pays. C'était comme un endroit féerique. Je n'ai pas besoin de vous dire que des choses merveilleuses me sont arrivées là-bas. Maintenant, je sais aussi que les plus jeunes d'entre vous ne savent pas qui est Joséphine Baker alors demandez à vos grands-mères et vos grands-pères, ils vous le diront. Je crois qu'ils vous diront que j'étais un diable, un petit diable d'Amérique (*applaudissements de la foule*). Quand j'ai quitté Saint Louis, il y a longtemps, un conducteur du tramway m'a dirigée vers la dernière voiture. Vous savez toutes et tous ce que cela veut dire (*huées de la foule*).

Alors je me suis enfuie, oui je me suis enfuie pour un pays où je pouvais aller dans n'importe quel restaurant, boire de l'eau à n'importe quel robinet. Je n'étais plus obligée d'aller dans les toilettes réservées aux colorés comme ils disaient ici. J'étais libre et je n'avais plus peur que quelqu'un me crie quand je prenais le train : « Eh Négresse, va dans ton wagon ! » (*Huées du public.*)

Oui, en France, j'étais heureuse et comme j'étais heureuse, j'ai eu du succès. Quand je suis revenue ici quelques années plus tard pour les Ziegfeld Follies à Broadway, j'ai simplement voulu raconter à tout le monde ce qui m'était arrivé de bien. Et puis un soir, une star américaine qui devait participer au même dîner que moi a refusé parce que j'étais une femme de couleur. C'était tellement dur pour moi d'entendre ça encore et encore. Je ne vous dirai pas ici quel est son nom. À quoi bon… de toute façon elle est est morte. Ensuite, je suis allée dans d'autres villes et chaque fois on me jetait au visage la couleur de ma peau. Je me suis dit : "Mon Dieu, je suis Joséphine Baker et s'ils me font ça à moi, une femme connue, que font-ils aux autres qui n'ont pas ma chance en Amérique ?" (*Huées du public. Joséphine prend quelques secondes avant de continuer.*)

Vous savez mes amis que je ne vous mens pas quand je vous dis que je suis entrée dans les palais des rois et des reines et dans les maisons des présidents. Mais, quand on me refuse une tasse de café ou une chambre d'hôtel en

Amérique à cause de la couleur de ma peau, cela me rend folle. Et quand je m'énerve, j'ouvre ma grande bouche (*le public applaudit*) et attention, parce que quand je crie ma colère, c'est le monde entier qui l'entend (*les applaudissements redoublent d'intensité*).

Alors, oui, j'ai ouvert ma grande bouche, j'ai crié. J'ai demandé ce à quoi j'avais droit mais ils n'ont toujours pas voulu me le donner. Ils ont voulu me salir, ils ont dit que j'étais communiste, j'ai été pourchassée par des agences du gouvernement américain. Mais moi, je voulais juste dire ma vérité et la vérité, c'était simplement que je voulais pouvoir boire ma tasse de café où je voulais et quand je voulais. Mes amis, mes frères, mes sœurs, c'est comme ça que cela s'est passé. Quand j'ai crié assez fort, ils ont commencé à ouvrir la porte, juste un petit peu, nous avons commencé à nous faufiler, pas seulement nous mais aussi les Indiens, les Mexicains, les Orientaux. Maintenant, je ne veux pas me tenir devant vous aujourd'hui et m'attribuer le mérite de ce qui se passe maintenant. Je ne peux pas faire ça. Mais je veux modestement penser que j'ai pu vous ouvrir une voie et que quand vous criez vous aussi aujourd'hui vous êtes enfin entendus. Je sais que maintenant vous serez entendus. Vous les plus jeunes, il faut que vous alliez à l'école pour apprendre à vous protéger. Vous pourrez-vous protéger non pas avec des armes mais avec des stylos. Au risque de paraître ringarde, tant pis, je peux vous dire, mes amis, que la plume est plus puissante que l'épée (*clameurs de la foule*).

Mes amis, je ne suis plus une jeune femme aujourd'hui, ma vie est derrière moi et le feu qui brûlait en moi est moins fort aujourd'hui. Avant qu'il ne s'éteigne, je veux que vous utilisiez le peu qui reste pour allumer ce feu en vous. Pour que vous puissiez continuer, que vous puissiez faire encore plus de belles choses que moi, alors quand mon feu sera éteint et que j'irai là où nous irons tous, alors oui, je serai heureuse ! Je vous remercie et que Dieu vous bénisse ! Et puisse-t-il vous bénir longtemps après mon départ ! »

Les 300 000 manifestants, dont beaucoup ne retiennent pas leurs larmes, offrent une ovation d'une intensité que Joséphine n'aura jamais connue durant toute sa carrière. Elle salue quelques instants cette foule de ses deux mains avant de céder la parole au pasteur Martin Luther King.

Elle assiste ensuite à son discours devenu mythique. Quelques jours plus tard, elle est reçue par le président Lyndon B. Johnson qui a succédé à John Fitzgerald Kenndy après son assassinat à Dallas en 1962. Le 16 novembre, elle écrit une dernière lettre à Martin Luther King avant de quitter le sol américain :

« Cher révérend King,
Je pars aujourd'hui pour la France afin d'être avec mes enfants. Je serai de retour dans quelques semaines et je veux que vous sachiez que je serai comme toujours à votre disposition pour la campagne en faveur des droits civiques. Nous ne pouvons pas nous arrêter maintenant, au contraire nous devons redoubler d'efforts. Notre bien aimé président Kennedy est mort tout comme d'autres héros de notre cause, il ne faut pas qu'ils soient morts en vain. Je suis de tout mon cœur et de toute mon âme avec vous. Plus que jamais cette

grande nation a besoin de bonne volonté, de sincérité et de fidélité. Nous ne sommes pas au bout de nos peines, mais tant que nous resterons unis, nous réussirons. Souvenez-vous que notre unité est notre plus grande force, sans elle il ne peut y avoir de victoire solide. »

Joséphine ne reverra pas le pasteur King qui sera récompensé en 1964 du prix Nobel de la paix avant d'être assassiné en avril 1968. En attendant, juste après sa participation à la Grande Marche de Washington commentée par les journaux du monde entier, Joséphine est invitée au Maroc.

Un voyage ô combien important puisqu'il va lui permettre d'agrandir encore (et pour la dernière fois) sa tribu arc-en-ciel. Un de ses amis vivant à Casablanca lui parle en effet d'une petite orpheline née à Paris d'un père français et d'une mère marocaine. Stellina entre ainsi à son tour dans la famille Bouillon-Baker.

Peu après, Joséphine repart pour une tournée aux États-Unis. Pierre Spiers, le pianiste de génie qui accompagne Joséphine depuis presque quinze ans, raconte lui aussi, dans son album de souvenirs, une scène d'une rare intensité à laquelle il a eu la chance d'assister le 14 octobre 1963. Ce soir-là, Joséphine offre un gala de bienfaisance au Carnegie Hall de New York sous l'égide de sa fondation qui s'est associée pour cette grande occasion au mouvement des droits civiques. Sur l'affiche qui annonce le spectacle, on devine simplement sa silhouette en noir sur fond gris. Telle une liane, elle lève les bras vers le ciel comme pour saluer le public, les mains grandes ouvertes au-dessus de sa tête. Au pied de sa robe est sobrement écrit : « Joséphine Baker. » Les 3 000 places de la salle mythique de

Manhattan sont prises d'assaut et le spectacle est une réussite totale. Pierre Spiers détaille l'inoubliable moment qu'il a vécu entouré par des véritables légendes de la musique américaine : « Juste après le show de Joséphine, Ruth Ellington, la sœur cadette de Duke, nous invite chez elle pour dîner. Son frère "Le Duke" nous rejoint et il est accompagné de Sammy Davis Junior. Quand ils se sont tous mis à jouer et à chanter, j'ai vu Joséphine qui retrouvait toutes les expressions fabuleuses de son âme noire. Elle laissait jaillir d'elle les negro-spirituals, ces chants religieux créés par les esclaves afro-américains dans les plantations. Je crois que de toute ma vie de musicien, ce fut le souvenir le plus éblouissant et le plus exaltant. Ce soir-là, je ressentis le vrai talent de Joséphine, celui qui n'avait rien à voir avec le show-business et les plumes sur la tête qu'elle savait pourtant porter comme personne. J'ai compris à ce moment précis que sa voix limpide et d'une exceptionnelle musicalité faisait d'elle l'égale des plus grands. »

Son séjour américain se déroule sans le moindre souci jusqu'à ce jour funeste de novembre qui plonge le monde entier dans la stupeur et l'effroi quasiment en direct sur les écrans de télévision.

Le 23 novembre 1963, elle apprend que le président John Fitzgerald Kennedy vient d'être assassiné à Dallas. Jo Bouillon se souvient du télégramme que Joséphine lui a envoyé dès qu'elle a appris la terrible nouvelle : « Le monde bascule. Tendrement à toi. »

Elle rentre aux Milandes pour passer les fêtes de Noël au pied du grand sapin illuminé par les guirlandes et les sourires de ses enfants.

L'année 1964 est incontestablement celle d'un groupe de jeunes musiciens anglais qui emporte tout sur son passage : les Beatles. Un des membres de cette formation mythique ne le sait pas encore quand il chante *Love me do* devant des admiratrices hurlant comme des possédées : bien longtemps plus tard, en 2012, il interprétera un morceau jazzy que Joséphine chantait en 1932, *Bye Bye Blackbird*, et que le père de ce chanteur adorait fredonner. Le nom de cet Anglais natif de Liverpool, comme ses trois autres compères : Paul McCartney !

Joséphine est engagée pour une longue série de représentations dont une qui fera date sur la scène du théâtre Henry Miller à Broadway. Elle a 58 ans mais sa voix est toujours limpide et son corps reste une liane qu'elle bouge à sa guise sous des robes toujours aussi incroyables. Lors de ce séjour new-yorkais, elle rencontre Carmen De Lavallade et Geoffrey Holder. Chorégraphes et danseurs, ils forment un duo à la ville comme sur la scène. Leur talent est tel que Joséphine accepte de partager l'affiche avec eux bien volontiers. Ils sont âgés d'une trentaine d'années, soit la moitié quasiment la moitié de l'âge de Joséphine. Mais elle décide de jouer avec eux durant les vingt-quatre représentations à Broadway.

Devenus complices avec elle au fil des spectacles, ils acceptent d'accompagner Joséphine en France. Dès leur première apparition sur scène, les spectateurs français partagent l'enthousiasme de Joséphine et leur réservent un accueil chaleureux.

Après un début d'année passée en Amérique, Joséphine rentre à Paris pour préparer son spectacle à l'Olympia prévu pour le mois d'avril. Elle connaît la salle jusqu'au moindre recoin mais, comme à son habitude, elle se prépare sans rien laisser au hasard avec ses musiciens. Bruno Coquatrix supervise les répétitions avec sa sempiternelle cigarette fixée au coin des lèvres. Joséphine reprend *Paris, mes amours* et, sur le programme officiel, elle apparaît sur la première page en bustier blanc incrusté de brillants et porte sur la tête une coiffe qui ressemble à un éventail en plumes géant.

Le jour de la première, elle accepte qu'une équipe de télévision vienne lui poser des questions quelques heures avant d'entrer en scène.

« Avez-vous l'impression de jouer une partie très importante ce soir ? l'interroge le journaliste.

— Non (*elle n'a pas le temps de poursuivre car le journaliste l'interrompt*)...

— Quelles sont les conséquences si ça ne marche pas ?

— Non. Je ne crois pas, je (*elle est à nouveau interrompue par le journaliste*)...

— Vous êtes sûre ? Vous êtes sûre de vous ?

— Non, je ne suis pas sûre de moi mais je suis sûre du public parisien (*elle réajuste son écharpe autour de son cou*). Absolument sûre, il ne va pas me laisser tomber ne vous en faites pas, il ne va pas me laisser tomber, les gens ne m'ont jamais laissée tomber ailleurs, alors pourquoi voulez-vous que cela commence ici à Paris ? »

Et comme toujours, Joséphine triomphe sur la scène de l'Olympia qui affiche complet chaque soir durant presque un mois.

Quelques semaines après, elle reçoit une équipe de télévision aux Milandes. Elle répond aux questions du journaliste qui lui tend son micro, assise sur un muret en pierre juste à côté de son château :

« Joséphine Baker, comment vont vos enfants ?

— Ils vont parfaitement bien. Ils sont aussi diables que jamais. Ça veut dire par ici qu'ils sont en bonne santé ! (*Elle tourne la tête pour les surveiller car ils jouent derrière elle.*)

— Joséphine Baker, vous êtes partie aux USA et vous êtes restée trois mois, c'était pour une raison précise ?

— Oui je pense bien que j'y étais pour une raison précise, c'était gagner de l'argent !

— Vous avez des difficultés financières je crois ? [...]

— Oui, mais c'est comme tout le monde il y a des affaires qui marchent moins bien qu'on pensait au départ.

— Si vous étiez très riche, est-ce que vous accepteriez de vous retirer ou vous accepteriez de chanter à nouveau ?

— Me retirer ? Faites-moi confiance non, je… (*Elle est interrompue par la voix enfantine d'un de ses garçons qui crie : "Maman !" hors du cadre de la caméra. Joséphine tourne la tête vers lui et éclate de rire.*) Oui mon chéri ! Voilà… voilà la réponse. Voyez-vous avec ça, les enfants, c'est ça l'important, y a rien à faire ! Je crois que je n'aurai jamais beaucoup d'argent. Pour moi, l'argent, ça ne sert qu'à faire des heureux alors à part cela à quoi ça peut me servir ? »

Pourtant la situation financière devient critique et Joséphine doit se résoudre à la vente aux enchères du mobilier des Milandes pour pouvoir payer ses créanciers. La vente est officiellement annoncée le 9 juin 1964 et tous les journaux français s'en font l'écho.

C'est alors qu'une actrice française, star parmi les stars de cette époque, décide de prendre la parole pour venir en aide à Joséphine. Brigitte Bardot, alors âgée de 30 ans demande à une équipe de la télévision qu'elle vienne l'interroger car elle souhaite lancer un appel.

Le 4 juin 1964, les téléspectateurs découvrent que celle qui vient de tourner *Une Ravissante idiote* avec Édouard Molinaro est aussi une femme prête à s'engager pour une cause solidaire.

Assise sur un fauteuil, veste blanche aux motifs léopard, jupe juste au-dessus du genou, les jambes croisées et les mains jointes, elle regarde la caméra sans aucune note devant elle : « J'aimerais vous parler de ce qui arrive à Joséphine Baker. Je trouve personnellement que c'est bouleversant et que nous devons tous faire quelque chose pour elle. J'ai demandé à la télévision qu'elle m'aide à être le porte-parole des gens que cette histoire a touchés. J'estime que cette femme a eu beaucoup de courage dans sa vie et qu'elle a toujours été très généreuse. En ce moment, nous ne pouvons pas la laisser dans cette situation. Je sais qu'en général, les appels lancés à la télévision ne restent pas sans réponse, c'est pourquoi je vous demande à tous et à toutes aujourd'hui de faire le maximum de vos possibilités pour venir en aide à Joséphine Baker. Mardi, on doit vendre le chateau des Milandes, ce qui veut dire que cette femme va se retrouver sans maison, sans toit et sans argent, avec ses onze enfants. Je crois que chacun peut aider Joséphine Baker. Merci. »

Aux alentours de 20 heures, une autre équipe de télévision est aux côtés de Joséphine et lui demande de réagir aux propos de l'actrice qu'elle vient juste d'écouter par écran interposé : « C'est tellement sensationnel de penser qu'une femme comme elle puisse penser à mes enfants. Ces enfants sont des enfants du monde qui représentent la fraternité universelle. Les Milandes, c'est un petit village unique au monde, il n'y en a pas un autre comme celui-là. Je l'ai créé parce que je pensais faire mon devoir et de penser qu'une femme comme Brigitte Bardot, elle qui est si célèbre et tant aimée par les gens, vienne m'apporter son aide, je dois dire que ça me fait quelque chose. On me demande si je la connais mais on ne s'est jamais rencontrées. Ce serait un honneur de la voir. Elle a compris que mes enfants pouvaient se retrouver sans un toit au-dessus de leurs têtes. Elle a compris cela. Elle seule vient comme artiste à mon secours. Je vais vous dire, madame Brigitte Bardot, combien je vous suis reconnaissante et je vous embrasse très fort. »

L'appel de Brigitte Bardot a un retentissement dans tout le pays et le lendemain, tout le monde ne parle plus que de la croisade de « BB » pour sauver Joséphine. Même les chaînes américaines relaient l'appel de l'actrice, sans doute parmi les plus célèbres de la planète à l'époque.

Devant l'importance inédite de cette médiatisation, les créanciers des Milandes se font discrets et Joséphine décroche *in extremis* un précieux répit dont elle ne connaît pas vraiment la durée mais qui peut lui permettre de trouver des solutions.

La vente du château est annulée quasiment le jour où elle fête ses 58 ans. Malgré le soulagement, Joséphine a laissé beaucoup de forces dans les mois qui se sont succédé sur fond de possible vente des Milandes et, au mois de juillet, une première alerte cardiaque l'oblige à être hospitalisée quelques jours à Paris.

Mais rien n'arrête Joséphine et dès qu'elle est hors de danger, elle repart une nouvelle fois vivre sa vie de Joséphine. Elle est ainsi. Depuis toujours.

Lors d'une tournée en Suisse, elle répond aux questions d'un journaliste de télévision. Assise sur un fauteuil, habillée d'un pull en laine blanc et d'un pantalon en toile, on devine en arrière-plan sur le plateau les photos de ses enfants accrochés à un portique.

« Joséphine pouvez-vous nous dire où en est votre village des Milandes ? s'enquiert le journaliste.

— Eh bien tout est sauvé grâce au monde entier qui est venu à notre secours. Aujourd'hui, c'est déjà le passé et nous pensons à demain. Demain nous voulons construire un collège de la fraternité universelle.

— Quel est le principe ?

— Au lieu de séparer les gens, nous voulons les unir. Il suffit de regarder ce qui se passe dans le monde avec tous ces conflits et ces incompréhensions.

— Mais Joséphine, on a envie de vous dire que vous ne vous arrêtez jamais ! Les Milandes sont sauvées mais vous continuez encore et toujours !

— Mais c'est impossible de s'arrêter. Il faut penser à demain et donner de l'espoir et du courage aux peuples du monde entier. »

Dès son retour en France, Joséphine se lance dans ce projet avec la certitude d'être suivie dans son entreprise par de nombreux pays. Elle envisage un montage financier qui repose sur leurs participations à la marche de l'établissement. Elle contacte des avocats et même un architecte pour préparer les bases du futur collège prévu pour accueillir 400 enfants. Mais ce bel enthousiasme s'interrompt soudainement car Joséphine est opérée en urgence d'une occlusion intestinale à Paris au début de l'année 1965.

Prévenu de son état, Jo Bouillon fait le voyage depuis l'Argentine pour venir à son chevet. Toute la famille est réunie pour quelques jours, ce qui n'était pas arrivé depuis longtemps. Jo raconte dans ses mémoires la réaction de Joséphine quand elle l'a vu arriver dans sa chambre d'hôpital : « Oh mais vous êtes tous là ! Dites, je ne vais pas encore mourir cette fois-ci ? » Akio se souvient de ce moment particulier où il a demandé à son père : « Papa, tu ne peux rester avec nous ? »

Joséphine, elle, se remet à vitesse grand V de son intervention chirurgicale et part se reposer quelques jours dans son château des Milandes.

Au mois de juillet, elle décide d'emmener toute sa tribu à Cuba puis en Argentine au mois d'août pour que les enfants voient leur père. La petite troupe joyeuse s'envole dans un vieux DC3 bleu et blanc de la compagnie Air France. Aiko, fils aîné de Joséphine au sein de la tribu, se souvient avoir tremblé durant tout le trajet en regardant tourner les hélices, ayant peur qu'elles s'arrêtent sans prévenir.

Joséphine jouit d'une fantastique réputation auprès du peuple cubain depuis ses différents séjours par le passé et elle a prévu de rencontrer le nouvel homme fort de La Havane depuis la révolution en 1959 : Fidel Castro.

Elle participe dans une loge d'honneur aux discours politiques qui se succèdent dans un stade de baseball où ont pris place 100 000 Cubains.

Après le meeting, Joséphine et sa tribu sont conduites dans une grande maison située dans la station balnéaire de Varadero à 150 kilomètres à l'est de La Havane. Aiko se souvient d'une vie de rêve sous le soleil, même si la nourriture était chaque jour la même pour tous les repas sans qu'il comprenne pourquoi : riz et poulet.

Un après-midi, il règne une agitation inhabituelle dans le quartier et les enfants assistent à un ballet de voitures militaires qui bouclent totalement les rues. Regroupés dans le salon, ils voient alors arriver devant eux cinq hommes armés jusqu'aux dents qui escortent un sixième homme en treillis avec une barbe. La fumée d'un cigare enveloppe son visage.

Fidel Castro est venu en personne saluer Joséphine et sa famille ! Il offre des cadeaux aux enfants et discute plusieurs heures avec elle avant de repartir.

Après ce long séjour cubain, la famille au grand complet fait une courte halte en Argentine pour que les enfants puissent voir leur père Jo, désormais patron d'un restaurant français à Buenos Aires.

Cinq jours plus tard, Joséphine prend le chemin du retour avec ses douze enfants pour rentrer en France.

Dès lors, elle se retrouve confrontée à une tempête financière qu'elle va essayer de combattre de toutes ses forces pour éviter la fin des Milandes.

Durant l'automne 1965, devant les problèmes insolubles qui s'accumulent, Joséphine demande à Jo de rendre visite au général de Gaulle. Dans ses mémoires, Jo raconte que c'est elle qui a sollicité l'entrevue mais qu'elle refuse catégoriquement de parler d'argent avec le Général. Jo revient sur ce rendez-vous dans le bureau présidentiel du grand homme qui, rappelle-t-il, n'a duré que trois minutes : « Le Général se lève de son bureau et il m'accueille de sa voix célèbre : Alors que peut-on faire pour Joséphine ? » Jo donne tous les détails de la situation financière à Charles de Gaulle qui écoute attentivement avant de conclure : « Nous allons voir ce qui peut être fait. »

Peu après, Jo entre en contact avec un directeur du cabinet présidentiel qui lui conseille de prendre rendez-vous avec une banque. Selon Jo, le responsable de l'établissement financier lui indique qu'un château situé dans l'Allier peut être mis à la disposition de la fondation de Joséphine. Il sait d'avance qu'elle va refuser tout comme elle avait refusé une proposition du roi du Maroc pour s'installer dans son pays. Joséphine a fait le rêve des Milandes et c'est aux Milandes qu'elle veut rester.

Ensuite, Joséphine, sur les conseils de Jo, rencontre Gilbert Trigano qui vient de fonder le Club Méditerranée. Il propose un marché : sa société prend la responsabilité de « l'entreprise Milandes » et Joséphine garde le château et ses terres. Mais comme lors de l'épisode du film avec le réalisateur de *Sissi*, la nuit porte conseil à Joséphine.

D'abord séduite par la proposition, elle finit par la refuser catégoriquement en expliquant à Jo qu'il n'est pas question de faire entrer le monde des affaires dans l'univers des Milandes.

Découragé, Jo décide de repartir en Argentine pendant que Joséphine entame une nouvelle tournée durant trois mois. Elle espère toujours trouver *la* solution qui lui permettra de sauver son château.

Au début de l'année 1967, elle pense l'avoir trouvée après avoir été contactée par l'agent d'un réalisateur américain qui lui propose de faire un film sur sa vie. Le cachet peut lui permettre de rembourser une grande partie de ses dettes mais, avant de signer le contrat elle remarque une clause : en apposant sa signature, elle accepte de venir chanter pour les soldats américains au Vietnam. Farouchement opposée à la présence américaine dans ce pays d'Asie du Sud-Est et pacifiste de la première heure, elle refuse tout net.

Infatigable, elle repart encore et toujours sur les routes et dans les cieux pour des spectacles qui continuent de la faire voyager aux quatre coins du monde : Mexique, Maroc, Pays-Bas.

Au mois de juin 1966 elle chante en Allemagne de l'Ouest. Elle est invitée dans la ville de Baden-Baden au German Schlager Festival. Accompagnée d'un grand orchestre, elle offre un récital mémorable qu'elle ouvre par *J'ai deux amours* avant d'enchaîner trois autres titres et de terminer par une des chansons qu'elle adore, *Avec*. Le public est conquis et lui offre une *standing ovation* de plusieurs minutes filmée par les caméras de télévision.

Devant tous ces succès à répétition, la presse française semble ne pas être informée de ses déboires financiers qui s'aggravent et à la une du magazine *Noir et Blanc*, on peut lire : « JOSÉPHINE EST SAUVÉE ». Le titre, en lettres capitales, est accompagné d'une photo de Joséphine le visage éclairé par un large sourire.

Malheureusement, la situation financière des Milandes s'aggrave encore plus en 1967. Les dettes s'accumulent et les créanciers se font toujours plus pressants. Au mois de février, le domaine est mis en vente mais Joséphine a réussi à récupérer un chèque qui lui permet de repousser la tractation. Un répit qu'elle met à profit en lançant un nouvel appel *via* la radio Europe 1 dont le patron et fondateur, Sylvain Floirat, se dit prêt à lui venir en aide. Natif du village de Nailhac en Dordogne, à une soixantaine de kilomètres du château, l'homme d'affaires propose à Joséphine de payer ses dettes, soit près de 145 millions de francs. Il lui propose un marché : il devient propriétaire des Milandes, dont il laisse l'usufruit à Joséphine. Mais ce concept d'« usufruit » ne plaît pas du tout à Joséphine qui, une nouvelle fois, refuse. Pas question pour elle de céder une partie de son rêve, même à un homme de bonne volonté.

Malgré ce contexte toujours plus compliqué qui semble conduire inéluctablement à une catastrophe, Joséphine ne baisse pas les bras.

Au mois de mars 1968, elle participe à une émission de la télévision canadienne, *Le Sel de la semaine*, qui reste aujourd'hui encore un moment d'anthologie dans sa longue carrière tant son talent éclate dans toute sa splendeur au cours de sa prestation teintée de panache et d'insouciance. Elle est l'invitée unique de Fernand Seguin. L'animateur reçoit chaque lundi à 22 heures des personnalités venues de tous les horizons. Son style novateur repose sur une façon d'interviewer en public ses invités en créant un vrai climat de confiance et une proximité jusqu'ici inconnue à la télévision.

Après le générique, assis devant une petite table en bois toute simple avec à côté de lui le fauteuil encore vide de Joséphine qui attend en coulisses, il commence la présentation de son invitée : « Joséphine Baker, c'est une femme qui vient de franchir le cap de la soixantaine et elle ne m'en voudra pas de le répéter. C'est une femme qui élève ses douze enfants. Joséphine Baker, c'est aussi l'histoire de Cendrillon, une Cendrillon couleur de miel. Elle recevait 20 000 lettres d'amour et 1 000 demandes en mariage chaque année, c'est une déesse du music-hall depuis quarante ans. Elle est arrivée hier de Paris, mesdames, messieurs, Joséphine Baker ! »

Joséphine entre sur le plateau avec la musique de *J'ai deux amours* et vient embrasser Fernand Seguin après qu'il lui a d'abord baisé la main pour l'accueillir sous les applaudissements. Habillée d'une robe orange et d'une tunique assortie, elle fait ensuite le tour des hommes et des femmes dans le public. Elle serre leurs mains, échange un petit mot avec chacun puis salue de la main avant de regagner son fauteuil.

« Enfin asseyons-nous !

— Nous sommes déjà en famille, remarque le journaliste.

— Ah oui je pense bien ! Quelle famille nombreuse ! Ça me fait plaisir de vous voir tous là. Merci ! Merci bien ! (*Le public applaudit.*)

— Quand on pense à Joséphine Baker, on pense tout de suite à ses robes. Qu'est-ce que c'est que cette robe que vous portez ?

— C'est un caftan, une robe marocaine. Comment vous trouvez cela, mesdames ? »

Elle se lève sans prévenir et se tourne vers le public en tendant ses mains à la façon d'un mannequin qui défile. Elle tourne sur elle-même puis se rassied. Le Show Joséphine est lancé !

Fernand Seguin reprend la parole : « Vous avez porté les robes des plus grands créateurs, Dior, Balenciaga…

— Oui c'est vrai, toutes sortes de robes mais en coulisses vous m'avez demandé si j'aimais… euh… (*Elle s'interrompt et regarde son interlocuteur avant de reprendre la parole.*) Oui si j'aimais… (*elle pose sa main sur ses cuisses*).

— Ah oui ! Les minijupes ! (*Joséphine éclate de rire en tapant dans ses mains.*)

— Moi j'adore ça ! Surtout je trouve cela très joli pour les jeunes femmes (*elle scrute le public*). Justement, regardez (*elle désigne du doigt une spectatrice dans le public*). Elle est belle comme tout ! Regardez ses jolies jambes, si vous étiez à Paris en ce moment, à vous les Folies Bergère, le Casino de Paris ! »

Ensuite, Joséphine revient longuement sur les tenues qu'elle portait au début de sa carrière et notamment sa célèbre ceinture de bananes lorsqu'elle a débuté à Paris en 1925. Elle raconte son enfance à Saint Louis et les années sans argent où elle portait des habits récupérés ici et là. Durant une quinzaine de minutes, elle livre des anecdotes sur son installation à Paris et les premiers mots de français qu'elle a appris avec toujours ses maudits R qu'elle n'a jamais su prononcer convenablement. Puis l'animateur lui pose une question sur l'année 1926, quand elle ose apparaître les seins nus sur la scène : « Les seins nus, ou comme on dit maintenant en anglais *topless* !

— Oui j'interprétais des chansons qui représentaient la savane ou la jungle et je ne me voyais pas porter des manteaux de fourrure. Je présentais une femme africaine que je suis d'origine… alors pour moi, c'était normal !

— Vous avez montré qu'il existait une différence considérable entre la nudité et la vulgarité.

— Ah je ne sais pas. Je ne comprends pas tout ça. Je sais simplement que dans les musées, les statues ne sont pas toujours couvertes et on trouve que c'est très bien puisqu'on y emmène les jeunes filles et les jeunes garçons avec raison du reste puisque c'est l'Art !

— Oui, mais ça ne bouge pas ! »

Joséphine ouvre la bouche sans parler et prend l'air faussement choquée, puis remue la main devant son interlocuteur pendant que le public explose de rire.

« Euh, ça dépend, c'est une question d'imagination ! »

Elle évoque ensuite sa rencontre avec des artistes comme Jean Cocteau ou Paul Colin pour qui elle a souvent posé : « Nous avions le même âge dans les années 1930 et nous étions des copains. J'ai même posé aux Beaux-Arts pour leur faire plaisir. On voulait me voir alors on m'a vue. Existe-t-il quelque chose de mal à admirer ce que la nature et le Bon Dieu ont fait ? Moi je trouve que c'est très beau. »

Elle s'amuse ensuite en racontant à Fernand Seguin combien elle a pu choquer certains esprits vertueux et comment elle a souvent dû contourner les interdictions de ligues morales. Elle alterne les moments légers ou plus graves avant d'évoquer sa vie d'artiste.

« De quoi est fait votre métier de grande vedette internationale ? l'interroge le journaliste.

— C'est très simple. Du travail ! Moi j'ai toujours aimé travailler. Il faut travailler des heures et des heures pour le chant, la danse et la comédie. Après je n'ai jamais aimé le mot "vedette", je me suis toujours considérée comme quelqu'un de simple et normal.

— Pouvez-vous nous parler de ce qui s'est passé pendant la guerre ?

— J'ai fait mon devoir, répond Joséphine, l'air grave. C'est vrai, je suis allée un petit peu partout pour la Résistance mais encore une fois, j'ai fait ce que je devais faire.

— Je voudrais que nous abordions aussi cette facette de vous qui est si importante : l'adoption !

— Oh je n'aime pas ce mot. Je préfère « fraternité ». Au début, je voulais quatre enfants de races et de religions différentes. Finalement, j'ai triplé leur nombre sans l'avoir prévu et aujourd'hui, ils sont douze ! »

Elle cite ensuite tous les prénoms en lisant un petit papier pense-bête pendant que la réalisation de l'émission projette une immense photo de la tribu en arrière-plan avant que l'animateur ne pose une ultime question :

« Avez-vous le sentiment d'être une maman extraordinaire ?

— Non je suis simplement un être humain. Vous aussi, mesdames et messieurs, soyez fiers de vos enfants. Je ne suis pas exceptionnelle car je ne fais qu'aimer mes enfants, c'est tout.

— Laissez-moi vous remercier, madame Baker d'être venu nous voir et d'être ce que vous êtes, un exemple extraordinaire !

— Merci vous êtes gentil, merci bien ! »

Elle joint ses deux mains devant son visage et salue la salle avant que le générique de fin ne démarre.

L'espace d'un instant, on devine une photo tirée visiblement d'un journal qui fait état de l'adjudication du château des Milandes mais pas un mot n'a été prononcé sur ce sujet.

Le 3 avril 1968, Joséphine est à nouveau en tête d'affiche de l'Olympia. Pour l'occasion, la maison de disques Pathé-Marconi a édité un album spécial intitulé *Sos Enfants du monde* dont le produit des ventes est destiné à renflouer les caisses de Joséphine. Elle pose un autographe sur chacune des pochettes que le public s'arrache dans le hall de la salle mythique. Son spectacle est un triomphe et les disques commercialisés dans de nombreux pays européens s'arrachent comme des petits pains.

Elle enchaîne ensuite avec une interview réalisée par Denise Glaser, présentatrice vedette de l'émission *Discorama* que regarde la France entière. Mais là encore, pas un mot sur les problèmes d'argent. Jusqu'au bout, Joséphine est persuadée que le sort va enfin cesser de s'acharner contre elle. Mais le 3 mai 1968, alors qu'elle est en tournée au Pays-Bas, elle ne peut rien faire pour empêcher la vente aux enchères du château des Milandes, qui est adjugé pour 125 millions de francs. Cette annonce qui aurait été un coup de tonnerre en temps normal sur le plan médiatique, passe presque inaperçue en pleine révolte étudiante qui agite ce mois de mai 1968. Joséphine est désemparée. Elle pensait qu'un de de ses amis fortunés allait surenchérir comme prévu avec elle pour sauver son château mais il n'est pas venu en Dordogne le jour de la vente. À un sentiment de tristesse s'ajoute celui d'avoir été trahie. Mais comme toujours, Joséphine ne laisse rien paraître. Pas question que ses enfants soient au milieu de la tempête. Toute la tribu se retrouve autour de la grande table en bois de la cuisine autour d'un bon repas. Comme toujours, un débat anime la pièce et cette fois, il s'agit de la révolte étudiante, se souvient Marc Vromet-Buchet, le fidèle secrétaire de Joséphine cité dans le livre de souvenirs de Jo Bouillon : « Joséphine s'est prononcée contre le mouvement étudiant avec quatre de ses enfants car les autres étaient pour ! Elle a expliqué qu'elle était contre car elle estimait que ce combat était mineur par rapport à celui de la guerre du Vietnam. Ensuite tout le monde a débarrassé la table comme dans un ballet bien ordonné. En un quart d'heure la cuisine était nette. Ensuite elle m'a dit : "Je vous emmène car je veux une copie du procès-verbal de la vente au greffe du tribunal." »

Le 6 juin, joséphine apprend l'assassinat de Robert Kennedy, candidat démocrate à la présidentielle américaine. Sans hésiter, elle décide de se rendre aux obsèques de cet homme qui, quelques années plus tôt, avait pesé de tout son poids pour permettre à Joséphine de repartir en tournée aux États-Unis alors qu'elle faisait l'objet d'un boycott quasi total. Plus combative que jamais, elle remonte sur la scène de l'Olympia dès son retour avec une nouvelle idée scénique dans la tête. Elle est passée chez une fleuriste et lui a commandé plusieurs dizaines de petits bouquets de fleurs en bleu, blanc et rouge.

Dès les dernières mesures de son ultime morceau et à la surprise générale, elle empoigne les bouquets et les jette sans prévenir sur les spectateurs sous une *standing ovation* des spectateurs dont beaucoup versent des larmes, émus par ce geste.

Le 29 juin 1968, après la dernière date de l'Olympia elle rentre aux Milandes.

Le 4 juillet, victime d'une attaque cérébrale, elle est hospitalisée d'urgence à Périgueux. Comme toujours elle dompte la maladie et la douleur. Elle se remet assez vite mais l'échéance fatale de son expropriation approche. Joséphine se bat avec l'énergie du désespoir mais elle veut d'abord mettre ses enfants à l'abri. Elle a trouvé un appartement à Paris pour les accueillir et les plus grands rejoindront les internats de leurs lycées respectifs.

Au mois de janvier 1969, tous les meubles sont vendus. Le grand château dont le toit fuit est un vaisseau fantôme perdu sur la colline des Milandes. Joséphine effectue de nombreux allers-retours entre le Périgord et Paris et elle apprend le 8 mars que le nouveau propriétaire a réussi à ouvrir les portes du château et veut procéder au déménagement avant que la loi ne lui autorise.

Joséphine revient donc d'urgence en train aux Milandes et tente de se barricader. Plusieurs journalistes présents sur place racontent cette scène surréaliste et tragique qui se déroule en partie sous leurs yeux quand elle s'adresse à eux depuis le premier étage en criant de toutes ses forces : « Non ! Je ne partirai pas ! Non je ne partirai pas d'ici ! Je ne peux pas accéder à mon bureau, ils m'ont tout pris, mais ils ne m'empêcheront pas de rester ! »

« Ils », se sont les artisans dépêchés sur place par le nouveau propriétaire, officiellement pour débuter des travaux mais officieusement pour se transformer en véritables hommes de main pour expulser Joséphine de gré ou de force. Le secrétaire de Joséphine affirme que chacun de ces hommes venus de Clermont-Ferrand touchera une prime de cent francs dès que la chanteuse aura quitté les lieux.

En désespoir de cause, Joséphine se réfugie dans la dernière pièce où elle pense pouvoir encore résister : la cuisine. Cette fameuse cuisine, avec son imposante cuisinière en fonte d'où s'envolaient il y a bien longtemps les parfums du poulet rôti du dimanche au milieu des rires des enfants. Cette pièce qui, depuis si longtemps, est le quartier général de la tribu arc-en-ciel est désormais plongée dans un silence glacial. Le chauffage ne fonctionne plus. Joséphine se réchauffe comme elle peut en y portant des couvertures dans lesquelles elle s'entoure. Son seul compagnon est un petit chat avec qui elle partage des repas que ses voisins viennent lui apporter.

Vers 7 h 30, les huit hommes décident de passer à l'action. Ils n'hésitent pas à malmener Joséphine pour la sortir de cette cuisine où elle dormait depuis quarante-huit heures. Selon les témoignages, Joséphine se bat comme une lionne et s'accroche à la barre métallique de la gazinière, mais elle doit lâcher et se retrouve à l'extérieur. Les huit hommes referment la porte derrière elle. Ils ont accompli leur mission. Joséphine est dehors, sous la pluie qui commence à tomber. Elle s'assied alors sur le perron devant la cuisine. Durant près de sept heures, elle reste immobile, jusqu'à l'arrivée des autorités judiciaires, prévenues que quelque chose d'anormal et surtout d'illégal se passait aux Milandes.

La magistrate dépêchée sur place indique à Joséphine qu'elle peut réintégrer sa cuisine mais, comme le rapporte la journaliste de *Sud-Ouest* témoin de la scène, elle titube en se plaignant de maux de tête. Elle est hospitalisée à Périgueux à la nuit tombée.

Le médecin qui l'examine rapporte des traces d'hématomes sur son bras gauche, mais aussi des marques dues à des violences sur les jambes et les bras. Elle a également des difficultés à bouger son poignet gauche et son pouce est douloureux. Prostrée, anéantie, Joséphine sait qu'elle ne reverra plus jamais les Milandes. Elle sait aussi que le destin lui a toujours réservé des coups du sort. Dont elle s'est toujours relevée. Elle ne s'est jamais courbée devant les soldats ennemis durant la guerre, jamais tue devant ces hommes blancs qui ne voulaient pas qu'elle chante, jamais résignée à fréquenter les restaurants pour les Noirs, alors ce n'était pas ces lâches qui allaient gagner à la fin. Pas question. En soignant ses plaies sur son lit d'hôpital, Joséphine regardait déjà devant. Comme toujours.

12

Joséphine comme un phénix

On a coutume de dire, parfois sur le ton du cliché, que la vie d'artiste passe obligatoirement par des rencontres. Pour Joséphine, c'est une réalité depuis quasiment le premier jour où elle a décidé de consacrer sa vie au spectacle. Même dans les moments les plus noirs, il y a toujours une petite lumière qui brille quelque part.

Cette lueur, c'est celle qui illumine les yeux d'un admirateur de Joséphine. Il est comédien, metteur en scène, danseur, chanteur et il s'appelle Jean-Claude Brialy. Nul ne sait quand et comment Joséphine et Jean-Claude se sont rencontrés mais une chose est sûre : ce dernier, ému par le sort de l'artiste, décide de lui proposer de remonter sur scène.

Il vient d'acheter un cabaret dans la rue des Petits-Champs à Paris. Il se souvient dans un témoignage qu'il livre dans l'ouvrage de souvenirs de Jo Bouillon du moment où il a croisé en chair et en os Joséphine pour lui demander de la rejoindre dans son aventure.

Joséphine, qui habite désormais à plein temps un appartement de deux pièces, avenue Mac-Mahon dans le 17e arrondissement parisien, accepte le rendez-vous qu'il lui a fixé directement dans le cabaret : « Tout de suite je devine qu'elle est extrêmement méfiante mais elle se rend vite compte que je n'ai pas besoin d'argent, que je fais ma carrière tout seul et qu'en plus j'ai un château. Elle comprend très vite que mon offre est totalement désintéressée et elle accepte de venir chanter. »

Le 27 mars 1969, Joséphine redevient Joséphine. Elle chante et danse comme si elle n'avait jamais arrêté. Le cabaret attire chaque soir des célébrités du monde des arts. Bien sûr, elle ne fait pas venir des flots de spectateurs comme dans les grandes salles mais tous les observateurs s'accordent pour dire que le temps ni les vicissitudes la vie n'ont pas altéré son talent.

Jean-Claude Brialy, qui avait acheté le cabaret sous le nom de cabaret de La Goulue, en hommage au surnom de Louise Weber, célèbre danseuse de French cancan, le transforme vite en cabaret Chez Joséphine. Elle chante ainsi durant un mois ses plus grands succès, parfois devant un public parsemé mais toujours avec la même passion. Et puis, comme souvent, comme toujours dans sa vie, le destin frappe à sa porte.

Il se présente sous les traits d'André Levasseur. Décorateur de la prestigieuse Société des bains de mer de Monte-Carlo, il est en mission spéciale pour le compte de la princesse Grace qui souhaite organiser un grand gala de bienfaisance au profit de la Croix-Rouge. Il n'a qu'un seul nom qui lui vient à l'esprit quand il imagine le show : celui de Joséphine Baker.

La journaliste et écrivaine Jacqueline Cartier, qui a prêté sa plume et son talent pour rédiger les mémoires de Jo Bouillon et Joséphine Baker (parus en 1976), évoque avec enthousiasme l'arrivée de Joséphine à Monte-Carlo au début du mois de juillet : « Joséphine, accompagnée de ses douze enfants, d'un chien et d'un perroquet, descend de son train sur les quais de la gare de Monaco. Après s'être installée dans un hôtel, elle se rend à la salle de spectacle. Elle se met à répéter avec une endurance incroyable. Entre deux numéros, elle s'étire par terre comme un chat, les mains derrière la nuque. Elle remue ses pieds nus en les regardant avec toute l'attention du monde, comme si rien d'autre ne comptait. »

Le 7 août 1969 a lieu la grande première du gala. La salle du Sporting Club où se déroule le show est constellée d'étoiles. Maria Callas, Burt Lancaster et plusieurs dizaines de personnalités du monde des arts ont pris place sur les fauteuils.

Comme prévu, c'est Jean-Claude Brialy qui arrive le premier sur la scène pour faire la présentation à la manière d'un monsieur Loyal sous un chapiteau de cirque. Comme prévu pendant les répétitions, il « improvise » un petit discours de remerciements en direction de la princesse Grace et du prince Rainier, entourés d'une cohorte de danseuses. L'ambiance monte d'un cran avant qu'il annonce comme prévu toujours l'arrivée de Joséphine. Ce qui va pourtant se passer dans les secondes qui vont suivre était totalement imprévisible, comme le confirme l'extraordinaire témoignage de Jacqueline Cartier. « Mesdames, messieurs, annonce Jean-Claude Brialy, je vous présente Joséphine Baker ! (*Joséphine n'apparaît toujours pas sur la scène*). Euh, comme vous le savez Joséphine est arrivée en France en 1925 avec la Revue nègre (*il regarde autour de lui pour tenter d'apercevoir Joséphine, mais elle n'arrive toujours pas*). Euh ce qu'il faut que vous sachiez, mesdames, messieurs, c'est que Joséphine n'a jamais, jamais manqué une entrée. »

Jean-Claude Brialy continue de chercher désespérément Joséphine qui reste invisible. Il ajuste son nœud de cravate et explique avec son humour légendaire qu'il va devoir meubler quand soudain, le son d'une sirène de bateau retentit dans la salle. Une voix s'élève, sortie de nulle part : « Voilà, voilà j'arrive ! » C'est Joséphine qui parle mais elle reste invisible !

Jean-Claude Brialy la tance : « Eh bien madame Joséphine, vous êtes en retard !

— C'est normal monsieur Jean Claude. Je débarque ! »

Soudain, le public la voit apparaître en combinaison blanche moulante et en grandes bottes assorties. Elle escalade la balustrade et saute littéralement sur la scène en tenant au-dessus d'elle son vanity-case, criant : « Là-dedans je transporte mes changements de décor ! »

Le public n'en revient pas et on voit des sourires qui illuminent les visages. Quelques minutes plus tard, la voyageuse débarquant de son bateau laisse place à la reine incontestée du music-hall. Elle s'est changée pour une robe somptueuse en un éclair. La salle se lève et lui offre une ovation avant même qu'elle ne commence à chanter. Joséphine est de retour. Elle chante une dizaine de chansons pour autant de robes magnifiques. Durant plus d'une heure et demie, elle ne cesse de jouer avec le public, ivre de bonheur : « Pas mal non, pour 63 ans ! » s'exclame-t-elle.

Jacqueline Cartier souligne que jamais cette salle pourtant réputée peu expansive n'avait vécu un tel moment. Elle conclut en citant une phrase qu'a lancée un machiniste à un technicien de plateau à la fin du spectacle, pendant que Joséphine saluait et saluait encore le public : « Regarde-la bien ! Regarde Joséphine ! Une femme comme ça, tu n'es pas près d'en revoir une ! »

Joséphine s'installe ensuite avec ses enfants dans une maison de Roquebrune-Cap-Martin. La princesse Grace s'est portée caution pour que Joséphine puisse acheter la maison. Joséphine a accepté à la seule condition de tout rembourser jusqu'au moindre centime à son amie.

La maison à deux étages, baptisée par ses anciens propriétaires Villa Maryvonne, est située au 39 avenue Varavilla. Elle offre une vue imprenable sur la grande bleue à toute sa tribu arc-en-ciel qui va habiter le lieu durant six ans.

Joséphine a tellement impressionné lors du gala que le monde entier souhaite la recevoir à nouveau pour ses spectacles. Elle retrouve les pays où elle a si souvent chanté dans le passé : l'Argentine, Israël puis l'Italie, au mois d'octobre, où elle séjourne deux jours à Rome pour aller boire une coupe de champagne avec sa vieille amie, la comédienne

Anna Magnani. Elle rentre ensuite sur la Côte d'Azur où elle passe les fêtes de fin d'année avec ses enfants.

L'année 1971 est tout aussi riche en voyages avec une grande tournée en Scandinavie. Au mois de février, elle participe à une émission de télévision surréaliste à Oslo en Norvège. Elle est présentée par Erik Bye, un véritable homme orchestre qui sait absolument tout faire et qui reste encore aujourd'hui une des personnalités norvégiennes les plus célèbres du xxe siècle.

Malgré son statut, il reçoit Joséphine tout habillée de noir dans un studio entièrement vide et pour cause : la télévision norvégienne est en grève.

Mais ce n'est pas ça qui peut stopper Joséphine qui entre dans le studio avec son naturel légendaire et son chien ! Elle embrasse le présentateur qui lui explique la situation devant une table où ne sont posés que deux micros.

Joséphine évoque ses enfants pendant que son chien tente de grimper sur les genoux d'Erik Bye qui tente tant bien que mal de freiner les marques d'affection de l'animal. Joséphine ne revient pas en détail sur les Milandes, se contentant d'expliquer que la vie est aussi faite de moments difficiles.

Puis elle demande à son interlocuteur s'il a envie de voir des photos de ses douze enfants : « Bien sûr, avec plaisir », répond-il. Joséphine saisit alors son sac et sort une enveloppe qui contient des clichés en noir et blanc et en couleurs. Elle les étale sur la table en donnant tous les prénoms qui correspondent. C'est un moment enchanté, empreint d'un naturel inhabituel à la télévision. Comme si les caméras n'étaient pas là, Joséphine et Erik papotent comme deux amis de l'éducation et du temps qui passe. Puis Erik lui demande de chanter. Joséphine regarde alors son pianiste, le contrebassiste et le batteur installés de l'autre côté du studio et, tout en restant assise, elle interprète *Sourire à la vie*.

La deuxième chanson, *My Fair Lady*, est en anglais et cette fois elle se lève pour l'interpréter et esquisser quelques pas de danse devant les musiciens.

Pour la troisième chanson, les téléspectateurs assistent alors à un événement totalement improvisé : le présentateur se lance dans un duo avec Joséphine sur la chanson *The Honeysuckle & the Bee*, une vieille chanson américaine de 1906. Erik se souvient qu'il est aussi chanteur de folk et Joséphine, amusée, lui donne la réplique avec sérieux. Dès la fin de la chanson, Erik lui demande comment elle a trouvé sa voie ! Joséphine saisit alors sa cravate et fait mine d'essuyer ses larmes sur ses joues. Ensuite, elle range dans son sac toutes les photos qui étaient restées étalées sur la table. Erik lui dépose une bise sur chaque joue puis Joséphine sort du plateau en saluant les musiciens de la main, suivie par son chien noir qui remue joyeusement la queue.

En juin 1973, Joséphine est de retour sur la scène du prestigieux Carnegie Hall de New York. Elle chante du 5 au 8 juin, chaque soir, devant près de 3 000 spectateurs enthousiastes. Elle reprend des standards de la chanson américaine. Sa voix est puissante. Assurée. Quand elle commence à interpréter les premières mesures de la chanson de Bob Dylan, *The Times they are changing*, le public sent qu'il se passe quelque chose d'unique.

En principe, la chanson dure 2 minutes 30 mais elle la prolonge encore et encore. Alors que tout le monde pense que la chanson est finie, elle chuchote les paroles comme un sanglot puis reprend soudain de plus belle pour finir avec une puissance vocale inouïe.

Le public est debout pour une ovation qui donne le frisson. L'enregistrement public effectué ce soir-là donne une idée précise de ce que les spectateurs du théâtre ont ressenti face à cette chanteuse au sommet de son art.

Quelques jours plus tard, preuve de sa popularité qui ne se dément pas malgré le temps qui passe, elle est invitée d'honneur du *Tonight Show*. C'est une des émissions phares de la télévision américaine présentée par Johnny Carson sur la chaîne NBC et ce soir-là, Joséphine entre au son des trompettes sur le plateau après l'introduction de Johnny Carson :

« Elle est la plus célèbre des Joséphine depuis celle de l'empereur Napoléon ! Elle vient d'avoir 68 ans et je ne pense pas que cela soit un problème qu'on en parle.

— Non, 75 ans. (*Rires.*)

— Merci d'accueillir Joséphine Baker ! (*Applaudissements et générique.*) [...]

— Je suis tellement heureuse d'être ici en interview. Je pensais que cela n'arriverait jamais. Au fait, j'ai bien 68 ans (*rires*) et depuis longtemps, partout dans mes voyages, j'ai suivi votre émission. Pareil pour mes enfants. Vous êtes "l'homme", "l'ami", quelqu'un de bien, monsieur Carson. Je sais tout de vous ! Enfin, plus ou moins !

— Euh moins vous en savez mieux je me porte ! (*Rires.*)

— Non je ne suis pas d'accord. Vous êtes formidable. Est-ce que vous aimez ma robe ? »

Joséphine porte ce soir-là une robe de couleur crème qui brille de mille feux.

« Oui je l'adore ! réplique Johnny Carson sous les applaudissements du public.

— Il y a une histoire derrière cette robe vous savez. Je suis amie avec Richard Blackwell et je lui ai dit que je devais participer à votre show. Il m'a dit : "Mais Joséphine, tu dois te faire belle. M. Carson aime s'entourer de belles choses et de belles personnes", il m'a donc demandé de porter cette robe !

— Joséphine, beaucoup de jeunes Américains ne vous connaissent pas forcément, on peut leur dire que vous avez fait sensation à Paris dans les années 1920 ? C'est ça ? »

Joséphine rit. « Oui en 1925. Il y a un moment n'est-ce pas ? J'ai arrêté de compter, c'est plus agréable comme ça !

— Vous portiez toujours des vêtements incroyables !

— Oui c'était l'époque de ma "ceinture de bananes". Vous en avez entendu parler ? Je devais arriver sur scène et sortir d'un œuf de Pâques supposément déguisée en lapin mais je n'étais couverte que de quelques bananes. (*Ton faussement sérieux.*) À l'époque, tout était cher, qui pouvait se permettre d'acheter des vêtements ? Alors je me suis rabattue sur les bananes. Cela ne choque personne aujourd'hui ! Les gens font bien pire non ?

— Oui j'avoue que les bananes sont tout à fait convenables !

— J'ai vécu mes vies, mes expériences… Au tour des jeunes maintenant.

— Vous avez des enfants n'est-ce pas ? Adoptés ?

— Oui… douze ! Dix garçons et deux filles. Ils vivent à Monte-Carlo. Ils sont adorables. Bien sûr, chaque parent dit cela de ses enfants, mais les miens, je dois l'avouer, sont particulièrement humains, compréhensifs. Ils ont un grand cœur et ils aiment les autres. »

À la fin de l'interview, Johnny Carson regarde le public et invite Joséphine à rejoindre le pianiste installé sur le plateau. Elle interprète trois chansons, deux en anglais et une en français, *L'important, c'est la rose* écrite par Gilbert Bécaud en 1967.

13

Joséphine sourit à la vie

En ce début du mois de mars 1975, Joséphine est heureuse. Tellement heureuse. Elle sait qu'elle va revoir Paris pour fêter ses cinquante ans de carrière. Bien sûr, le Casino de Paris n'a pas souhaité la recevoir, pas plus que les Folies Bergère où encore le théâtre Mogador. Visiblement, la perspective de voir Joséphine fêter son demi-siècle de carrière n'est pas un argument suffisant pour engager des frais. Personne ne semble vraiment croire à son retour. Mais il en faut plus, beaucoup plus pour décourager une artiste comme elle. Une femme comme elle.

C'est finalement à Bobino qu'elle va fêter ses cinquante ans de music-hall. Le directeur du théâtre, Jean-Claude Dauzanne, est heureux de l'accueillir dans son établissement situé tout près de la gare Montparnasse. Un quartier qu'adorait fréquenter Joséphine dans ses jeunes années. Le patron de la salle parisienne est d'autant plus convaincu de la qualité du futur spectacle qu'André Levasseur s'est surpassé pour l'occasion en imaginant des robes plus incroyables les unes que les autres. Joséphine a totalement confiance en cet homme.

En 1974, André Levasseur, ancien assistant de Christian Dior, devenu metteur en scène mais aussi costumier de talent, a conçu les grandes lignes de ce spectacle pour le traditionnel gala de la Croix-Rouge à Monaco qu'elle a joué dans des tenues toujours plus exubérantes devant le prince Rainier, la princesse Grace et de nombreuses stars de la chanson, du cinéma et de la politique. Le final où elle interprète son l'incontournable *J'ai deux amours* est l'occasion de la voir porter une incroyable coiffe à plumes aussi large qu'un nid de cigogne, même si la soie et la dentelle ont remplacé les branches et les brindilles. La *standing ovation* que lui offre le public lui prouve que son histoire avec le music-hall est loin d'être terminée. Andre Levasseur a imaginé un nouveau spectacle qui raconte toute sa vie avec en filigrane la ville où tout a commencé pour elle : Paris.

Sur l'affiche un simple nom, ou plutôt un prénom : « Joséphine ». Elle lève les deux bras vers le ciel et une pluie d'or semble l'envelopper tout entière. À 69 ans, sa silhouette est toujours aussi élancée. Elle confie dans un sourire teinté d'un zeste de fierté à un journaliste : « Je suis arrivée à Paris en 1925, je pesais 52 kilos, aujourd'hui j'en pèse 54. Ce n'est pas mal, non ? »

Quelques jours avant la grande première de Bobino, elle pose ses valises à l'hôtel Bristol, rue du Faubourg-Saint-Honoré. Le palace parisien a été fondé en 1925, l'année où

Joséphine a quitté les États-Unis pour la France. Elle y a souvent séjourné et croisé des grands noms de la littérature ou du monde du spectacle pour des soirées échevelées. Elle ne le sait pas encore mais c'est encore dans cet hôtel qu'elle vivra une dernière soirée extraordinaire faite de rires et d'explosions de bouchons de champagne dans le salon d'hiver du prestigieux établissement parisien. Le théâtre Bobino, qui vient de recevoir durant plusieurs jours la chanteuse Barbara, doit vite passer d'un décor sobre et austère à une scène scintillante de mille feux.

Le spectacle de Joséphine ne sera pas tout à fait le même que celui de Monaco car l'espace du théâtre est plus limité. Il regroupe tout de même trente danseurs et danseuses et dix musiciens. Durant plusieurs semaines, tous les détails administratifs sont passés au crible dans de longues réunions. On évoque l'état de santé précaire de Joséphine devant elle qui ne laisse percer aucune réaction derrière ses lunettes noires. Aucune assurance ne veut prendre le risque de s'engager dans cette aventure ? Ce n'est pas ça qui va l'arrêter. Finalement, une solution est trouvée et Joséphine répète comme si elle était une débutante. Son enthousiasme est tel que les jeunes danseuses sont totalement bluffées par sa capacité de travail. « Si ça marche, nous irons six mois en Angleterre et six mois aux États-Unis », lance-t-elle comme un défi à ses amis. Durant cette période, elle épluche les annonces immobilières pour trouver une grande maison au Vésinet qui pourrait devenir son musée personnel. Elle envisage aussi la création d'une comédie musicale, des nouvelles chansons et, pourquoi pas, un film.

Au théâtre Bobino, l'excitation de la première se fait de plus en plus pressante. Tout le monde est sur le pont. Ébénistes, peintres, vitriers…

Une quarantaine de personnes travaillent sans relâche pour offrir à Joséphine une magnifique scène de music-hall pour son anniversaire. Le programme édité pour l'occasion et destiné aux spectateurs retrace en quelques photos les grandes étapes de sa vie.

Cette fois, pas de publicité où elle vante sa crème capillaire Bakerfix ou sa lotion pour brunir Bakerskin comme durant les Années folles. Non, cette fois Joséphine reçoit un de ces programmes que lui remet un de ses amis de toujours, le comédien Jean-Claude Brialy. Il a toujours été à ses côtés depuis qu'elle a dû quitter son château des Milandes. Il a remué ciel et terre pour l'aider à trouver des solutions et il n'a pas hésité à l'accompagner bénévolement dans des galas pour tenter de collecter des fonds.

En ce mois de mars 1975, il était impossible qu'il ne soit pas fidèle une fois de plus au rendez-vous et il a tenu à lui écrire une lettre magnifique :

« Joséphine,

Je devrais vous dire Vous parce que je vous admire mais je te dirai Tu parce que je t'aime. Tu vas rougir mais les lumières roses des projecteurs effaceront ta pudeur. Merci Joséphine d'être là, merci d'être ce que tu es, unique, pleine de grâce, de charme et d'innocence, de générosité, de tendresse, de poésie et de courage.

Joséphine, tu es le contraire de l'habitude, magique et pourtant si humaine. Ton respect au public, ton amour passionné pour ta liberté dans tous les mondes. Tu as des légendes mais la plus belle, c'est l'histoire de ta vie. Nous sommes heureux de fêter ce soir cinquante ans de rêve et de lumière.
Je t'embrasse.

Jean Claude. »

Jean Claude Brialy s'est bien sûr mêlé au public ce 24 mars 1975 pour assister à la première du spectacle. Il n'aurait raté le retour de son amie pour rien au monde. Les 1 000 places du théâtre se sont vendues en quelques heures et la billetterie affiche complet durant un mois. Rarement un spectacle avait suscité une telle attente et un enthousiasme aussi palpable. Joséphine entre en scène sur un air survolté de samba brésilienne pour le tableau d'ouverture.

« Me revoilà Paris, ça fait longtemps qu'on ne s'est vus, me revoilà Paris, dis-moi comment me trouves-tu ? J'ai peut-être vieilli mais il n'est pas dit que moi je flanche et peut-être qui sait je finirai ma vie sur les planches ! » Quand elle s'avance vers le premier rang pour terminer la chanson, les spectateurs sont déjà debout et applaudissent. « Me revoilà Paris, Paris, ça, c'est pour la vie ! » Sa voix est puissante et légère à la fois. Elle danse encore et encore avec toujours ce sourire qui laisse à penser que tout est facile sur une scène.

Le spectacle se termine par une véritable performance de Joséphine avec *Paris Paname*. Comme un retour aux sources, elle arrive sur scène vêtue d'une simple combinaison transparente constellée de brillants qui scintillent de mille feux sur une montée de cuivres, de violons et de cymbales. Au milieu de la chanson, le rythme endiablé laisse la place à un simple accompagnement de piano. Joséphine baisse alors d'un ton son interprétation en regardant la salle avec intensité : « Je n'oublierai jamais Paname ni vous messieurs, ni vous mesdames. Paname, j'ai su garder pour toi comme un bouquet de joie, mes chansonnettes, Paname avec mes deux amours, il a suffi d'un jour pour ta conquête alors, merci Paris, Paname ! Merci pour tout du fond de l'âme. » Puis soudain, Joséphine se redresse en un éclair et explose à nouveau en chantant à en perdre la voix : « Paname tu resteras toujours la ville de l'amour et de la femme, c'est tout mon cœur, Paris, Paname, Paris Paname ! »

Encore une fois le public est debout avant la dernière note. Des larmes coulent sur les joues de certains spectateurs et spectatrices. Joséphine est là devant eux, les bras tendus, les mains ouvertes, immensément belle. Pendant de longues minutes, elle est en communion avec ces hommes et ces femmes qui lui crient *merci merci merci !* Chaque soir, c'est le même scénario. La critique est unanime pour saluer cette artiste hors du commun.

Après une dizaine de représentations triomphales, elle reçoit dans sa loge un journaliste pour ce qui sera sans doute sa dernière interview télévisée. Elle est assise devant sa table où sont posés ses produits de maquillage. Tout près d'elle un poudrier, une brosse à cheveux et, en arrière-plan, quatre fleurs orange dans un vase. On devine le visage d'un des enfants sur une photo accrochée sur le mur droit de sa loge. Joséphine porte une tenue militaire. Sa veste kaki recouvre une chemise blanche et une cravate noire. C'est la tenue qu'elle porte pour un des tableaux du spectacle.

« C'est le costume que vous portez pour le final ? interroge le journaliste.

— Le premier final de notre pièce et de notre show.

— Et les décorations que vous arborez, vous les avez…

— Gagnées sur le champ de bataille.

— Quel effet ça fait, de remonter sur scène ?

— Bien, agréable, Pouvoir retrouver la famille. La famille pour moi, c'est tout le monde et surtout le public qui m'a faite.

— Cette pièce raconte votre vie. Est-ce que ça ne vous fait pas un peu drôle de retrouver sur la scène l'histoire de sa vie ? »

Joséphine ferme les yeux en bougeant la tête de droite à gauche.

« Non, c'est agréable parce qu'au moins, je vois ce qu'on pense de moi de mon vivant, dit-elle en souriant.

— Que devient votre nombreuse famille ?

— Oh, ils grandissent ! J'ai une de mes filles Louise qui se marie, dit-elle en riant.

— Vous avez dix enfants ?

— Non, douze ! Dix garçons et deux filles ! Heureusement que les filles ne vous entendent pas ! dit-elle en éclatant de rire.

— Ils vont venir vous voir pendant le spectacle ?

— Non, ils font leurs études.

— Vous regrettez ?

— Que les enfants ne viennent pas ? (*Court silence.*) Eh bien, c'est difficile de dire parce qu'avec mes répétitions je travaille. Il est bon qu'ils ne soient pas là parce que quand je suis avec mes enfants, j'oublie tout, tout, tout. Il n'y a que mes enfants qui comptent et en ce moment il me faut du calme et de la tranquillité pour pouvoir me donner entièrement à mon public de Paris. »

Le 8 avril 1975, Joséphine a déjà joué dix-sept fois son spectacle avec la même force. Sans faiblir. Jamais. Ce soir-là, des spectateurs de marque sont dans la salle de Bobino. Il y a son amie et protectrice Grace Kelly, mais aussi Mick Jagger, le chanteur des Rolling Stones, Alain Delon, Catherine Deneuve, Sophia Loren et bien d'autres. Là encore, elle atteint des sommets de perfection dans son interprétation.

Après le final, elle reçoit une *standing ovation* qui dure près d'une demi-heure. Du jamais-vu ! Un télégramme venant tout droit du palais de l'Élysée et signé du président Valéry Giscard d'Estaing l'attend dans sa loge : « En rendant hommage à votre talent universel et en vous exprimant la reconnaissance de la France dont le cœur a si souvent battu avec le nôtre, je vous adresse, chère Joséphine, mes vœux les plus amicaux à l'occasion des noces d'or que Paris célèbre avec vous. »

Ivre de bonheur, elle termine la soirée au restaurant de l'hôtel Bristol où elle a invité 250 convives. Elle arrive dans la grande salle main dans la main avec la princesse Grace de Monaco qui n'aurait raté ce grand moment pour rien au monde. Elle a vécu le spectacle de son amie assise au premier rang du théâtre. Il est une heure du matin et la fête va se prolonger toute la nuit jusqu'à ce que le dernier chou de la pièce montée qui lui est spécialement dédiée pour ses cinquante ans de carrière soit englouti !

Le lendemain, le 9 avril, encore un succès et encore un public conquis. Certes, elle est un peu fatiguée de la nuit précédente mais Joséphine a retrouvé ses 20 ans, comme quand elle pouvait danser le charleston à une vitesse folle en faisant des grimaces pour faire rire les gens. Après le spectacle, elle veut aller fêter ce nouveau succès mais son entourage et ses amis, qui pour la plupart ont fait la fête avec elle la veille, préfèrent aller se reposer. « Fatigués ? Ah vous n'êtes plus drôles, vous les jeunes ! Tant pis. À bientôt à Londres et à New York », s'exclame-t-elle en sortant du théâtre pendant que la petite troupe s'éloigne dans la nuit comme Jo Bouillon le raconte dans l'histoire de leur vie. Finalement, elle traverse simplement la rue pour aller dîner avec Jean-Claude Dauzonne dans un restaurant à deux pas de Bobino. Elle commande des spaghettis, son plat préféré, et une bière. Elle rentre en voiture accompagnée par le patron de Bobino qui la dépose devant son immeuble rue Paul-Doumer dans le 16e arrondissement.

Le jeudi 10 avril, pour la première fois, elle n'appelle pas comme tous les matins son amie et confidente de toujours Marie Spiers. Vers 9 heures, inquiète, celle-ci passe un coup de fil à Lelia, la nièce de Joséphine, qui vit aussi dans l'appartement : « Joséphine ne m'a pas téléphoné, elle dort toujours ?

— Oui, elle n'a pas bougé, elle dort », répond la jeune fille avant de partir faire quelques courses.

Au fil des heures, l'inquiétude grandit car Joséphine ne dort jamais aussi longtemps. Vers 15 heures, tout le monde se précipite vers l'appartement. En fait, ce que Lelia croyait être un sommeil profond était tout autre chose. Joséphine est dans le coma. Une ambulance la conduit immédiatement vers l'hôpital de La Pitié-Salpêtrière. Les médecins expliquent à ses proches qu'il n'y a plus rien à faire. Elle qui a si souvent fait mentir tous les pronostics, toutes les certitudes, ne se réveillera plus cette fois.

Ce jeudi 10 avril, pendant que Joséphine semble glisser inexorablement vers sa mort, Charles Trenet, son ami, fait sa première à l'Olympia sans se douter une seule seconde de ce qui se prépare. Le vendredi 11 avril, alertés par une indiscrétion, les journalistes commencent à arriver devant l'hôpital. André Levasseur, son complice de Bobino, est au chevet de Joséphine. Bientôt il est rejoint par la princesse Grace de Monaco qui arrive en toute discrétion à l'abri des photographes. Margaret, la sœur de Joséphine, est là elle aussi tout comme quelques amis et artistes anéantis. Joséphine ne se réveillera plus.

Le 12 avril 1975, à 5 h 30 du matin, Joséphine, pour la première fois de ses mille vies, cesse de combattre.

Le 15 avril, le cercueil de Joséphine Baker est suivi par des milliers de Parisiens massés tout au long du cortège. Le convoi s'arrête durant quelques minutes devant le théâtre Bobino où sont inscrites en lettres rouges les lettres de son nom tout en haut de l'affiche. Puis il repart vers l'église de la Madeleine. Sa famille, ses amis, des anonymes et des drapeaux bleu, blanc, rouge tenus par des soldats et d'anciens résistants.

Après l'homélie et plusieurs discours d'hommage, Pierre Spiers, l'accompagnateur musical de Joséphine, s'avance, ému et le visage grave, vers le grand orgue. Ses doigts se posent sur les claviers. Le silence est total. Après quelques secondes, un air bien connu s'envole dans l'église et il enveloppe de ses notes délicates le cercueil recouvert du drapeau français. *J'ai deux amours* comme un dernier hommage, un ultime rappel pour cette femme hors du commun qui résumait la carrière d'un artiste par ces mots : « Vous savez, un artiste, c'est à la première seconde que tout se fait avec le public. »

Ce que Joséphine Baker ne savait pas, c'est que la fidélité du public pouvait aussi durer jusqu'à la toute dernière.

★

Annexe 1

Entretien avec Angélique de Saint-Exupéry,

propriétaire du château des Milandes

— Comment êtes-vous arrivée dans l'univers de Joséphine ?

— Moi je suis pratiquement née en face du château des Milandes et mes parents m'ont toujours parlé de Joséphine Baker comme une maman généreuse. Quand j'étais petite, j'ai compris qu'elle avait adopté douze enfants puis qu'elle était une danseuse mondialement connue. En fait, en 1964, mon papa qui était antiquaire décorateur à Sarlat est chargé d'expertiser les meubles de Joséphine pour la première vente aux enchères. Il débarque au château pour la rencontrer. Au début, elle n'était pas contente du tout alors elle l'a mal reçu. Mais papa était quelqu'un de doux et c'était un grand gentleman. Joséphine a changé de ton et elle lui a dit : « Écoute mon petit, je vais t'emmener et tu vas boire un café avec moi. » Ils ont discuté pendant une heure et puis papa a dit : « Non madame, je ne vais pas expertiser vos meubles, je vais repartir chez moi. » Elle avait un côté tellement attachant qu'on ne pouvait pas lui faire de mal. Mais malheureusement, il y a tant de gens qui ont profité de la situation.

— Et finalement, après votre papa, c'est vous qui arrivez dans le château !

— Oui, le destin est étonnant parfois. Je me souviens que certaines personnes se sont moquées de nous au début. « Vous achetez le château des Milandes ? Mais Joséphine Baker, c'est qui ? Tout le monde l'a oubliée, vous verrez ! » Moi je me suis dit : « Mais c'est pas possible, comment peut on dire cela ? » Après j'ai compris que beaucoup de personnes n'avaient qu'une vision parcellaire de Joséphine et je me suis appliquée à mettre en lumière ce qui ne se voyait pas d'elle. J'ai d'abord acheté sa célèbre ceinture de bananes mais je voulais beaucoup plus que cela. Donner aux gens le vrai visage de cette femme qui était à la fois artiste, maman, militante et profondément humaine. Le fait que ses enfants me soutiennent dès le début de cette aventure m'a confortée dans mon idée de continuer coûte que coûte malgré toutes les embûches. J'ai connu des grandes difficultés avec mes parents qui devaient se dire : « Mais dans quoi s'embarque notre fille ? » Il y a des murs du château qui sont tombés et pas mal d'autres soucis assez graves qui ont nécessité des travaux importants. Ma chance dans ces moments-là, c'est que Joséphine ne m'a jamais lâchée. Encore une fois, je sens toujours son énergie près de moi.

— Joséphine reconnaîtrait-elle son château si elle revenait aujourd'hui ?

— Lorsque nous sommes arrivés il y a vingt ans, il n'y avait plus de jardin mais les quatre grands magnolias qui se situent aux abords de la façade existaient déjà puisqu'ils ont été plantés au début du XXe siècle. Il y avait beaucoup plus d'arbres tout de même à son époque ce qui permettait d'ailleurs à ses enfants de s'amuser comme des fous. Mais quand on regarde vers la vallée de la Dordogne en contrebas du château, c'est quasiment la même vue qu'adorait Joséphine. On devine au loin sur la gauche une ancienne usine et sur la droite en hauteur au loin le château de Monrecour. Elle voyait aussi ces deux bâtiments. Le coteau s'est transformé avec quelques constructions mais finalement elle ne serait pas du tout dépaysée. Elle serait heureuse. D'ailleurs, Luis, un de ses fils, m'a dit un jour : « Tu sais, maman aurait aimé faire ce que tu as fait aux Milandes. » Ces mots m'ont extrêmement touchée.

— Beaucoup de visiteurs expliquent qu'en ressortant de la visite du château, ils ont la sensation que Joséphine est présente. Vous partagez cette émotion ?

— Ah oui ! Moi je la ressens beaucoup. Il y a certaines pièces où elle est davantage présente que dans d'autres. Il y a aussi certains moments. Nous avons fait en sorte de rassembler ici le maximum d'éléments de sa vie et je pense que les gens qui viennent sont forcément touchés. Après, est-ce que son âme est restée ici ? Moi, j'y crois. Bien sûr chacun fait comme il veut mais quand un visiteur ou une visiteuse me confie qu'il ou elle a ressenti sa présence dans sa chambre, je suis très touchée. Personnellement je ressens sa présence dans la cuisine. C'est un endroit stratégique dans la vie de Joséphine. C'était la pièce à vivre pour les enfants. Petits déjeuners, goûters, repas, ils étaient seize attablés tous les jours ici avec des rires, du bruit, de la joie. Aujourd'hui, c'est la pièce qui termine la visite. C'est là que Joséphine passait ses dernières heures dans son château entourée d'une couverture en attendant d'être expulsée. Elle a été jetée dehors comme une malpropre.

— Cette expulsion qui a été suivie par toute la France en 1968 aurait-elle pu être évitée ?

— C'est vrai qu'elle avait des dettes. Mais elles auraient pu être payées rapidement si Joséphine avait eu la lucidité de vendre une partie de ses 300 hectares de terres et de forêts autour des Milandes. Elle aurait pu aussi renflouer une grande partie de ce passif si elle avait vendu une grande propriété située à quelques centaines de mètres du château. Mais elle a refusé catégoriquement de vendre parce que pour elle, c'était un échec. Elle voulait montrer à sa mère qu'elle avait réussi sa vie et qu'elle tenait plus que tout à sa terre des Milandes. Ce château et tout ce qui l'entoure étaient un peu son treizième enfant et un peu son rêve. Le rêve de sa vie. Et laisser les Milandes, pour elle, c'était un rêve qui se brisait.

— Comment Joséphine a-t-elle appréhendé justement l'arrivée de sa mère, de son frère et de sa sœur dans le Périgord ?

— C'est un moment capital pour elle. Elle retrouve ses racines et en même temps elle se lance dans une nouvelle aventure à des milliers de kilomètres de là, où tout a commencé pour elle. Sa sœur s'est très vite totalement acclimatée. Elle a été boulangère puis elle a travaillé dans la ferme que Joséphine avait achetée. Son frère a longtemps tenu la station essence que Joséphine avait fait construire près du village et il s'est vite adapté à la vie périgourdine puisqu'il a même épousé la postière ! On devine facilement que, pour Joséphine, on est dans les contes de fées que lui racontait sa grand-mère pour la sortir un peu de la misère de Saint Louis. Je pense que la maman de Joséphine n'avait pas vraiment pris la mesure du rêve de sa fille. En arrivant ici, elle a tout de suite pu le réaliser avec un grand bonheur mêlé d'admiration. Aujourd'hui on a l'impression que Joséphine occupe une grande part du monde médiatique. Le château n'a jamais reçu une telle affluence.

— Comment abordez-vous cette « bakermania » ?

— Je me bats depuis vingt ans pour que Joséphine entre au Panthéon. Quand je suis arrivée, j'avais l'impression d'être la seule à le crier dans le désert d'indifférence. Effectivement, voir tous ces visiteurs de plus en plus nombreux, c'est une belle récompense pour nous mais je remarque aussi que les gens restent plus longtemps dans la visite. Ils veulent vraiment comprendre et connaître toutes les facettes de cette femme extraordinaire. Personnellement, je suis très attachée à la pièce qui relate son engagement durant la Seconde Guerre mondiale.

— Cette popularité croissante de Joséphine peut-elle vous aider à dénicher encore plus d'objets qui lui ont appartenu et que vous pourrez ajouter à votre magnifique collection ?

— J'ai peur hélas que, paradoxalement, cela devienne plus compliqué. Joséphine a de plus en plus de fans qui veulent eux aussi collectionner des pièces. Heureusement, ces dernières années, j'ai réussi à trouver de nombreuses tenues de scène par exemple. Récemment j'ai reçu son carnet de la Légion d'honneur. Il était en possession de l'ancien postier de Castelnaud-la-Chapelle qui avait dû le ranger dans ses affaires. Sa famille l'a retrouvé par hasard et elle est venue me le remettre. C'est très émouvant. Juste avant, un collectionneur assidu a retrouvé l'avant-projet manuscrit du Collège de la fraternité que Joséphine projetait de faire construire et il est venu me le donner. Aujourd'hui je suis à la recherche de son brevet de pilote qu'elle a obtenu en 1937.

— Quels sont vos projets pour le château ?

— Je dois terminer la restauration de la chapelle qui est un bijou de l'architecture gothique et où Joséphine a épousé Jo Bouillon. Sinon quelques travaux aussi sur la toiture. Pour le reste, le château est en très bon état et heureusement d'ailleurs après vingt ans d'efforts quasi quotidiens !

— Si Joséphine passait vous voir pour boire un thé en regardant la vallée de la Dordogne, qu'aimeriez-vous lui dire ?

— Je suis tellement heureuse de vous voir. J'espère que vous n'êtes pas déçue par tout ce que j'ai entrepris ici. Depuis toutes ces années, c'est vous qui me donnez la force de la faire.

Annexe 2

Entretien avec Georgette Malaury, 88 ans,

voisine de Joséphine qui fut sa demoiselle d'honneur lors de son mariage

— Comment le chemin de votre famille a-t-il croisé celui de Joséphine ?

— Mes parents habitaient la maison située juste en face du château. Papa était maréchal-ferrant quand elle est arrivée ici avant la guerre. Ils ont tout de suite sympathisé. Joséphine venait souvent dîner à la maison avec mes parents. Moi, j'étais toute petite et je voyais arriver cette femme magnifique qui avait quelque chose de spécial. Parfois elle était habillée avec une tenue incroyable, une autre fois en tenue de campagne comme elle aimait à le dire. De toute façon, quel que soit son style vestimentaire, elle était toujours la même avec nous. Souriante et généreuse.

— Comme Joséphine, votre père faisait partie de la Résistance. Ils ont vécu sans doute des moments de grande peur ensemble durant la guerre.

— Oui, c'était une période difficile et incertaine mais même dans les situations les plus dangereuses, Joséphine restait Joséphine. Au début de la guerre, deux chars allemands sont arrivés aux Milandes. Les soldats cherchaient des résistants et notamment mon père. Ils arrivent au château et Joséphine, qui était au courant de leur venue, les fait entrer. Un soldat allemand lui demande : « Nous cherchons un certain Malaury, vous le connaissez ? » Joséphine fait mine de ne pas comprendre et lui répond avec son accent américain volontairement exagéré : « La mairie ? Vous cherchez la mairie ? Oh vous savez, moi je suis une artiste mais je sais que la mairie est en bas. » Décontenancés par cette réponse, les Allemands tombent sous le charme de Joséphine. Elle les a invités à boire un verre et au bout du compte, ils ont oublié pourquoi ils étaient venus ! Mon père, lui, avait largement eu le temps de s'enfuir !

— Juste après la guerre, Joséphine décide de se marier avec Jo Bouillon et pour vous, c'est un moment mémorable !

— Oui, j'avais 6 ans et j'étais petite fille d'honneur avec la fille de la cuisinière de Joséphine et la fille d'une voisine du hameau. Je me souviens d'une journée ensoleillée sous un ciel bleu avec beaucoup de musique. Je ne me rappelle plus quelle robe je portais mais j'ai encore l'image de longs rubans que nous avions toutes les trois dans les cheveux. Franchement je n'ai plus en tête les plats délicieux que nous avions mangés ce jour-là mais quand j'y repense, je revois surtout le grand sourire de Joséphine. Pour moi, elle était comme une tante. D'ailleurs je l'appelais « tata Joe » chaque fois que je la voyais. Parfois, elle venait me chercher à la maison avec mon frère et elle nous emmenait dans sa décapotable à Sarlat pour nous acheter des petits cadeaux ou des fournitures pour l'école. Je me souviendrai toute ma vie que c'est elle qui m'a offert au début de la guerre ma première poupée à Noël.

— Le contraste doit être terrible quand vous vous penchez sur son départ des Milandes ?

— Oui, c'est vraiment le mot qui convient. Terrible ! Et on peut ajouter : tellement injuste aussi. La dernière fois que je l'ai vue, c'était depuis la fenêtre de ma chambre dont la vue donne directement dans la cuisine du château. Je savais qu'elle avait de graves difficultés financières mais là, je la voyais prostrée sur une chaise avec des couvertures sur elle tellement il faisait froid. Le chauffage était coupé depuis longtemps. Mes parents lui apportaient de la nourriture. C'étaient les seuls qu'elle acceptait de voir. Mes parents m'ont raconté qu'elle leur disait ne pas comprendre pourquoi la France lui faisait subir ce sort après tous les sacrifices qu'elle n'avait pas hésité à faire pour elle.

— Dans quel état d'esprit avez-vous suivi la cérémonie de son entrée au Panthéon ?

— J'avais les larmes aux yeux. C'est une immense émotion de se dire que Joséphine entre dans l'histoire de France au même titre que des grands personnages qui l'ont précédée. Franchement, je pensais que sa jeunesse tumultueuse où elle a pu parfois choquer par ses attitudes en n'hésitant pas à se dénuder aurait pu constituer un frein. Mais je suis heureuse de voir que les gens ont aussi et surtout retenu d'elle son combat incessant contre le racisme et pour la paix dans le monde. Cette reconnaissance est tellement méritée pour cette femme qui a toujours avancé dans la vie sans se plaindre sur son sort.

— Si vous aviez la possibilité de la revoir, qu'aimeriez-vous dire à Joséphine ?

— Oh déjà je voudrais la serrer dans mes bras. Je crois que nous pleurerions de bonheur toutes les deux. Je lui dirais : « Tata Joe, tu m'as tellement manqué durant toutes ces années ! » Ensuite, je crois que j'irais avec elle dans son château. Je lui rappellerais combien j'aimais ces moments passés avec elle quand on goûtait tous les trois, avec mon frère, et que ses petits singes jaloux venaient nous griffer les bras avant de disparaître dans les grappes de raisins de la treille accrochée à la façade. Plus que tout, j'aimerais entendre à nouveau résonner son rire.

Annexe 3

Entretien avec Line Renaud, comédienne, amie de Joséphine

— Quand et comment avez-vous rencontré Joséphine Baker ?

— Cela remonte à 1959. Je me préparais à faire mes grands débuts de meneuse de revue au Casino de Paris. Je venais de commencer les répétitions et j'ai reçu un coup de téléphone au théâtre. C'était Joséphine qui voulait absolument me voir pour me donner des conseils. Elle était en spectacle à Copenhague mais elle est venue me voir comme prévu quelques jours plus tard. Bien sûr je la connaissais de réputation, c'était une star mondiale, mais on ne s'était jamais vues. Elle est arrivée sur la scène et elle m'a conseillée sur la meilleure façon de descendre des marches avec grâce. Je me souviens, elle me disait avec son accent inimitable : Line, à la onzième tu salues le public, n'oublie pas, la onzième marche ! Elle était extraordinaire. J'étais la jeune femme qui lui succédait mais elle n'avait aucune jalousie, au contraire. Elle voulait que je sois parfaite et elle est restée une semaine avec moi !

— On imagine que vous êtes restées amies après une telle entrée en matière ?

— Oui, nous sommes restées proches l'une de l'autre jusqu'au bout. J'ai eu la chance de la voir souvent avec ses enfants dans son château des Milandes où nous allions avec mon mari. On se donnait tout le temps des nouvelles. Je me souviens aussi du moment où elle m'a confié qu'elle allait faire son grand retour. En fait, au début, elle trouvait que la salle qu'on lui proposait n'était qu'une petite porte pour reprendre son expression.

— Elle ne voulait pas remonter sur scène ?

— Oh si ! Mais elle trouvait que Bobino était peut-être une salle un peu petite. En fait, elle voulait passer après moi au Casino de Paris. Alors, je lui ai dit que cette petite porte allait lui permettre d'en ouvrir des beaucoup plus grandes par la suite et qu'il fallait absolument qu'elle accepte et c'est ce qu'elle a fait.

— Et justement, quel regard portez-vous sur son retour ?

— Comme entre nous, il y avait toujours des histoires de coups de téléphone (*rires*), elle m'a appelée alors que j'étais en spectacle à Las Vegas. Elle voulait que je sois là pour la première répétition. J'ai accepté bien sûr et j'ai pris un avion pour venir spécialement la voir. Je me suis assise et j'ai assisté à une performance incroyable. Elle était vraiment parfaite. Je suis allée la voir dans sa loge et je lui ai dit combien j'étais admirative. Elle m'a alors remerciée et surtout elle m'a demandé si je voulais bien revenir la voir pour la générale quinze jours plus tard. Comme je ne pouvais rien lui refuser, j'ai dit oui bien sûr. Je suis donc revenue. Je me suis assise et là, je crois que j'ai vécu un rêve. Elle était encore plus forte que la première fois. Elle dansait et chantait comme si elle était habitée. Personne n'aurait pu rivaliser avec elle. C'était *la* Joséphine Baker ! Elle avait le rythme dans le sang et elle bougeait comme personne ! Franchement j'étais totalement subjuguée.

— On a le sentiment qu'elle n'est jamais passée de mode !

— Oui, parce que son talent était unique. Elle a révolutionné le music-hall. Elle a été la première en France à faire de son corps un rythme quand elle chantait, quand elle marchait, quand elle saluait. Tous ceux qui l'ont croisée ont ressenti cette extraordinaire présence. Et puis n'oublions pas que c'était la première démonstration éclatante d'une artiste noire chez nous. On n'avait jamais vu ça en France ! Elle n'a jamais triché. Pour elle, la vie, c'était le spectacle. Un éternel spectacle. Mais en même temps, c'était une femme de combat qui était dans la vie comme sur la scène. Une battante. Elle militait pour la juste cause des Noirs aux États-Unis et nous en parlions souvent. En 1964, je lui avais raconté qu'après un spectacle que j'avais donné à Las Vegas, j'avais invité tous les techniciens, y compris ceux de couleur, dans les coulisses pour boire un verre. La direction m'avait ouvertement reproché d'avoir fait ça. Quand je l'ai raconté à Joséphine, elle était folle de rage. On ne peut pas imaginer aujourd'hui que, quand l'immense Louis Armstrong avait fini de jouer de la trompette à Vegas, il devait partir dormir dans un quartier au nord de la ville réservé aux Noirs ! C'est contre cette injustice que Joséphine se battait sans relâche.

Elle a mené ce combat depuis la France qu'elle considérait quasiment comme son pays natal.

— Elle vous avait parlé de cet attachement à notre pays ?

— Oh oui ! Elle a tellement souffert lorsqu'elle était petite à Saint Louis que quand elle est arrivée à Paris, sa vie a changé ! Elle a découvert un pays de tolérance et de respect mutuel qui l'a tout de suite adoptée. Pour elle, c'était le jour et la nuit. Elle marchait dans les rues d'un pays où on ne faisait aucune différence entre les gens qui n'avaient pas la même couleur de peau.

— Comment avez-vous vécu la cérémonie de son entrée au Panthéon ?

— Joséphine est à sa place. Elle a tellement mérité cette récompense, même si elle est tardive. C'est la reconnaissance officielle de la France mais je pense que c'est aussi le moyen de lui dire merci ! Merci Joséphine ! Je ne vais pas revenir sur les détails de toutes ses actions mais elle a accompli des choses folles. Elle a risqué sa vie comme une vraie patriote. Elle faisait tout par instinct et tant pis si les conséquences pouvaient la mettre en danger. Durant les années noires de la guerre, elle n'a jamais cessé de combattre même quand elle était à l'hôpital. Elle a porté très haut les couleurs de la France. Je crois que les gens n'imaginent pas combien elle était fière d'avoir obtenu la nationalité française. Elle a toujours voulu rendre au centuple ce que la France lui avait donné.

— Quelle image gardez-vous de Joséphine ?

— Cette insolente facilité qu'elle avait d'échanger avec le public. Elle ne préparait jamais tel ou tel effet. Tout était naturel. Quand elle chantait en tenant la main d'un spectateur, c'était sincère et d'une intensité inimaginable. J'ai aussi en tête ce dernier repas de fête passé avec elle et la princesse Grace de Monaco. Elle était d'une beauté lumineuse. Vraiment. Et puis sur un plan purement artistique, elle maîtrisait tout d'une façon rarement atteinte encore aujourd'hui. Sa voix, son corps, son regard, tout semblait être au diapason et elle était heureuse. Cinq jours plus tard, elle ne s'est pas réveillée puis elle a glissé dans le coma. J'étais à l'hôpital avec sa sœur quand elle nous a quittés. Je vais dire quelque chose qui pourra peut-être étonner, mais je suis sûre qu'elle est morte de bonheur.

— Si vous pouviez la croiser à nouveau quelque part aujourd'hui, qu'aimeriez-vous dire à Joséphine ?

— Je t'aime, je t'aime, je t'aime ! (*Ses yeux brillent.*)

Annexe 4

Entretien avec Brian Bouillon-Baker,

un des enfants de Joséphine Baker et Jo Bouillon

— Le château des Milandes est sous le feu de l'actualité depuis plusieurs mois. Que ressentez-vous en voyant régulièrement les reportages à la télévision ?

— C'est une étrange sensation de revoir un endroit où j'ai passé de nombreuses années avec mes onze frères et sœurs. J'ai eu la chance de vivre dans ces lieux jusqu'à l'âge de 12 ans. Pour moi, ce n'était pas un château mais simplement ma maison. C'est tout de même émouvant de nous revoir jouer enfants dans les magnolias qui existent toujours avant d'arriver dans la cour. Quand maman arrivait dans le parc, on se cachait sur les branches mais moi elle me trouvait le premier parce que j'avais le vertige et je ne montais jamais très haut !

— Quelle pièce préférez-vous dans ce magnifique château ?

— Sans conteste la cuisine ! C'était le lieu de réunion où toute la tribu se retrouvait pour parler des grands projets. D'ailleurs, même si certains meubles ne sont plus là, cette pièce n'a pas vraiment changé. Il y a toujours cette énorme cuisinière en fonte contre le mur et les murs à carreaux avec des dessins d'animaux et de fruits dessus. C'était un mur qui nous permettait d'apprendre le français mais aussi toutes les langues maternelles des uns et des autres à travers ces symboles colorés.

— Que vous reste-t-il aujourd'hui de ces années passées dans le château des Milandes ?

— Il nous reste l'essentiel. Ce dont maman rêvait. Que nous restions unis et solidaires. Elle souhaitait que notre famille soit exemplaire pour le monde avec des tout petits enfants issus de toutes les origines et de toutes les religions qui s'entendent bien. Nous sommes des vrais frères et sœurs. Elle a connu de son vivant ce lien si fort qui nous unit. J'ai en tête une anecdote qui illustre notre complicité. Une fois, elle a voulu savoir qui de nous douze avait cassé un carreau du salon avec un ballon de football. Elle nous a prévenus que si personne ne se dénonçait, elle nous punirait tous. Personne n'a parlé ! On a tous été punis mais j'ai su après qu'elle était fière et heureuse que nous ayons agi de la sorte !

— Comment vivez-vous cette entrée au Panthéon de votre mère au-delà de la grande journée qui l'a accompagnée ?

— Nous nous souviendrons toutes et tous bien sûr de ce moment unique jusqu'à la fin de nos jours mais nous sommes dans l'émotion depuis que nous savions que ça allait arriver. Je ressens beaucoup de fierté parce que notre mère le mérite. Jamais nous n'aurions réclamé un tel honneur et elle non plus. Je pense qu'elle aurait été vraiment surprise et qu'elle aurait sans doute protesté par modestie en disant qu'il y avait d'autres personnes plus méritantes qu'elle. D'un autre côté, si le général de Gaulle à qui elle vouait une admiration sans borne lui avait dit : « Joséphine, j'ai décidé en accord avec la nation de vous faire entrer au Panthéon », elle aurait accepté comme quand elle a reçu ses médailles militaires.

— Quelle image pensez-vous que la France garde de votre mère ?

— Je crois que c'est celle d'une femme énergique et idéaliste prête à se battre quand elle estime que son combat est juste. J'espère aussi que c'est celle d'une maman aimante et simple qui voulait absolument notre bonheur, quitte parfois à être un peu sévère dans notre éducation. Il ne faut pas oublier aussi son immense talent d'artiste. Elle a vraiment révolutionné le music-hall.

— Quand l'avez-vous vue pour la dernière fois ?

— Je ne l'ai pas vue mais je lui ai parlé au téléphone la veille du jour où elle est tombée dans le coma. Elle était heureuse. Je me souviens qu'elle me racontait son triomphe à Paris où elle venait de fêter ses 50 ans de music-hall. Avant de raccrocher elle m'avait confié qu'elle voulait repartir en tournée aux États-Unis mais qu'elle avait aussi des projets de films et de livres. Enfin, comme elle savait qu'à l'époque, j'étais un fan des Rolling Stones, elle était tellement fière de me dire que Mick Jagger le chanteur s'était assis dans la salle pour assister à son spectacle. Je lui avais dit : « Non maman, c'est pas possible ! Mick Jagger ?! » Je n'y croyais pas. Alors elle m'a dit : « Tu vois Brian, ta maman n'est pas si ringarde que ça ! » Elle était heureuse de l'avoir vu, c'est vrai, mais encore plus je pense de m'avoir épaté. C'était une maman épatante !

Annexe 5

Entretien avec Marianne Zinzen,

une des filles de Joséphine

— Que ressent-on quand on est une des deux filles de Joséphine Baker et que l'on voit sa maman entrer au Panthéon ?

— Énormément de fierté ! C'est un honneur bien mérité. Elle n'a jamais réalisé toutes ses actions dans ce sens-là mais la France reconnaît sa valeur. Dans ces temps difficiles partout dans le monde, je crois que son propos est toujours d'actualité.

— Peut-on y voir une sorte de revanche sur le sort quand on regarde ce qui s'est passé lorsqu'elle a dû quitter les Milandes ?

— Non, absolument pas ! C'est vrai, ce qui s'est passé aux Milandes était horrible, mais c'était un règlement de comptes. Cela n'a rien à voir avec l'idée générale que les gens avaient de maman. Moi, je me refuse de parler de revanche parce que ce terme aurait pu s'appliquer dans l'absolu si un d'entre nous avait pu récupérer les Milandes et tout ce qu'il avait autour. Quand maman est partie des Milandes, elle a fait une croix sur cette région et elle n'y a plus jamais remis les pieds. Mon père non plus. Quant aux personnes qui ont participé à la mise à mort des Milandes, elles ne sont plus de ce monde, alors il faut tourner la page et garder le meilleur.

— Vous avez été pendant une longue période la seule fille de la tribu arc-en-ciel ! Comment avez-vous vécu cette situation ?

— Très bien ! Lorsqu'on est le seul exemplaire féminin, on règne beaucoup plus facilement dans cette bande de garçons (*rires*). J'avais la chance d'accompagner ma mère en voyage mais j'étais aussi très souvent aux Milandes avec mes frères et je partageais tout. Je voudrais vraiment insister sur notre enfance vraiment merveilleuse. Que nous soyons filles ou garçons, c'était une vie d'insouciance qui a été brisée quand nous sommes partis. On avait perdu notre petit paradis. Mais maman a réussi ce qu'elle avait entrepris car nous formons un bloc indestructible, avec tous mes frères et sœurs.

— On parle beaucoup de Joséphine mais beaucoup moins de votre père, Jo Bouillon ?

— Oui c'est vrai car maman attirait tous les regards tout le temps. Papa était pourtant omniprésent et attentif à notre vie quotidienne. Et puis, un élément important pour bien comprendre notre famille : papa a toujours aimé maman ! Ce qui est assez incroyable, c'est que cet homme qui avait toujours eu une vie de célibataire pendant des années a rencontré ma mère et c'est devenu un élan amoureux incroyable. Il a toujours été un père très tendre et affectueux. On a eu beaucoup de chance de l'avoir près de nous lorsque nous étions petits mais aussi dans les moments difficiles. Quand maman est décédée, il est revenu d'Argentine et il nous a dit : « Allez, je vous prends toutes et tous avec moi, que vous soyez majeurs ou pas. Vous êtes tous mes enfants. Vous avez besoin de moi alors je suis là. » Il a été un repère pour nous tous. C'était quelqu'un de bien.

— Quand on associe le terme « féministe » à votre mère, pensez-vous qu'elle pourrait le revendiquer aujourd'hui ?

— C'est vrai que c'est quelque chose qui revient souvent quand on parle de maman mais je ne suis pas du tout d'accord. Ce n'était pas une féministe. C'était une femme qui considérait simplement que l'égalité entre les femmes et les hommes était indispensable. L'homme n'était pas mieux que la femme et la femme n'était pas mieux que l'homme. Elle prônait le partage et c'est dans cet esprit qu'elle nous a élevés et que nous avons grandi, mes frères et moi-même. En clair, il n'y avait pas de « chouchou » dans la tribu même si je dois avouer que je l'étais quand même un petit peu parce que je partageais sa salle de bains ! (*Rires.*)

— Vous avez un souvenir précis avec votre maman qui vous revient en mémoire lorsque vous pensez à elle ?

— Oui ! (*Rires.*) J'ai une image. Un quai de gare en Corrèze. C'est la gare de Brives. C'était en 1960. À cette époque, maman partait en tournée dans le monde entier avec d'immenses malles où elle rangeait toutes ses robes et ses costumes de scène. Moi j'avais 5 ans et je voulais tout le temps partir avec elle. Maman avait pris l'habitude de partir assez tard des Milandes pour ne pas avoir à nous faire des adieux déchirants. J'avais eu une idée lumineuse. Je me suis cachée dans une de ces malles. J'étais en robe de chambre. Ils ont chargé la malle et le véhicule est parti des Milandes vers la Corrèze. Moi, quand le convoi s'est immobilisé et que les bagages ont été déchargés sur le quai, j'ai tapé contre la malle. Tout le monde pensait que c'était un chat qui était resté coincé mais non, c'était moi. Quand maman m'a vue, elle m'a forcément surprise en me disant : « Ah encore toi ! » et elle m'a prise dans ses bras. Je suis partie en tournée avec elle et je pense tout le temps à ce moment avec elle.

Annexe 6

Entretien avec Karfa Diallo,

conseiller régional Nouvelle-Aquitaine, fondateur de l'association *Mémoires et Partages*

— Vous militez depuis longtemps contre l'oubli du passé esclavagiste de la France. Qu'avez-vous ressenti lors de la cérémonie d'entrée au Panthéon de Joséphine Baker ?

— C'est un sentiment de fierté pour la France. Cet hommage est un message d'espoir que notre pays envoie au monde entier sur nos valeurs d'accueil et de tolérance. C'est vraiment quelque chose d'important de pouvoir se dire qu'une femme comme elle rejoint cinq autres femmes aux Panthéon. Bien sûr elle est la première femme noire mais j'y vois surtout un symbole universel qui enrichit la République.

— Quand vous regardez de près l'itinéraire de sa vie, quelles sont les étapes qui vous étonnent le plus ?

— C'est très difficile d'extraire telle ou telle période tant sa vie est riche d'aventures et d'événements incroyables. Je crois que justement il faut vraiment aborder cette femme avec toutes ses facettes. Elle commence enfant, vivant des drames à Saint Louis puis elle arrive en France encore toute jeune avec toujours la même énergie. Elle ne s'est jamais résignée. Son incroyable force, c'est de ne pas avoir oublié d'où elle venait tout en se créant une vie d'une rare intensité.

— Pourquoi avez-vous tenu à déposer une gerbe de fleurs dans son château, le jour de son entrée au Panthéon ?

— Nous étions nombreux à vouloir faire le déplacement pour lui rendre hommage dans ce lieu qu'elle a dû quitter brutalement mais où elle a réussi à faire germer sa magnifique idée de la tribu arc-en-ciel. Nous voulions venir ici pour ressentir pleinement les émotions qui étaient sans doute les siennes lorsqu'elle résidait dans ce lieu magnifique.

— Justement, comment avez-vous appréhendé la découverte de ce château des Milandes ?

— Je ne l'avais vu qu'en photo et quand on arrive devant cette bâtisse monumentale en pierre, on ne peut être qu'admiratif. Je tire vraiment un grand coup de chapeau à Angélique de Saint-Exupéry qui a tant œuvré pour que ce château reste fidèle à ce que voulait Joséphine. Durant la visite, on a réellement la sensation que Joséphine est quelque part. J'ai parcouru chaque pièce avec le même enthousiasme et la même curiosité. J'avoue que la salle où sont exposées ses robes de scène m'a particulièrement intéressé, tout comme celle un peu plus loin où est raconté son passé de résistante. C'est ce contraste permanent entre music-hall et engagement citoyen qui m'épate chez elle. Je suis également impressionné par le choix qu'elle a fait de venir dans cette région magnifique. Alors qu'à l'époque, ce n'était pas forcément l'endroit le plus facile d'accès, elle a tenu bon et en plus, elle a totalement transformé le lieu à son image.

— Pensez-vous que si elle vivait aujourd'hui, Joséphine continuerait de mener ses combats ?

— Oh oui j'en suis persuadé. Si j'avais la chance de la rencontrer, je pourrais lui dire ce qu'elle ignorait peut-être à l'époque en arrivant dans le grand Sud-Ouest, que c'est à Bordeaux que sont arrivés les premiers esclaves noirs au XVIIIe siècle. Je lui demanderai si elle serait d'accord de nous aider à débaptiser certains quartiers des villes dont les noms salissent les hommes et les femmes noirs de peau ou qui portent des noms d'hommes célèbres qui ont fait fortune en armant des bateaux chargés d'esclaves. Quand elle était enfant dans le Missouri, elle a touché réellement du doigt cette terrible réalité. Elle était elle-même descendante d'esclaves. Je crois vraiment qu'elle nous aiderait à renverser pacifiquement tous les clichés et les préjugés avec cette arme redoutable qu'elle était la seule à manier avec autant de force et de sincérité : la tolérance.

Annexe 7

Discours officiel du président de la République, Emmanuel Macron,

30 novembre 2021, dans le Panthéon. Hommage solennel à Joséphine Baker

Héroïne de guerre, combattante, danseuse, chanteuse, Noire défendant les Noirs mais d'abord femme défendant le genre humain. Américaine et Française. Joséphine Baker mena tant de combats avec liberté, légèreté, gaîté. Fulgurante de beauté et de lucidité dans un siècle d'égarement, elle fit à chaque tournant de l'Histoire les justes choix, distinguant toujours les lumières des ténèbres et pourtant, pourtant, rien n'était écrit.

Saint Louis, 1906, habiter une cabane au toit percée, à seulement 8 ans servir une famille riche et blanche pour nourrir la sienne, être battue, maltraitée, assister impuissante aux émeutes raciales et à leurs cohortes de morts, se marier à 13 ans, ne pas se résigner.

Danser, danser pour vivre, vivre pour danser, à Saint Louis, à La Nouvelle-Orléans puis à Philadelphie, envoûter le public par son énergie et son humour. Gagner Broadway théâtre des possibles, faire lever devant soi tous les rideaux, céder toutes les portes, tomber toutes les barrières.

Paris 1925. Elle n'a pas 20 ans ! Si dans cette France partagée entre soif de liberté et préjugés coloniaux, l'enfant de Saint Louis se distingue, c'est parce qu'elle invente un numéro qui dépasse les contradictions françaises de l'époque. Les concepteurs de la « Revue nègre » imaginent-ils pour elle une danse du ventre ? fantasme d'exotisme sauvage ! Elle s'y livre, mais en gonflant les joues, en écartant les genoux de sorte que le comique détourne bientôt le sensuel. Lui demande-t-on de danser nue, vêtue d'une simple ceinture de bananes dorées ? Elle y consent, mais écorne l'érotisme à coups de grimaces, de gestes saccadés, balaie des clichés d'un revers de hanche et raille l'imagier nègre par ses roulements d'yeux moqueurs.

Les stéréotypes, Joséphine Baker les endosse, mais elle les bouscule, les égratigne, les tourne en burlesque sublime, ridiculisant les préjugés colonialistes sur des notes de Sidney Bechet. Le triomphe est immédiat. Les danses syncopées de la Perle noire, contrepoints insolents à la base continue du racisme, enchantent la France et bientôt toute l'Europe à vitesse inouïe.

Aux côtés d'un homme une nuit, aux bras d'une femme une autre, elle qui a deux amours. En quelques années seulement, Joséphine Baker forge sa légende. Elle épouse la scène, impose sa liberté, entre dans l'imaginaire et l'intimité des Français. Par son insouciance, jamais inconsciente, son courage toujours gai, cette légèreté ourlée de tristesse qu'arborent ceux qui ont déjà vécu. L'Américaine réfugiée à

Paris devient l'incarnation de l'Esprit français et le symbole d'une époque.

30 novembre 1937, il y a quatre-vingt-quatre ans jour pour jour, Joséphine revient d'une tournée difficile aux États-Unis. La ségrégation y est plus sévère que jamais. Crevecœur-le-Grand. Elle se marie avec Jean Lion et devient alors officiellement citoyenne française. Elle ne considère pas sa nouvelle nationalité comme un droit mais avant tout comme un devoir, une conquête de chaque jour. Aussi se voue-t-elle tout entière à sa nouvelle patrie et à la défense de ses valeurs, la voici militante indéfectible de la Ligue internationale contre l'antisémitisme dès 1938, puis officier de l'armée de l'air servant comme infirmière dans le cadre d'actions organisées par la Croix-Rouge.

Elle donne des concerts mémorables sur la ligne Maginot. Troquant les feux de la rampe pour la flamme de la Résistance, elle devient avant même le 18 juin honorable correspondante et sert son nouveau pays au péril de sa vie. Joséphine joue un rôle à ce point décisif qu'elle se voit décerner la médaille de la Résistance, surtout, l'insigne qu'elle préférera entre tous, une petite croix de Lorraine en or, reçue des mains mêmes du général de Gaulle en 1943 et qu'elle finit pourtant par vendre pour reverser l'argent aux œuvres de la Résistance. Puis, en 1961, la Croix de guerre avec palmes et la Légion d'honneur, c'est cela, Joséphine ! Un combat pour la France libre, sans calcul, sans quête de gloire, dévouée à nos idéaux.

Joséphine Baker ne défendait pas une couleur de peau, elle portait une certaine idée de l'homme et militait pour la liberté de chacun. Sa cause était l'universalisme, l'unité du genre humain, l'égalité de tous avant l'identité de chacun. L'hospitalité pour toutes les différences réunies par une même volonté, une même dignité, l'émancipation contre l'assignation. Elle était infiniment juste, infiniment fraternelle, infiniment de France ! Que nul aujourd'hui ne fasse mentir ou détourne son combat universel.

Ce n'était pas un combat pour s'affirmer comme noire avant de se définir comme américaine ou française. Ce n'était pas un combat pour dire l'irréductibilité de la cause noire mais bien pour être citoyenne, libre, digne. Ce jour de mars, quand elle est expulsée des Milandes, elle ne dit pas seulement adieu à son enracinement, à ce paysage du Périgord noir qu'elle aimait tant, à son château sur la Lune qu'elle adorait, elle dit adieu à un rêve fou, celui d'installer aux Milandes un collège de la Fraternité universelle. Si ce lieu ne vit donc jamais le jour, l'adoption avec Jo Bouillon de douze enfants, cette famille, permit à Joséphine de prouver aux yeux du monde que les couleurs de peau, les origines, les religions, pouvaient non seulement cohabiter mais vivre en harmonie.

(*S'adressant aux enfants de Joséphine assis au premier rang dans le Panthéon* :)

Vous êtes là ce soir, fidèles à ses rêves, votre tribu arc-en-ciel, comme elle l'appelait, est le plus beau des manifestes humanistes, épiphanie de l'universalisme auquel elle croyait tant. Joséphine Baker a quitté la vie en même temps qu'elle quittait la scène après une série de représentations au cœur de ce quartier parisien de La Gaîté dont le nom lui allait si bien. Des milliers de Parisiennes et de Parisiens ont accompagné son cercueil déjà drapé de bleu, blanc, rouge vers cette église de La Madeleine où la France enterre ses artistes.

Aujourd'hui, nous sommes encore là, mêmes bleu, blanc, rouge pour la faire entrer dans notre Panthéon. Alors ce soir,

Joséphine Baker entre ici avec tous ces artistes, qui l'accompagnent. Tous ces artistes qui ont aimé le jazz, la danse, le cubisme, la musique, la liberté de ces années. Elle entre ici avec tous ceux qui, comme elle, ont vu en la France une terre à vivre, un lieu où l'on cesserait de se rêver ailleurs, une promesse d'émancipation. Elle entre ici avec tous ceux qui ont choisi la France, qui l'ont aimée et l'aiment charnellement, qui l'ont vu trébucher et continuer de l'aimer, qui l'ont vu à terre et se sont battus pour la relever. Français par le sang versé, les combats menés, l'amour donné.

Elle entre ici pour nous rappeler à tous, pour nous rappeler à nous-mêmes qui mettons quelquefois tant d'entêtement à vouloir l'oublier, l'insaisissable beauté de notre destin collectif, nous qui sommes une nation de combats, fraternels, que l'on désire, que l'on mérite. Une nation qui n'est elle-même que lorsqu'elle est grande et sans peur.

Joséphine Baker, vous entrez dans notre Panthéon où s'engouffre avec vous un vent de fantaisie et d'audace. Oui ! Pour la première fois ici, c'est une certaine idée de la liberté et de la fête qui entre aussi. Vous entrez dans notre Panthéon parce que vous avez aimé la France, parce que vous lui avez montré un chemin qui était le sien véritable mais dont elle doutait pourtant. Vous entrez dans notre Panthéon, parce que née américaine, au fond, il n'y a pas plus française que vous. Et alors qu'à la fin de votre carrière, adaptant les paroles de votre plus grand succès, vous clamiez « Mon pays, c'est Paris ! », chacun de nous murmure ce refrain, sonnant comme un hymne à l'amour : « Ma France, c'est Joséphine ! »

Vive la République, vive la France.

Achevé d'imprimer en août 2025
sur les presses de la Nouvelle Imprimerie Laballery
58500 Clamecy (Nièvre)
N° d'impression : 507913

Imprimé en France

La Nouvelle Imprimerie Laballery est titulaire de la marque Imprim'Vert®